Caminos

Spanisch für Anfänger

1

von
Margarita Görrissen
Marianne Häuptle-Barceló
Juana Sánchez Benito
Veronica Beucker
Paloma Martín Luengo
Burkhard Voigt

Ernst Klett Verlag für Wissen und Bildung
Stuttgart • Dresden

Inhaltsverzeichnis

Werkübersicht Caminos 1

Lehrbuch	514880
2 Cassetten zum Lehrbuch	514881
Arbeitsbuch	514885
Cassette zum Arbeitsbuch	514882
Lösungsheft zum Arbeitsbuch	514884
Guía didáctica	514883
Einstufungstests	514886

Einsatz der Cassette
Grammatik
Wichtige Redemittel
MODELO Beispiel
Ergänzende Übung(en) im Arbeitsbuch
Repaso, Wiederholungsübung
Hinweis, Ausnahme

Gleich geht's los!

Liebe Kursteilnehmerinnen und Kursteilnehmer,

Caminos öffnet Ihnen den Weg in die spanischsprachige Welt. Grundlage des Unterrichts bildet das vorliegende Lehrbuch. Es gliedert sich in vier Blöcke von jeweils drei "Unidades" und einem "Revuelto", in dem die vorangehenden Lerninhalte wiederholt werden.

Jede der 12 regulären "Unidades" ist einem Thema gewidmet. Zu Beginn führt Ihnen eine Auftaktseite vor Augen, mit welchem Themenbereich Sie sich in dieser Lektion befassen werden. Daran schließen sich drei Lektionsblöcke A, B und C an. Sie sind in sich geschlossen und beleuchten verschiedene Aspekte des Themas. Die Texte und Übungen eines jeden Blocks sind durchnumeriert und bauen aufeinander auf. Am Ende jeder "Unidad" steht unter dem Symbol eine Aufgabe ("Repaso"), die Sie zur Auftaktseite zurückführt und Ihnen die Möglichkeit gibt, all das anzuwenden, was Sie inzwischen gelernt haben.

Die Grundlage des Lernens mit Caminos bilden **Texte** in Verbindung mit den unterschiedlichsten Aufgaben. Die Texte enthalten oft mehr Vokabeln, als Sie zunächst verstehen und unmittelbar anwenden sollen. Seien Sie unbesorgt; schließlich werden Sie auch im Ausland die Erfahrung machen, nicht immer alles zu verstehen, aber dennoch den Gesamtsinn oder wichtige Einzelheiten einer Aussage oder eines Textes erfassen zu können. Beim Umgang mit den Texten in Caminos ist es daher wichtig, daß Sie nicht den Anspruch haben, jedes einzelne Wort zu verstehen, sondern daß Sie sich auf die vorgegebene Aufgabe beschränken, z. B. das Unterstreichen von bekannten Begriffen oder das Beantworten von Fragen. Durch das Lösen dieser Aufgaben trainieren Sie Ihre Fähigkeit, die spanische Sprache zu verstehen, und werden auch beim Sprechen mehr Sicherheit gewinnen.

Im Mittelpunkt der **Aufgaben** stehen Sie selbst mit Ihren persönlichen Interessen, Erfahrungen und Meinungen. Daher sind die Übungen so angelegt, daß Sie sich mit anderen Kursteilnehmerinnen und Kursteilnehmern austauschen und dabei die spanische Sprache von Anfang an als echtes Mittel der Kommunikation anwenden. Die Beispielsätze mit dem Hinweis MODELO helfen Ihnen dabei.

Die vorgeschlagenen **Arbeitsformen** sind abwechslungsreich und motivierend. Häufig arbeiten Sie zu zweit oder in der Gruppe. Dabei erfahren Sie nicht nur, daß sich Aufgaben gemeinsam leichter lösen lassen, sondern Sie haben auch die Möglichkeit, die Fremdsprache in ihrer eigentlichen Funktion zu benutzen, nämlich als Mittel zum Austausch von Informationen.

Die **Arbeitsanweisungen** sind am Anfang spanisch mit deutscher Übersetzung, doch im Laufe der Zeit werden die deutschen Anteile immer weiter reduziert und nur die schwer verständlichen Teile übersetzt.

Bei der Erarbeitung der **Grammatik** werden Sie häufig aufgefordert, Verbtabellen zu vervollständigen und Regeln zu entdecken, denn was man selbst tut, prägt sich am besten ein. Die Grammatik ist innerhalb der Lektion durch das Symbol des Lineals (spanisch: regla) gekennzeichnet. Zusätzlich gibt es einen Anhang, in dem die grammatischen Phänomene jeder "Unidad" zusammengefaßt und erläutert werden.

Wichtige **Ausdrücke** und Wendungen werden innerhalb jeder Lektion besonders hervorgehoben. Sie sind das Werkzeug, um sich in einer bestimmten Situation zu verständigen, und werden daher durch das Symbol des Schraubenschlüssels gekennzeichnet.

Das **Arbeitsbuch** enthält ein breites Angebot an Übungen zur Festigung und Vertiefung und kann im Unterricht oder zu Hause benutzt werden. Der Hinweis **Ejercicios** zeigt Ihnen, an welcher Stelle vertiefende Übungen des Arbeitsbuchs angeboten werden. Außerdem enthält das Arbeitsbuch Lerntips und Tests sowie einen systematischen Grammatikanhang.

Viel Spaß und Erfolg beim Spanischlernen wünscht Ihnen Ihr

Caminos-Team

Hola, ¿qué tal?

Somos las autoras – y el autor – de *Caminos*.

Hola.	Me llamo...
Buenos días.	Soy...
Buenas tardes.	¿Cómo te llamas?
Buenas noches.	¿Cómo se llama usted?

Libro de ejercicios

El mundo del español

En esta unidad hablamos sobre
- la importancia de la lengua española en el mundo
- las reglas de pronunciación
- palabras españolas que ya entendemos

In dieser Lektion sprechen wir über
- die Bedeutung der spanischen Sprache in der Welt
- die Ausspracheregeln
- spanische Wörter, die wir schon verstehen

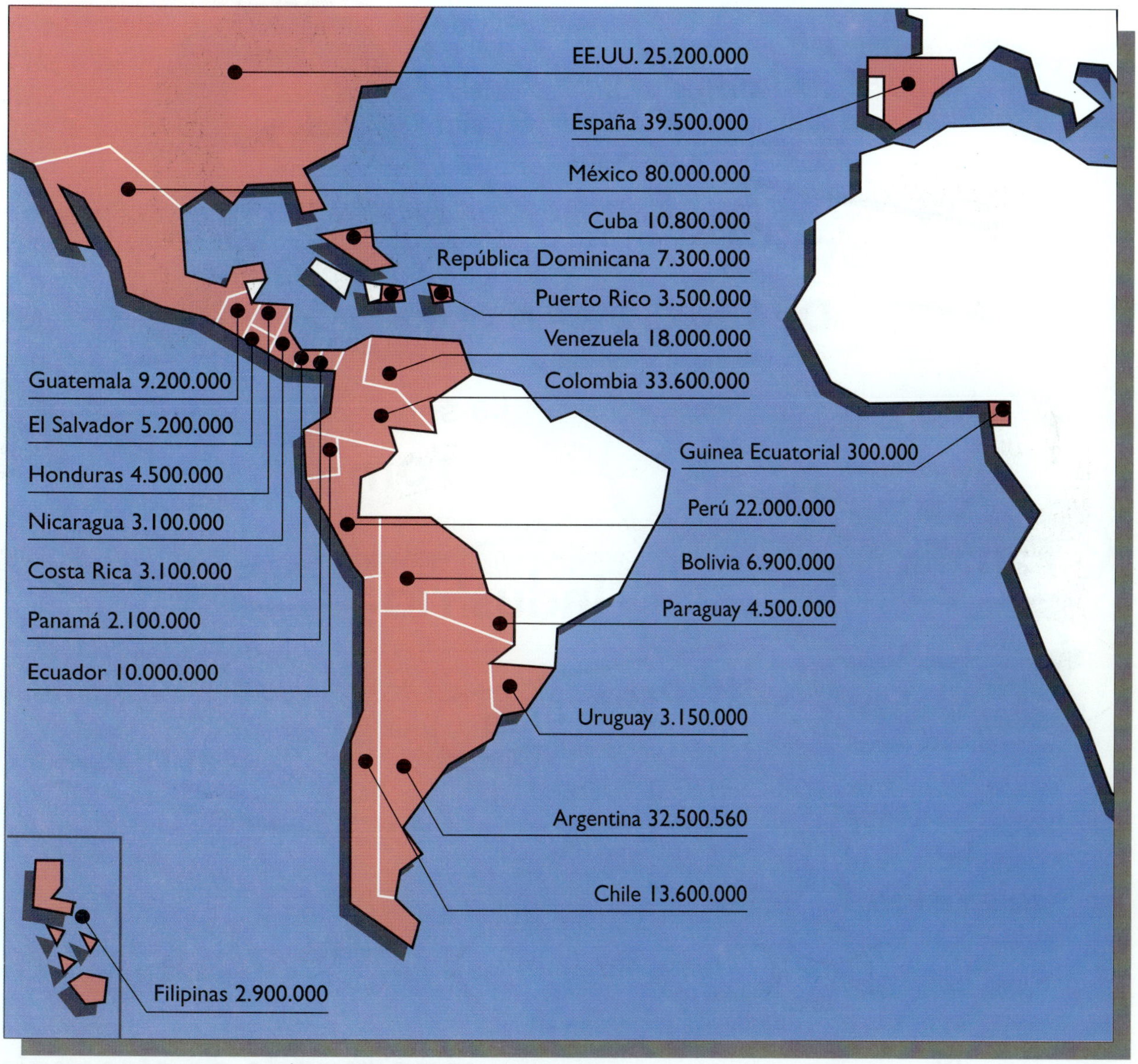

¿En qué países se habla español?
In welchen Ländern spricht man Spanisch?
Markieren Sie die Länder, in denen Spanisch eine offizielle Sprache ist. Welche fehlen?

Argentina, Brasil, Italia, México, Panamá, España, Alemania, Dinamarca, Francia, Perú, ? Venezuela, Inglaterra, Cuba, Filipinas, Colombia, Suecia.

Ya entendemos algo

1

¿Qué palabras entiende?
Welche Wörter verstehen Sie? Machen Sie eine Liste.

Welche Wörter können Sie den Bereichen Wirtschaft und Kultur zuordnen?
Welche Wörter bezeichnen Gebäude?
Fragen Sie nach der Bedeutung von zwei Wörtern, die Sie nicht verstehen. Dazu brauchen Sie:

¿Qué significa "difícil"?

Libro de ejercicios: 1

2

a) ¿Cómo se pronuncian estas letras? Escuche.
Wie werden diese Buchstaben ausgesprochen? Hören Sie zu.

b ► Bolivia	c ► Colombia, Murcia	ch ► Chile	g ► Galicia, Gibraltar
h ► Honduras	j ► Jaén	ll ► Sevilla	ñ ► España
qu ► Quito	r ► Ronda, Caracas rr ► Andorra	v ► Valencia	z ► Zaragoza

Welcher Buchstabe wird nicht ausgesprochen?
Welche Laute gibt es im Deutschen nicht?
Bei welchen Buchstaben gibt es mehrere Aussprachemöglichkeiten?

b) Escuche estas palabras.
Hören Sie diese Wörter. Lesen Sie sie anschließend laut vor.

ga	Málaga
gue	Guerrero
gui	Guipúzcoa
go	Tarragona
gu	Guatemala

ca	Caracas
que	Palenque
qui	Turquía
co	Colombia
cu	Cuba

za	Zaragoza
ce	Barcelona
ci	Cifuentes
zo	Arizona
zu	Venezuela

ja	Guadalajara
je	Jerez
ji	Jijona
jo	San José
ju	San Juan

ge	Gerona
gi	Gibraltar

ba/va	Barcelona/Valladolid
be/ve	Benidorm/Veracruz
bi/vi	Bilbao/Vigo
bo/vo	Bogotá/Volga
bu/vu	Buenos Aires/ Vuelta a España

3

Versuchen Sie, anhand der Wörter von Seite 9 die Ausspracheregeln der spanischen Sprache herauszufinden, und nennen Sie jeweils ein Beispiel.

b und ___ werden gleich ausgesprochen und klingen am Wortanfang eher wie **b**.

c wird vor a, ___ und u als **k** ausgesprochen,
vor e und ___ wird es gelispelt wie im Englischen "think" oder – in den spanischsprachigen Ländern Amerikas und in einigen Gegenden Südspaniens – wie ein scharfes **s** ausgesprochen.

___ wird ähnlich wie das **tsch** in "Tschüs" ausgesprochen.

g wird wie im Deutschen ausgesprochen;
Ausnahme: vor ___ und i wird es wie das **ch** in "Sache" ausgesprochen.

___ wird nicht ausgesprochen.

___ klingt immer wie das deutsche **ch** in "Sache".

ll ist ein einziger Laut und wird ähnlich wie das deutsche **j** in "Ja" ausgesprochen, manchmal auch wie **lj** in "Billiard".

___ klingt wie **gn** in "Cognac".

Nach ___ hört man das u nicht, die Kombination qu klingt wie **k**.

___ wird immer gerollt. Am Anfang eines Wortes und als rr geschrieben, wird es stark gerollt, am Ende eines Wortes oder zwischen Vokalen weniger stark.

___ klingt wie im Wort "Taxi" (außer bei "México", wo es wie **ch** klingt), es wird aber in der Umgangssprache häufig wie **s** ausgesprochen.

z wird ebenfalls wie das englische "think" gelispelt oder – in den spanischsprachigen Ländern Amerikas und einigen Gegenden Südspaniens – als scharfes **s** ausgesprochen.

4

Jetzt zurück zu Seite 8. Wählen Sie eine oder zwei Schlagzeilen aus und lesen Sie sie laut. Wenn Sie bei der Aussprache unsicher sind, fragen Sie Ihre/n Kursleiter/in. Dazu brauchen Sie:

¿Cómo se pronuncia...?

Libro de ejercicios: 2-3-4

¿Quién es?

1

Personas famosas

Pablo Picasso | Don Quijote y Sancho Panza | Francisco de Goya | Salvador Dalí | Gabriel García Márquez | Felipe González | Isabel Allende | José Carreras | Mercedes Sosa | Rigoberta Menchú | Frida Kahlo y Diego Rivera

a) ¿Quiénes son estas personas?
Wer sind diese Personen? Können Sie sie in die folgende Tabelle einordnen?
Wenn nicht, fragen Sie Ihre/n Kursleiter/in. Dazu brauchen Sie:

> **¿Quién es** José Carreras?
> **¿Quiénes son** Frida Kahlo y Diego Rivera?

pintor, pintora	autor, autora	político, política	figura literaria	cantante
Frida Kahlo				

b) Kennen Sie weitere Personen aus der spanischsprachigen Welt? Ergänzen Sie die Liste.

Libro de ejercicios: 5

2

Escuche estos números.
Hören Sie diese Zahlen mehrmals. Schreiben Sie anschließend die entsprechende Ziffer neben das Wort.

(10) diez
( ) cinco
( ) seis
( ) dos
( ) ocho
( ) tres
( ) ¡¡cero!!
( ) nueve
( ) siete
( ) cuatro
( ) uno

3

¿Qué número es?
Erkennen Sie alle Zahlen? Können Sie sie auf spanisch laut lesen?

Libro de ejercicios: 6-7

4

¿Quiénes son estas personas?
Fragen Sie sich gegenseitig.

1

2

3

4

5

6

MODELO
- ¿Quién es el número tres?
- ○ Es Picasso.

5

Pregunte a sus compañeros/-as.
Fragen Sie andere Kursmitglieder nach wichtigen Persönlichkeiten.

• ¿Quién es	el autor de *Don Quijote*? el Presidente de...? el Primer Ministro de...? el Rey de...?	la autora de...? la Presidenta de...? la Primera Ministra de...? la Reina de...?	○ Es *Cervantes*. ○ No sé.
• ¿Quiénes son	los Reyes de *España*?		○ Son *Juan Carlos y Sofía*.

6

Busque el artículo.
Suchen Sie in den Fragen von Übung 5 die fehlenden Artikel:

	masculino	femenino
Singular	____ rey	____ reina
Plural	____ ministros	*las* autoras

7

a) Lea este texto.
Lesen Sie diesen Bericht eines Pressefotografen. Sie werden fast alle spanischen Wörter verstehen.

Wenn **el teléfono** zu einer ungewöhnlichen **hora** klingelt, ist meist etwas passiert. So eine **llamada** weckte mich **la semana pasada** am Sonntag mitten in **la noche**. Mein bester **amigo** sagte aufgeregt: "**El Hotel Central** brennt! Du mußt unbedingt **fotos** für **el periódico** machen! Ich sehe überall **fuego**! Komm schnell!" Ich verharrte einige **momentos** still. Dann rief ich in **la oficina** an und fragte, ob man schon **la información** gehört habe und ob mich ein **reportero** begleiten könne. "Leider muß ich dringend **la ciudad** verlassen, weil ich einen **artículo** über **el presidente** schreiben muß," war die Antwort. Mir blieb also nichts anderes übrig, als **el reportaje** alleine zu machen. Das ist eben **el trabajo** eines **fotógrafo**.

b) Ordnen Sie die spanischen Wörter des Textes, die mit Artikel stehen, den beiden Rubriken zu, und vergleichen Sie Ihre Listen.

masculino	femenino
el teléfono	*la semana*

c) Sehen Sie sich die Wörter der beiden Spalten und die auf Seite 12 an. Können Sie einen Zusammenhang zwischen dem letzten Buchstaben und dem Geschlecht der Wörter feststellen?

Wörter, die auf *-a* enden, sind meistens ___________.
Wörter, die auf __ enden, sind meistens männlich.
Alle anderen Wörter müssen mit Artikel gelernt werden.

OJO Es gibt Ausnahmen: z. B. **la foto**, **la radio** sind weiblich.

d) Ordnen Sie nun auch die Wörter des Textes, die ohne Artikel stehen, in die Tabelle ein.

8

a) Lea estas palabras. ¿Qué significan?
Lesen Sie diese Wörter. Was bedeuten sie?

las personas	los teléfonos	los bancos	las noches	los autores
los hospitales	las figuras literarias	los políticos	los teatros	los países
las horas	las familias	los momentos	los reyes	los hoteles

b) Können Sie mit Hilfe dieser Wörter sagen, wie man im Spanischen die Mehrzahl bildet?

An Wörter, die mit einem Vokal enden, hängt man ein __ an.
An Wörter, die mit einem ____________ enden, hängt man *-es* an.

Libro de ejercicios: 8-9

9

a) Escuche estas palabras y marque la sílaba fuerte.
Hören Sie diese Wörter und markieren Sie die betonte Silbe. Fällt Ihnen etwas auf?

señor	tema	romántica
hospital	debate	teléfono
unidad	familia	política
Brasil	Filipinas	México
Ecuador	examen	América

b) Sehen Sie sich die Wörter in den einzelnen Spalten genau an, und achten Sie besonders auf den letzten Buchstaben. Danach können Sie die folgenden Betonungsregeln ergänzen.

1. Wörter, die mit **Vokal**, **n** oder **s** enden, werden normalerweise auf der ________ Silbe betont.
2. Wörter, die mit einem **Konsonanten** (außer n und s) enden, werden normalerweise auf der ________ Silbe betont.
3. Alle Wörter, deren Betonung von diesen Regeln abweicht, erhalten einen Akzent, z. B. café, túnel, música.

10

Lea estas palabras y marque la sílaba fuerte.

familia autor artículo señor hotel
teatro señora televisión fotógrafo romántica
reportero político información canción presidente

Libro de ejercicios: 10

11

Lea este texto sobre la lengua española.
Können Sie mit den Informationen aus dem Text die folgenden Fragen beantworten?
Welches sind die drei meistgesprochenen Sprachen der Welt?
Mit welchen Sprachen ist das Spanische verwandt?
Welche spanischen Wörter werden auch im Deutschen gebraucht?

Español o castellano.

El español o castellano es la lengua oficial del Estado español y de 19 (diecinueve) países latinoamericanos.
Es la lengua más hablada del mundo después del chino y del inglés. Más de 300 (trescientos) millones de personas hablan español. También en los Estados Unidos hablan español más de 25 (veinticinco) millones de personas.
El español es de la familia de las lenguas románicas como el italiano, el francés, el portugués, el catalán y otras.
Palabras "internacionales" como por ejemplo *siesta, guerrilla, junta, macho, ambiente* y *fiesta* son españolas.
¡Bienvenidos al mundo del español!

Libro de ejercicios: 11-12

El mundo del español es fascinante. Escuche.
Hören Sie und notieren Sie möglichst viele Wörter.

Encuentros

En esta unidad aprendemos

- cómo saludar y presentarse
- cómo hablar de la procedencia
- el alfabeto
- cómo hablar de las profesiones
- cómo hablar de los idiomas

In dieser Lektion lernen wir

- wie man sich begrüßt und vorstellt
- wie man sagt, woher man kommt
- das Alphabet
- wie man seinen Beruf angibt
- wie man angibt, welche Sprachen man spricht

¿Quién dice qué?
Wer sagt was?

a) Buenos días. Me llamo Vicente. Soy mecánico.

b) Yo soy Inge. Soy alemana. Mi profesión: fotógrafa.

c) Hola, ¿qué tal? Soy Joaquín. Soy taxista en Barcelona.

d) Me llamo Marisa. Soy arquitecta. Soy de Buenos Aires.

e) Yo soy electricista. Vivo y trabajo en Málaga.

Hola y adiós

1

a) Escuche y relacione.
Hören Sie und ordnen Sie die Fotos den Dialogen zu.

1
- ● Buenos días. ¿Es usted la señora Pérez?
- ○ Sí. Soy yo.
- ● Mucho gusto. Yo soy Salvador Padilla.
- ○ ¿Ah, sí? Encantada.

2
- ● Buenas tardes, señora Ramos. ¿Cómo está usted?
- ○ Muy bien, gracias. ¿Y ustedes?
- ● Bien, gracias.

3
- ● Hola, soy Alberto. Tú eres Ana, ¿verdad?
- ○ No, Ana soy yo.
- ● Ah, mucho gusto. Y tú, ¿cómo te llamas?
- ▲ Elena.
- ● Encantado.

4
- ● Hola. ¿De dónde eres?
- ○ De Tokio. ¿Y tú?
- ● Yo soy de Granada.

5
- ● Hola, Jimena, ¿qué tal?
- ○ Bien, bien, ¿y tú?

6
- ● Adiós, señor Alonso.
- ○ Adiós, hasta mañana.

A

D

B

E

C

F

b) ¿Qué expresiones reconoce?
Welche Ausdrücke erkennen Sie wieder?

Ejercicios: 1-2-3

c) Fallen Ihnen auf den Fotos Unterschiede in der Art der Begrüßung auf?

d) Busque en los diálogos (pág. 16) las formas del verbo "ser" que faltan.

	ser	
Yo	________	Alberto.
¿Tú	________	Ana?
	¿ ________	usted la señora Pérez?
Paco y yo	**somos**	de Granada.
María y tú	**sois**	estudiantes, ¿verdad?
Ana y Elena	**son**	amigas.

Für die höfliche Anrede verwendet man **usted** bzw. **ustedes** und die dritte Person des Verbs.

Ejercicios: 4-5

2

a) Complete.
Ergänzen Sie mit Hilfe der Dialoge von S. 16, wie man sich nach dem Befinden erkundigt.

- ¿Cómo estás?
- ¿Cómo ________ usted?
- ¿Cómo están ustedes?
- ¿Qué ________ ?

- Muy bien, gracias.
- Bien, gracias.
- Regular.

b) Pregunte a tres compañeros/-as cómo están.
Fragen Sie drei Kursmitglieder, wie es ihnen geht. Wählen Sie unter den Fragen und Antworten aus den Sprechblasen.

3

Relacione. ¿"Señor" o "el señor"?
Ordnen Sie zu.

- ¿Es usted la señora Pérez?
- La señorita Ruiz es de Madrid.
- Adiós, señor Alonso.

Sich begrüßen und verabschieden
Nach dem Namen fragen
Über eine Person sprechen

Wann wird **señor/señora/señorita** mit dem Artikel gebraucht?

Ejercicios: 6-7

4

Escuche y diga si las personas se tratan de tú o de usted.
Hören Sie zu und geben Sie an, ob sich die Personen duzen oder siezen.

	1	2	3	4	5	6	7	8
tú								
usted/es								

5

Salude a un/a compañero/-a, preséntese, pregunte cómo está y despídase.
Begrüßen Sie ein Kursmitglied, stellen Sie sich vor, erkundigen Sie sich, wie es ihm geht, und verabschieden Sie sich.

6

¿Cómo se llaman estas ciudades en español?

Berlin	Wien
München	Basel
Hamburg	Brüssel
Stockholm	Rom

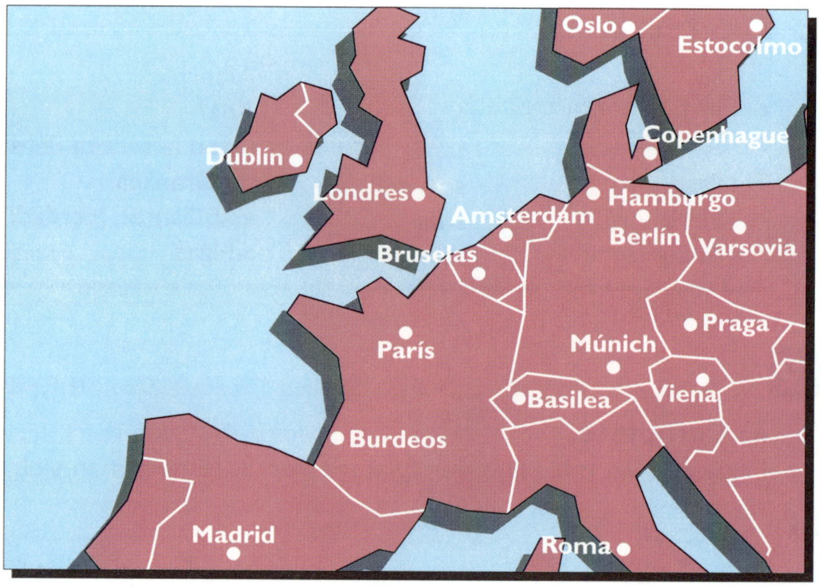

7

Mire esta lista de un curso internacional de español. ¿De dónde son los estudiantes?

Londres
Berlín
Basilea
París
Roma
Amsterdam
Estocolmo

Inga Bengtsson • Vreni Flüeli • Jacqueline Duprée • Henk van der Meulen • Paolo Rosati • Bernd Reinhardt • James Thomsen

MODELO • Paolo es de Roma.

8

¿De dónde son?
Finden Sie heraus, wer aus Ihrem Kurs nicht aus Ihrer Stadt stammt. Dazu brauchen Sie:

• ¿De dónde es usted? • ¿De dónde eres?	○ Soy de Hamburgo.
• ¿Es usted de Múnich? • ¿Eres de Múnich?	○ Sí, soy de Múnich. ○ No, soy de Bonn. ○ No, no soy de Múnich, soy de Bonn.

No kann sowohl *nein* als auch *nicht* heißen. Es steht immer vor dem Verb.

Ejercicios: 8

9

Escuche. ¿De dónde son? Apunte los nombres de los países y de las ciudades.
Hören Sie, woher die Leute kommen. Notieren Sie die Länder- und Städtenamen.

1	2	3	4	5	6

10

a) Escuche.

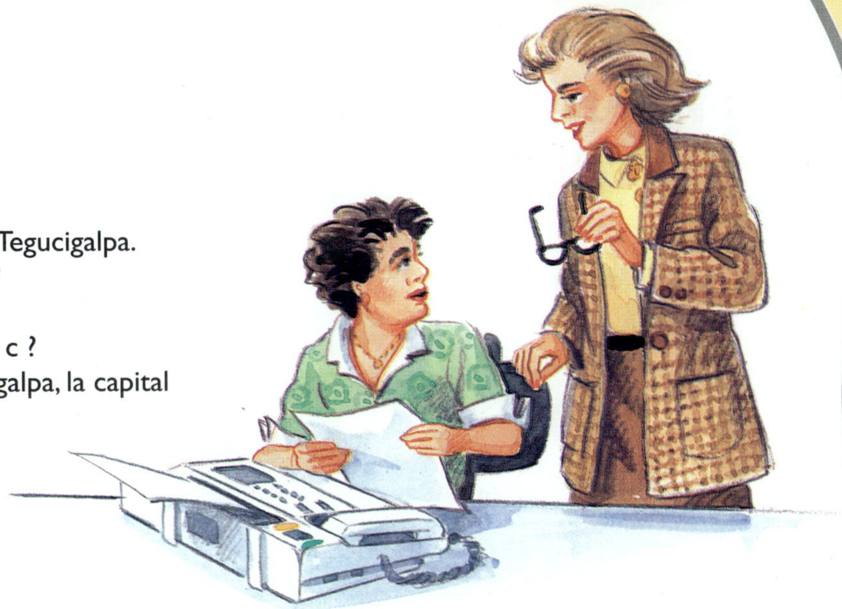

- Teresa, por favor, este fax es para Tegucigalpa.
- ¿Cómo? Tegu... ¿Cómo se escribe?
- T-E-G-U-C-...
- Un momento, un momento. ¿Con c ?
- Sí, con c: ...-C-I-G-A-L-P-A. Tegucigalpa, la capital de Honduras. El número de fax es el 00504 8913.
- Muy bien.

b) El alfabeto

a	a	**j**	jota	**r**	erre
b	be	**k**	ka	**rr**	erre doble
c	ce	**l**	ele	**s**	ese
ch	che	**ll**	elle	**t**	te
d	de	**m**	eme	**u**	u
e	e	**n**	ene	**v**	uve
f	efe	**ñ**	eñe	**w**	uve doble
g	ge	**o**	o	**x**	equis
h	hache	**p**	pe	**y**	i griega
i	i	**q**	cu	**z**	zeta

é e con acento
ü u con diéresis
M eme mayúscula
m eme minúscula

En Latinoamérica:
b be larga
v be corta

• ¿Cómo se escribe Huelva? ○ H-U-E-L-V-A. • ¿Y Cádiz? ○ C-A con acento-D-I-Z.	• ¿Jerez se escribe con ge o con jota? ○ Con jota. • ¿Con acento? ○ No, sin acento.

Ejercicios: 9

11

Pregunte a tres compañeros/-as por su apellido y cómo se escribe.
Fragen Sie drei Kursmitglieder nach ihrem Nachnamen und wie man ihn schreibt.

12

Escuche la casete. ¿Qué tarjeta corresponde a la persona que habla?
Welche Visitenkarte gehört zu der Person, die spricht?

¿Y qué hace usted?

1

Ofertas de empleo

¿Qué palabras/profesiones entiende? ¿Qué anuncios se dirigen a las mujeres?
Welche Wörter/Berufe verstehen Sie? Welche Anzeigen richten sich an Frauen?

cajero
médico
profesor

asistente social
dentista
electricista

cajera
médica
profesora

Einige Berufsbezeichnungen haben eine männliche und eine weibliche Form, andere haben nur eine Form für beide Geschlechter.

2

Escuche la casete. ¿Qué profesión tienen Juan, Maite y Carmen?

1. *Juan es* ____________.
2. *Maite es* ____________.
3. *Carmen es* ____________.

3

a) Lea y escuche. ¿Qué hacen ahora?

Was machen diese Personen jetzt? Unterstreichen Sie die Berufsbezeichnungen.

Unos amigos del colegio miran una foto de la clase y hablan de los compañeros.

Alberto: ¡Dieciséis años ya! ¿Y qué hacen ahora?
Raúl: Pues, Ana trabaja en un Instituto, es profesora de inglés en Granada. José Luis vive aquí, en Barcelona. Es cocinero, pero ahora no tiene trabajo.
Alberto: ¡Qué lástima! ¿Y Juan y tú trabajáis todavía en el Banco de Santander?
Raúl: Yo sí, pero él trabaja ahora en el Banco Exterior. Es jefe del departamento de personal.
Alberto: ¿Dónde? ¿Aquí en Barcelona?
Raúl: Sí, sí...
Alberto: ¡Qué bien! Y Ester, mi ex-novia, ¿qué hace?
Raúl: Ester vive en Toledo y es ama de casa. Tiene tres hijos. La hija mayor ya tiene 15 años y estudia en un Instituto.
Alberto: ¡No me digas! ¡Tres hijos! Y Pepe también vive en Toledo, ¿verdad?
Raúl: Sí, está casado con una colombiana. Los dos son médicos, trabajan en un hospital.

b) Complete con las informaciones del texto.

Nombre	es	trabaja en	ciudad
Ana		*un Instituto*	
José Luis		—	*Barcelona*
Juan			
Raúl	—		
Ester			
Pepe	*médico*		

c) Busque en el texto las palabras que faltan.

	trabajar
______	**trabajo**
______	**trabajas**
usted, él, ella	______
nosotros/-as	**trabajamos**
vosotros/-as	**trabajáis**
ustedes, ellos, ellas	______

Alle regelmäßigen Verben, die auf **-ar** enden, folgen diesem Modell.
Im Gegensatz zum Deutschen werden **yo**, **tú**, **él**, **ella** usw. nicht immer benutzt. Man gebraucht sie nur, wenn man die Person besonders hervorheben will, oder um Mißverständnisse zu vermeiden.

- ¿Qué hacen Nacho y Luisa?
- ○ **Él** es médico y **ella** es ingeniera.

Ejercicios: 10-11-12

4

Escuche la casete. ¿De qué profesiones se habla?
Hören Sie die Cassette. Welche der folgenden Berufe werden genannt?

asistente social	programador	arquitecta	dependienta
mecánico	reportero	empleada de banco	cantante

5

¿Qué profesión tienen estas personas y dónde trabajan?
Welchen Beruf haben diese Personen, und wo arbeiten sie?

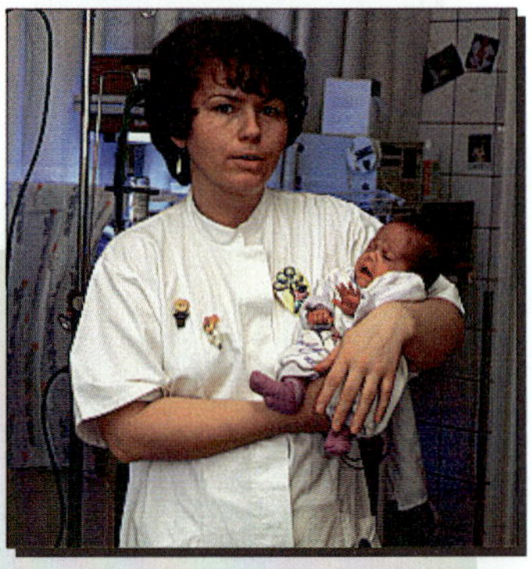

trabaja en **un**	supermercado restaurante hotel

trabaja en **una**	oficina fábrica empresa

Ejercicios: 13-14-15

6

a) Pregunte a 3 compañeros/-as qué hacen.
Fragen Sie 3 Kursmitglieder, was sie von Beruf sind.

• ¿Qué hace usted? • ¿Qué haces?	○ Soy enfermera. ○ Trabajo en un banco. ○ Estudio medicina.

MODELO • ¿Qué haces, Marianne?
○ Trabajo en un hotel./Soy recepcionista.

Nombre	¿Qué hace?
Marianne	recepcionista/hotel

b) Explíquelo al grupo.
Berichten Sie nun der Gruppe.

MODELO • Marianne es recepcionista.

Ejercicios: 16-17-18-19

Y usted, ¿dónde vive?

1

a) Escuche el diálogo y marque las palabras diferentes.
Hören Sie den Dialog und markieren Sie die Wörter, die sich vom Text auf der Cassette unterscheiden.

En un autobús en Argentina.

Señor: Perdonen, ustedes no son argentinas, ¿verdad?
Karin: No, no, señor. Somos alemanas.
Señor: Ah, pero qué bien hablan español.
Monika: Bueno, un poco.
Señor: ¿Y van a pasar mucho tiempo en Buenos Aires?
Monika: Sólo quince días. Y después vamos a las cataratas del Iguazú.
Señor: ¡Ay, sí! Son muy bonitas. Yo soy de Posadas, cerca de Puerto Iguazú.
Karin: ¿Y todavía vive allí?
Señor: No. Trabajo en Buenos Aires en una agencia de viajes. ¿Y ustedes dónde viven en Alemania?
Monika: Vivimos en Colonia.
Señor: ¿Y qué hacen?
Monika: Yo estudio idiomas y ella escribe para un periódico.

Cataratas del Iguazú

b) Complete.

	vivir
yo	**vivo**
tú	**vives**
usted, él, ella	________
nosotros/-as	________
vosotros/-as	**vivís**
ustedes, ellos, ellas	**viven**

Alle regelmäßigen Verben, die auf **-ir** enden, folgen diesem Modell.

Ejercicios: 20-21

2

Escuche estas informaciones sobre 4 personas y complete el cuadro.

	Nombre	País	Ciudad	Lenguas
1.		*Italia*		*alemán,*
2.			*Friburgo*	*ruso,*
3.		*Francia*	*Estrasburgo*	
4.	*Carlos*			

Compare sus resultados con su compañero/-a.
Vergleichen Sie Ihre Ergebnisse zu zweit.

3

Vuelva a la página 20 y diga qué idiomas se requieren en los anuncios.
Gehen Sie zu Seite 20 zurück und sagen Sie, welche Sprachen in den Anzeigen verlangt werden.

Ejercicios: 22

4

a) ¿Tiene teléfono?

¿Tiene teléfono?

Sí.

¿Qué número es?

El 58 45 77.

b) Escuche estos números.

11	once	21	veintiuno	31	treinta y uno
12	doce	22	veintidós	32	treinta y dos
13	trece	23	veintitrés	33	treinta y tres
14	catorce	24	veinticuatro	40	cuarenta
15	quince	25	veinticinco	50	cincuenta
16	dieciséis	26	veintiséis	60	sesenta
17	diecisiete	27	veintisiete	70	setenta
18	dieciocho	28	veintiocho	80	ochenta
19	diecinueve	29	veintinueve	90	noventa
20	veinte	30	treinta	100	cien

Die Zahl 100 heißt **cien**. Ab 101 heißt es **ciento uno, ciento dos** usw.

5

La lotería. Escuche y marque los números premiados.

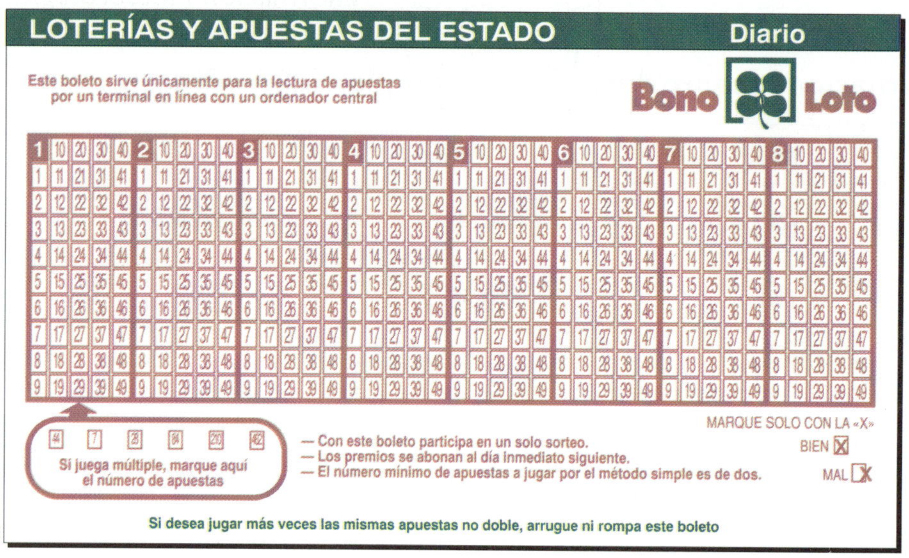

LOTERÍAS Y APUESTAS DEL ESTADO — Diario

Este boleto sirve únicamente para la lectura de apuestas por un terminal en línea con un ordenador central

Bono Loto

1	10	20	30	40	2	10	20	30	40	3	10	20	30	40	4	10	20	30	40	5	10	20	30	40	6	10	20	30	40	7	10	20	30	40	8	10	20	30	40
1	11	21	31	41	1	11	21	31	41	1	11	21	31	41	1	11	21	31	41	1	11	21	31	41	1	11	21	31	41	1	11	21	31	41	1	11	21	31	41
2	12	22	32	42	2	12	22	32	42	2	12	22	32	42	2	12	22	32	42	2	12	22	32	42	2	12	22	32	42	2	12	22	32	42	2	12	22	32	42
3	13	23	33	43	3	13	23	33	43	3	13	23	33	43	3	13	23	33	43	3	13	23	33	43	3	13	23	33	43	3	13	23	33	43	3	13	23	33	43
4	14	24	34	44	4	14	24	34	44	4	14	24	34	44	4	14	24	34	44	4	14	24	34	44	4	14	24	34	44	4	14	24	34	44	4	14	24	34	44
5	15	25	35	45	5	15	25	35	45	5	15	25	35	45	5	15	25	35	45	5	15	25	35	45	5	15	25	35	45	5	15	25	35	45	5	15	25	35	45
6	16	26	36	46	6	16	26	36	46	6	16	26	36	46	6	16	26	36	46	6	16	26	36	46	6	16	26	36	46	6	16	26	36	46	6	16	26	36	46
7	17	27	37	47	7	17	27	37	47	7	17	27	37	47	7	17	27	37	47	7	17	27	37	47	7	17	27	37	47	7	17	27	37	47	7	17	27	37	47
8	18	28	38	48	8	18	28	38	48	8	18	28	38	48	8	18	28	38	48	8	18	28	38	48	8	18	28	38	48	8	18	28	38	48	8	18	28	38	48
9	19	29	39	49	9	19	29	39	49	9	19	29	39	49	9	19	29	39	49	9	19	29	39	49	9	19	29	39	49	9	19	29	39	49	9	19	29	39	49

4 7 8 9 10 42

Si juega múltiple, marque aquí el número de apuestas

— Con este boleto participa en un solo sorteo.
— Los premios se abonan al día inmediato siguiente.
— El número mínimo de apuestas a jugar por el método simple es de dos.

MARQUE SOLO CON LA «X»
BIEN ☒
MAL ☐X

Si desea jugar más veces las mismas apuestas no doble, arrugue ni rompa este boleto

6

¿Qué números oye?

Welche der beiden Zahlen hören Sie in den 8 Dialogen? Kreuzen Sie an.

1	5	15	**2**	2	12	**3**	60	70	**4**	22	32
5	3	13	**6**	86	82	**7**	91	31	**8**	100	10

7

Pregunte a 3 compañeros/-as por el número de teléfono.

Ejercicios: 23-24

8

En parejas. Ustedes necesitan algunos números importantes. Pregunte por los números que faltan aquí. Su compañero/-a abre la pág. 158 y contesta. Luego él/ella pregunta y usted contesta.

Zu zweit. Sie benötigen einige wichtige Telefonnummern. Fragen Sie nach den Nummern, die hier fehlen. Ihr/e Nachbar/in schlägt S. 158 auf und antwortet. Danach fragt er/sie, und Sie antworten.

MODELO
- ● El teléfono de la policía, por favor.
- ○ Es el...

Ambulancia

____

Policía

____

Bomberos

78 05 18

Cruz Roja

46 79 57

Taxis

29 77 00

Información Meteorológica

____

Estación de Autobuses

____

9

a) Busque a compañeros/-as de clase con estas características.
Suchen Sie Kursmitglieder, die diese Merkmale haben. Tragen Sie deren Namen ein.

MODELO • ¿Hablas italiano?/¿Habla usted italiano?

¿Quién...	Nombre
•• habla italiano?	Cristina
•• tiene un cuatro en su número de teléfono?	
•• no es de Alemania?	
•• trabaja en una empresa internacional?	
•• tiene una jefa?	
•• no tiene televisión?	
•• estudia ruso?	
•• vive en el centro?	
•• escribe poemas?	
•• toca la guitarra?	

b) Sagen Sie den anderen, was Sie herausgefunden haben.

MODELO • Brigitte no tiene televisión.

10

En parejas. Ustedes trabajan en una oficina. En sus agendas faltan algunos datos. ¿Pueden completarlos? Aquí está su agenda. Su compañero/-a abre la pág. 158.

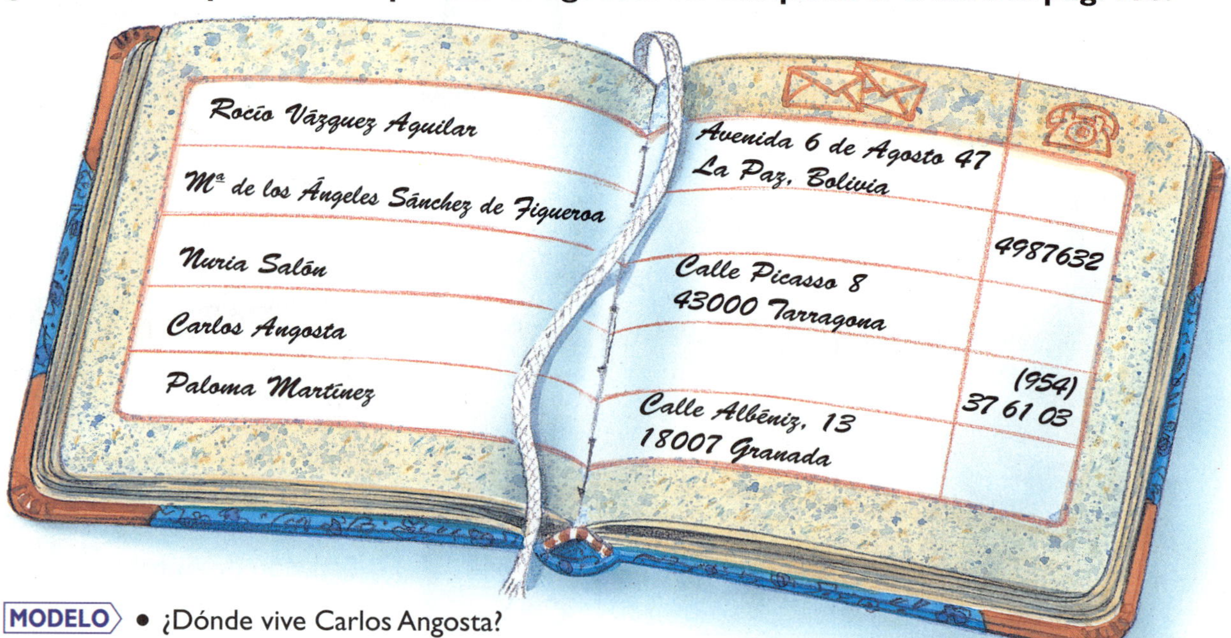

MODELO • ¿Dónde vive Carlos Angosta?

Ejercicios: 25-26

Vuelva a la página 15 y escriba un diálogo entre dos de las personas.
Gehen Sie zurück zu Seite 15 und schreiben Sie einen Dialog zwischen zwei der Personen. Verwenden Sie möglichst viele Ausdrücke aus dieser Lektion.

Ciudades y pueblos

En esta unidad aprendemos

- cómo describir una ciudad
- cómo preguntar por el camino
- cómo dar informaciones
- cómo expresar gustos

In dieser Lektion lernen wir

- wie man eine Stadt beschreibt
- wie man nach dem Weg fragt
- wie man Auskünfte erteilt
- wie man Gefallen und Mißfallen ausdrückt

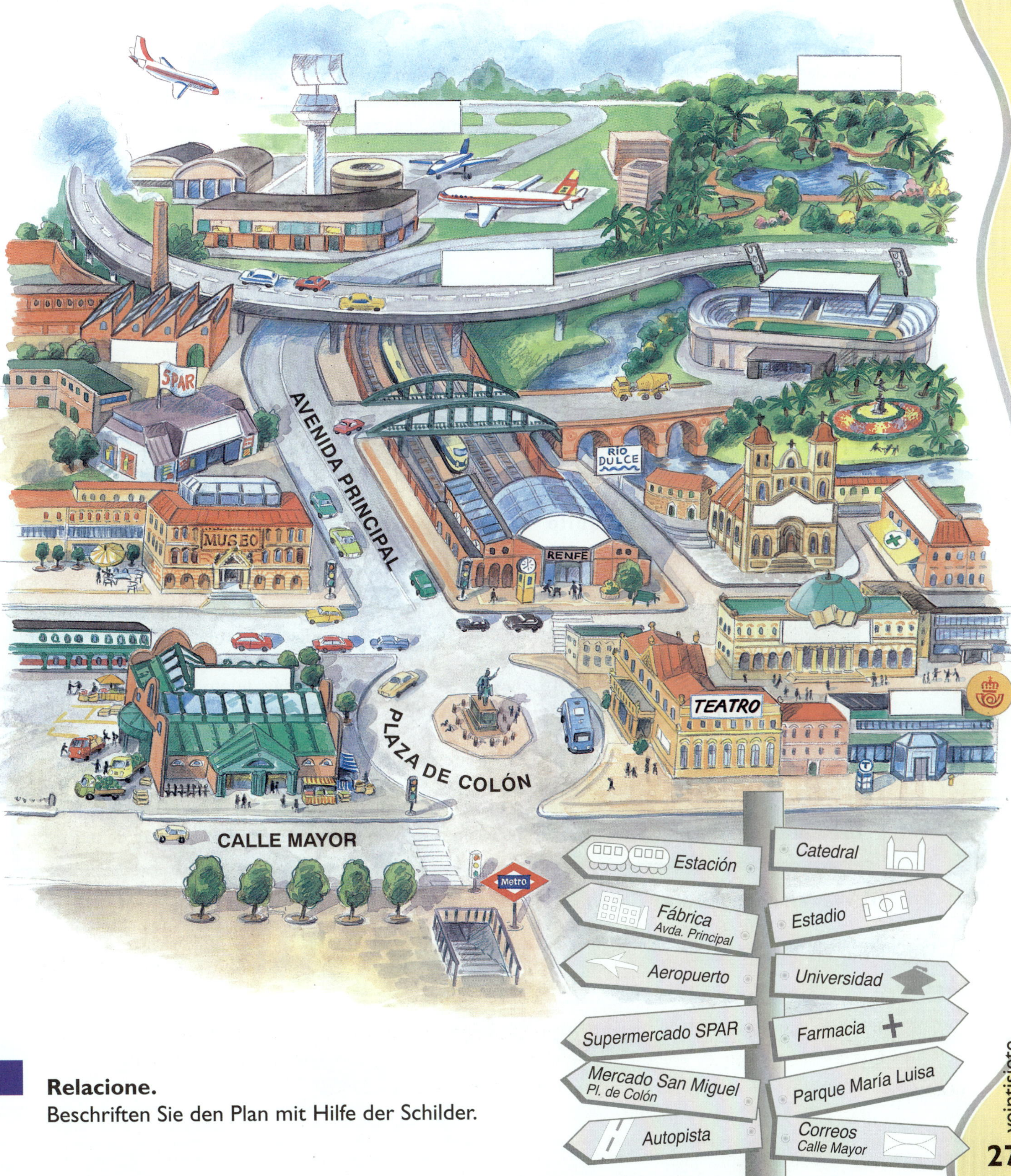

Relacione.
Beschriften Sie den Plan mit Hilfe der Schilder.

Hay de todo

1

a) Escuche a una mexicana. Luego escriba algunas palabras que entienda. Compare sus resultados con su compañero/-a.

Hören Sie eine Mexikanerin. Notieren Sie einige Wörter, die Sie verstehen. Vergleichen Sie Ihre Ergebnisse zu zweit.

- Marisela, tú eres de México. ¿Es verdad que en la ciudad de México hay mucha contaminación?
- ○ Bueno, claro que sí. El "smog", ¿ves? Hay unos veinte millones de habitantes y muchos, muchos coches... ¡Un tráfico enorme! Y también mucha industria, muchas fábricas.
- Y con tanta contaminación, ¿todavía hay gente que quiere vivir en México?
- ○ ¡Sí, claro! México D.F. es una ciudad fantástica. Es grande, es impresionante. Quizás es la ciudad más grande del mundo. Hay de todo, ¿ves? Hay varias universidades, hay actividades culturales, hay centros comerciales, restaurantes, discotecas, cines, teatros, museos interesantes...
- Y la gente, ¿vive bien?
- ○ Pues..., como en todas partes, hay gente rica y gente pobre... Bueno, quizás en Latinoamérica hay más contrastes que en Europa. ¡Pero México es un mundo especial! Bueno, es que yo soy mexicana, ¿no? Y para nosotros, ¡como México no hay dos!

b) ¿Qué significa "hay"?

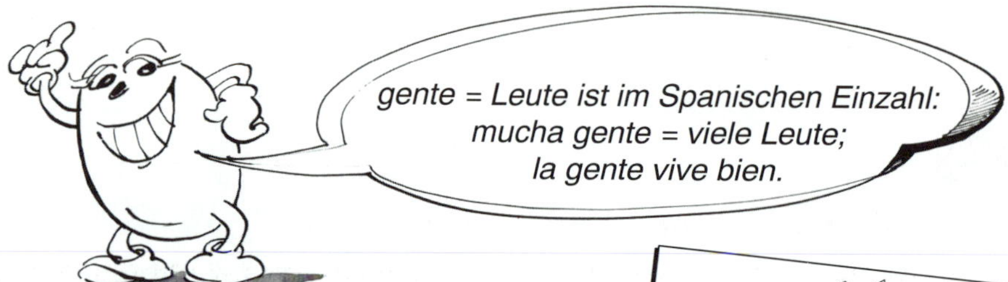

2

a) Lea el folleto.

Lesen Sie den Prospekt.

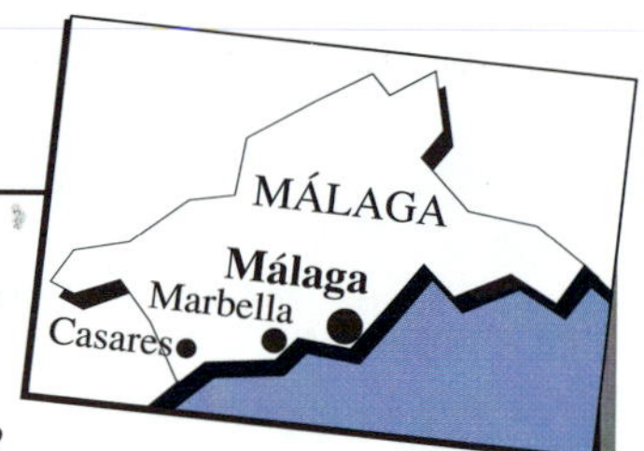

UN LUGAR PARA ESCAPAR DEL ESTRÉS: CASARES...
Un pueblo blanco y tranquilo

¿Quiere usted escapar del estrés?
Casares, en la provincia de Málaga, cerca de la costa, es el lugar ideal. Es pequeño: hay sólo tres mil habitantes. Es un pueblo de casas blancas, con gente tranquila y simpática. No hay problemas de tráfico: hay pocos coches. Pero hay teléfono, y médico, y Guardia Civil, y una Caja Postal. Hay también varios bares y restaurantes.
A Casares se llega por una carretera pequeña; no hay autopista.
Y, para escapar de la tranquilidad, las playas de Marbella están a sólo 60 kms. Y en Marbella... ¡hay de todo!

b) Was erfahren Sie über Casares?

Ejercicios: 1-2-3

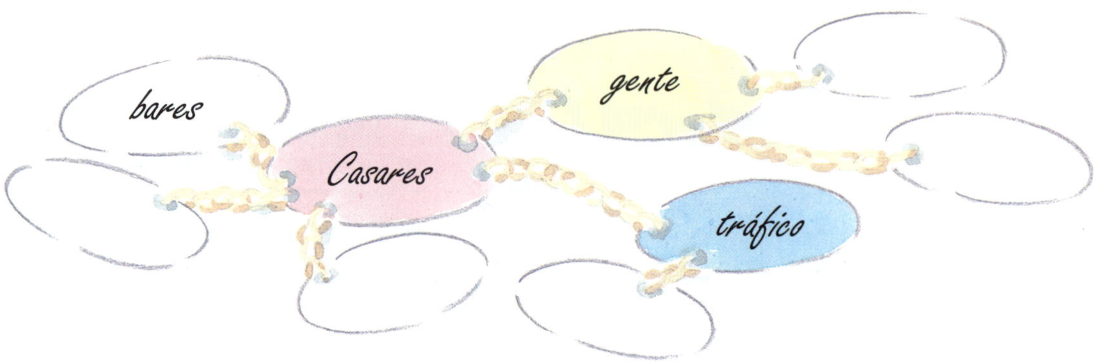

3

¿Qué hay en una ciudad y qué hay en un pueblo?
Was gibt es in einer Stadt und was in einem Dorf? Erstellen Sie mit Hilfe der Texte von S. 28 eine Liste.

Ciudad	Pueblo
mucha contaminación	*pocas casas*
discotecas	

4

¿Qué hay en su ciudad?
Was gibt es in Ihrer Stadt? Fragen Sie sich gegenseitig.

un museo de arte · una catedral gótica · edificios modernos · mucha contaminación · problemas de tráfico · mucha industria · un estadio de fútbol · ?

• ¿Hay un museo de arte en...? • ¿Hay teatros en...?	○ Sí, (sí hay). ○ No, (no hay).

5

a) Escuche y complete esta entrevista.
Hören und vervollständigen Sie dieses Interview mit den angegebenen Adjektiven.

pocas
pequeño
culturales
ideal

¿Dónde vive usted?

Yo vivo en un pueblo ________ . Hay pocos coches y ________ casas. Es un pueblo muy tranquilo. ¿Actividades ________ ? No, no hay. Pero, para escapar del estrés, es un lugar________ .

b) Complete el cuadro.

	masculino	femenino
Singular **Plural**	un pueblo pequeño edificios modern___	una ciudad tranquil___ fábricas modern___
Singular **Plural**	un tráfico enorme museos interesant___	una ciudad grande actividades cultural___

Adjektive, die auf____ enden, bilden die weibliche Form auf____ .
Adjektive, die auf **-e** oder **Konsonant** enden, haben für männlich und weiblich nur eine Form.

Ausnahme: Nationalitätsadjektive, z. B. alemán, alemana; alemanes, alemanas.

Ejercicios: 4

6

a) ¿Qué hay en su ciudad imaginaria?
Verbinden Sie fünf Begriffe mit je einem Adjektiv, um Ihre Phantasiestadt zu beschreiben.

- museo
- fábrica
- hotel
- teatro
- parque
- plaza
- cine
- supermercado
- río
- estadio

bonito/-a | feo/-a | nuevo/-a | grande | fantástico/-a | pequeño/-a | moderno/-a | tranquilo/-a | interesante

(parque → tranquilo/-a)

b) Y ahora su compañero/-a pregunta qué hay en su ciudad imaginaria.
Ihr/e Nachbar/in fragt nun, was es in Ihrer Phantasiestadt gibt.

MODELO
- ● ¿Hay un parque tranquilo?
- ○ Sí./No, no hay.

7

a) ¿Qué ciudad es?
Erkennen Sie die Städte?

1

b) Escuche y relacione los textos con las fotos.
Hören Sie und ordnen Sie die Texte den Fotos zu.

Ejercicios: 5-6

¿Para ir a...?

1

a) Escuche y relacione los planos con los diálogos.
Hören Sie und ordnen Sie die Pläne den entsprechenden Dialogen zu.

1.
- • Oiga, perdone, ¿dónde está el Hotel Central?
- ○ Está muy cerca, señor. Justo a la derecha de la estación, detrás de Correos.
- • Muchas gracias.
- ○ De nada.

2.
- • Por favor, ¿hay un banco por aquí?
- ○ A ver, un momento... Ah, sí, está enfrente del museo. El museo está en la Plaza de España. Tiene que tomar la Avenida Principal hasta el aparcamiento, y allí está la plaza con el museo... y justo enfrente está el Banco de Santander.

3.
- • Perdone, ¿dónde está la estación de trenes?
- ○ No está lejos. Tiene que tomar la primera calle a la derecha, luego seguir hasta el semáforo y allí torcer a la izquierda.

4.
- • ¿Sabe usted si hay una cabina de teléfonos cerca de aquí?
- ○ ¿Una cabina, señorita? No sé, no soy de aquí.

A

B
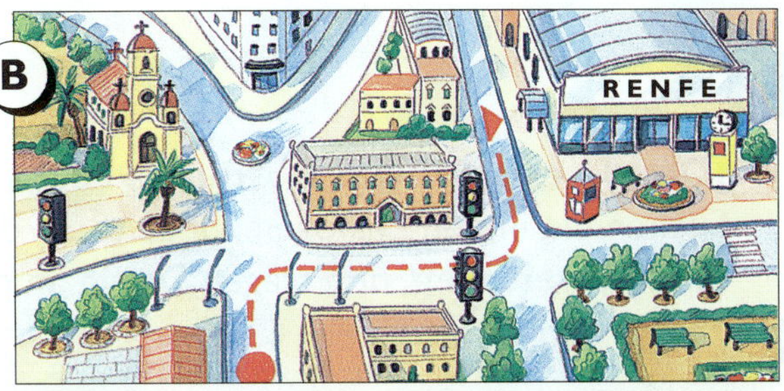

C

D

b) Marque en el texto las expresiones para llamar la atención de otra persona.
Markieren Sie im Text die Ausdrücke, mit denen man die Aufmerksamkeit einer Person gewinnt.

Perdone, ...
Oiga, ...
Por favor, ...
¿Sabe usted si/dónde...?

c) Complete con las palabras de los diálogos.

1. ______________________, ¿dónde ______________________ Hotel Central?
2. ¿______________________ banco por aquí?
3. ______________________, ¿dónde ______________________ estación de trenes?
4. ¿Sabe usted si ______________________ cabina de teléfonos cerca de aquí?

Der Sprecher meint keine bestimmte Sache:	Der Sprecher meint eine bestimmte Sache:
• ¿**Hay un** banco por aquí? • ¿Dónde **hay una** farmacia?	○ **El** Banco de Santander **está** justo enfrente. • ¿Dónde **está la** estación de trenes? ○ **Está** cerca de la Plaza Mayor.

2

Pregunte en español.
Fragen Sie auf spanisch,

- ob es eine Apotheke in der Nähe gibt
- wo sich das Kunstmuseum befindet
- ob der Bahnhof weit weg ist
- ob in der Avenida Goya eine Bank ist
- wo ein Parkplatz ist
- wo sich das Postamt befindet

Ejercicios: 7

3

¿Dónde está Olivia? Busque las expresiones en la página 31.
Suchen Sie in den Dialogen auf Seite 31 die spanischen Bezeichnungen für **rechts, links, hinter, weit weg,** und tragen Sie sie an der entsprechenden Stelle ein.

4

¿Dónde están el elefante, el papagayo, la boa, el cocodrilo, el gorila, el cóndor y la jirafa?

MODELO • El cóndor está en la estación.

Ejercicios: 8-9

5

Lea la guía y complete el plano.

Lesen Sie diesen Auszug aus einem Reiseführer, der einen Rundgang durch die Stadt "Milagros" beschreibt. Beschriften Sie die Gebäude, die Sie identifizieren können, und zeichnen Sie den Rundgang im Plan ein.

"MILAGROS" A PIE - PASEO HISTÓRICO Y CULTURAL

Usted está en la esquina Paseo de la Luz/Calle Diego Rivera. Tiene que seguir la Calle Diego Rivera y torcer a la izquierda para ir a la Avenida Principal.

En la esquina hay un café con mucha tradición, el Café Oriente. Luego tiene usted que tomar la primera calle a la derecha, la Calle Mayor, y seguir todo recto hasta la Plaza de Armas. Es una plaza muy bonita con edificios antiguos. Desde la Plaza de Armas hay que tomar la Avenida de la Constitución, una calle con mucho tráfico. A la derecha, enfrente del banco, hay un monumento interesante: el Teatro Nacional.

Finalmente tiene que seguir hasta la Gran Vía y torcer a la izquierda. Y ahora usted está delante de una catedral, la Catedral de San Pedro. En la esquina Gran Vía/Avenida Principal está el Museo de Arte Moderno, con cuadros de pintores famosos como Miró y Dalí; y enfrente está el Parque Real, un lugar ideal para escapar del ruido de la ciudad.

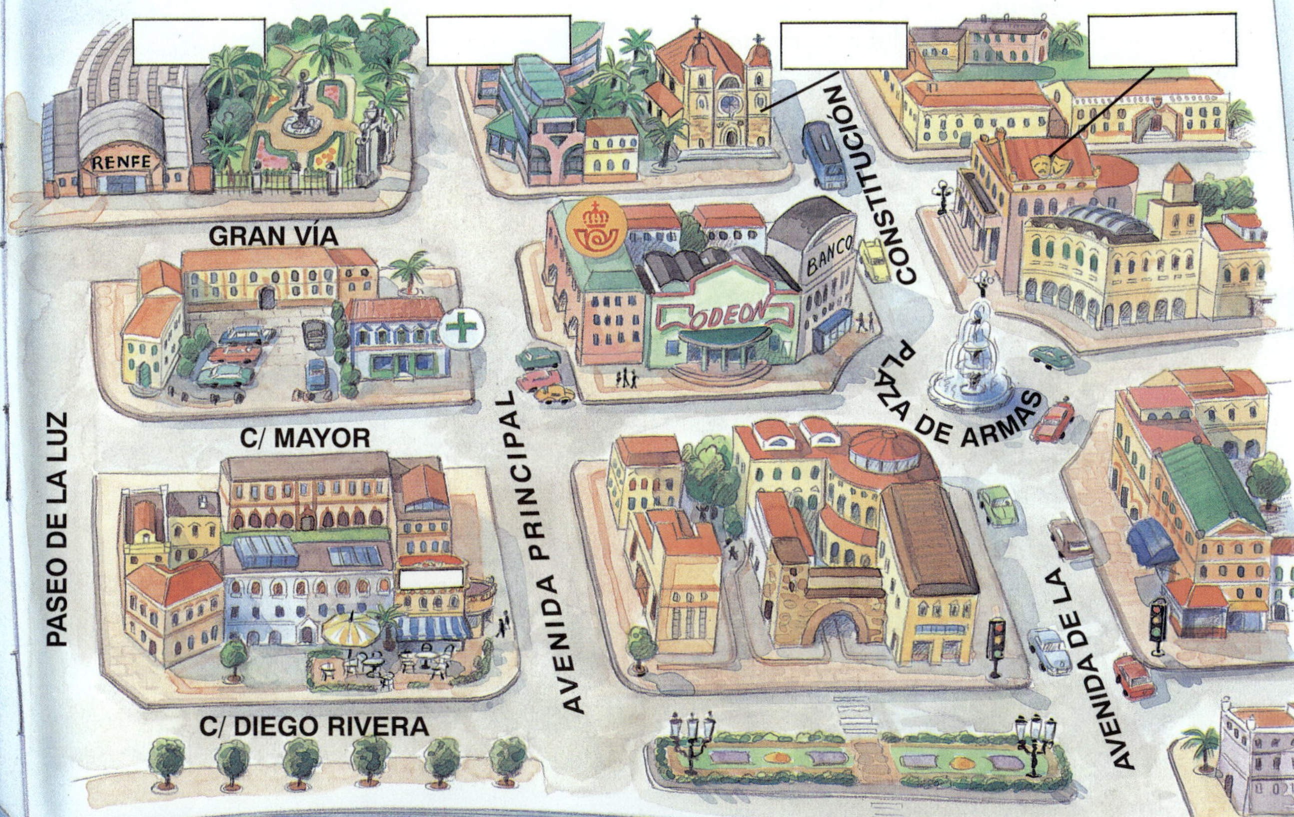

	tomar la Calle Mayor.
Hay que	tomar la primera calle a la derecha.
Tienes que	torcer a la izquierda.
Tiene que	seguir hasta la Plaza de Armas.
	seguir todo recto.

Ejercicios: 10-11

6

a) Escuche y mire el plano de "Milagros". ¿Puede identificar los edificios?
Hören Sie zu und sehen Sie den Plan von "Milagros" an. Können Sie die Gebäude identifizieren?

b) Dibuje una cabina de teléfonos en el plano de "Milagros". Su compañero/-a pregunta dónde está y usted contesta.
Zeichnen Sie eine Telefonzelle in den Plan von "Milagros" ein. Ihr/e Nachbar/in fragt, wo sie sich befindet, und Sie geben Auskunft.

c) Complete.

	ir	a
yo	**voy**	
tú	**vas**	**a** España
usted, él, ella	**va**	**a la** farmacia
nosotros/-as	______	**al** museo
vosotros/-as	**vais**	
ustedes, ellos, ellas	**van**	

	coche
	tren
	______
en	metro
	avión
	bicicleta

OJO a + el ⟶ **al**: Voy **al** museo.
de + el ⟶ **del**: Está detrás **del** parque.

Ejercicios: 12-13

7

a) Una cadena. ¿Cómo va usted al trabajo?

MODELO
- ● Susanne, ¿cómo vas al trabajo?
- ○ En autobús. Y tú, Rolf, ¿cómo vas al trabajo?
- ▲ En bicicleta. ¿Y usted, señora, ...?

b) ¿Cómo van a la clase de español?
Fragen Sie die anderen, wie sie zum Spanischunterricht kommen. Können Sie je drei Personen ermitteln, die folgende "Verkehrsmittel" benutzen?

MODELO
- ● ¿Usted va en coche a la clase de español?
- ○ No, voy en bicicleta.

c) Explíquelo a sus compañeros/-as.
Erklären Sie es den anderen.

MODELO
- ● Sarah, Hans y Christine van en autobús a la clase de español.

Ejercicios: 14-15-16

Madrid me gusta

1

a) Lea la carta y complete con estas palabras.

calles museos
ciudad teatros

CARTAS
AL DIRECTOR

Señor Director:
¿Qué pasa con Madrid?
Madrid me gusta. Es una _______ fantástica. Es enorme: ¡3 millones de habitantes! Me gustan la vida cotidiana y el movimiento; me encantan las actividades culturales: museos, _______, conciertos, exposiciones... Pero hay también aspectos negativos, el ruido, por ejemplo. ¡El tráfico agresivo en las _______ y avenidas no me gusta nada! ¡Y la criminalidad! Y, sobre todo, hay pocas zonas verdes. Hay parques, sí..., pero pocos. ¿Por qué no hay árboles en las calles de Madrid? ¿Por qué sólo hay árboles en los cuadros de los ________? ¿Es que la naturaleza no es importante?

Atentamente,
Antonio Delgado, Madrid

b) Busque los aspectos positivos y negativos en la carta.

aspectos positivos	aspectos negativos
actividades culturales	*criminalidad*

2

¿Qué le gusta y qué no le gusta?
Was gefällt Ihnen – was gefällt Ihnen nicht? Nehmen Sie Stellung.

(No)	me	**gusta**	la música clásica. vivir en la ciudad.
		gustan	los coches.

OJO Im Gegensatz zum Deutschen steht im Spanischen der Artikel:
Me gusta **el** jazz. *Mir gefällt Jazz.*
Ebenso: me encanta/n, me interesa/n

el flamenco – el teatro – el caos – la criminalidad – los autores modernos – la música clásica – las fiestas familiares – las fiestas con amigos – los coches grandes – la música folclórica – los restaurantes chinos – los pintores modernos – el fútbol – el tango – la televisión – el jazz

MODELO • Me gusta el flamenco.

Ejercicios: 17-18

3

Escuche y marque con una X.
Hören Sie, wie sich verschiedene Paare über bestimmte Dinge nicht einigen können. Was gefällt ihr bzw. ihm? Kreuzen Sie an.

	señor	señora
1. la música clásica		
2. las montañas		
3. el cine		
4. el vino tinto		
5. los pueblos pequeños		
6. el tenis		

4

Su amiga española viene de visita. Descríbale su ciudad.
Ihre spanische Brieffreundin möchte Sie besuchen. Beschreiben Sie Ihren Wohnort und sagen Sie, was Ihnen daran gefällt bzw. mißfällt.

Querida Liliana:

... es una ciudad...

Un abrazo,

5

¿Pueblo o ciudad?

Castrillo de los Polvazares, León.
Ya sólo hay 97 habitantes...
¿Por qué la gente no quiere vivir en un pueblo?

Immer mehr Leute verlassen die Dörfer. Und Sie, wohnen Sie lieber im Dorf oder in der Stadt?

MODELO
- Me gusta vivir en un pueblo porque es...
- Me gusta vivir en una ciudad porque hay...

6

a) Complete los números.

100	cien	1.000	mil
101	ciento uno	1.100	mil cien
110	ciento diez	1.999	mil novecientos/-as ______________
200	doscientos/-as	5.000	cinco mil
300	______________	6.001	seis mil uno
400	cuatrocientos/-as	63.527	sesenta **y** tres mil quinientos/-as veintisiete
500	**quinientos/-as**	1.000.000	un millón
600	seiscientos/-as	3.000.000	tres millones
700	setecientos/-as	10.576.039	______________ quinientos/-as setenta **y** seis mil treinta **y** nueve
800	______________		
900	novecientos/-as	1.000.000.000	mil millones

OJO Nur die Hunderter haben eine männliche und weibliche Endung.
Y steht immer nur zwischen Zehnern und Einern.

b) Escriba 10 números. Dicte luego estos números a su compañero/-a y compruebe.
Schreiben Sie 10 Zahlen (in Ziffern) auf. Diktieren Sie sie anschließend Ihrem Nachbarn/Ihrer Nachbarin und vergleichen Sie, ob sie richtig geschrieben wurden.

7

a) España en cifras. Escuche la casete y luego lea el texto en voz alta.

- En España viven 4.730 pensionistas con más de 100 años.
- Hay 283 teléfonos, 368 televisores y 264 coches por cada 1.000 habitantes.
- España tiene 3.904 kilómetros de costa y 2.276 kilómetros de autopista.
- Hay 133.000 bares, 50.005 restaurantes, 1.773 cines y 5.062 bibliotecas.
- 148.717 españoles son médicos y 1.200.000 estudian en la Universidad.

b) Y ahora algunos datos sobre España y Alemania. Escuche y complete.

	España	Alemania
superficie (km^2)		
habitantes	37.746.599	
habitantes por km^2		
capital (habitantes)		3.152.000
coches		
kms de autopista		

Ejercicios: 19-20-21

8

En parejas. Ustedes quieren hacer un viaje por España y visitar varias ciudades en una semana. En sus mapas faltan las distancias entre algunas ciudades. ¿Pueden completarlas? Aquí está su mapa. Su compañero/-a abre la página 159.

Zu zweit. Sie wollen eine Reise durch Spanien machen und verschiedene Städte innerhalb einer Woche besuchen. In Ihren Landkarten fehlen die Entfernungen zwischen einigen Städten. Helfen Sie sich gegenseitig, Ihre Karten zu vervollständigen.

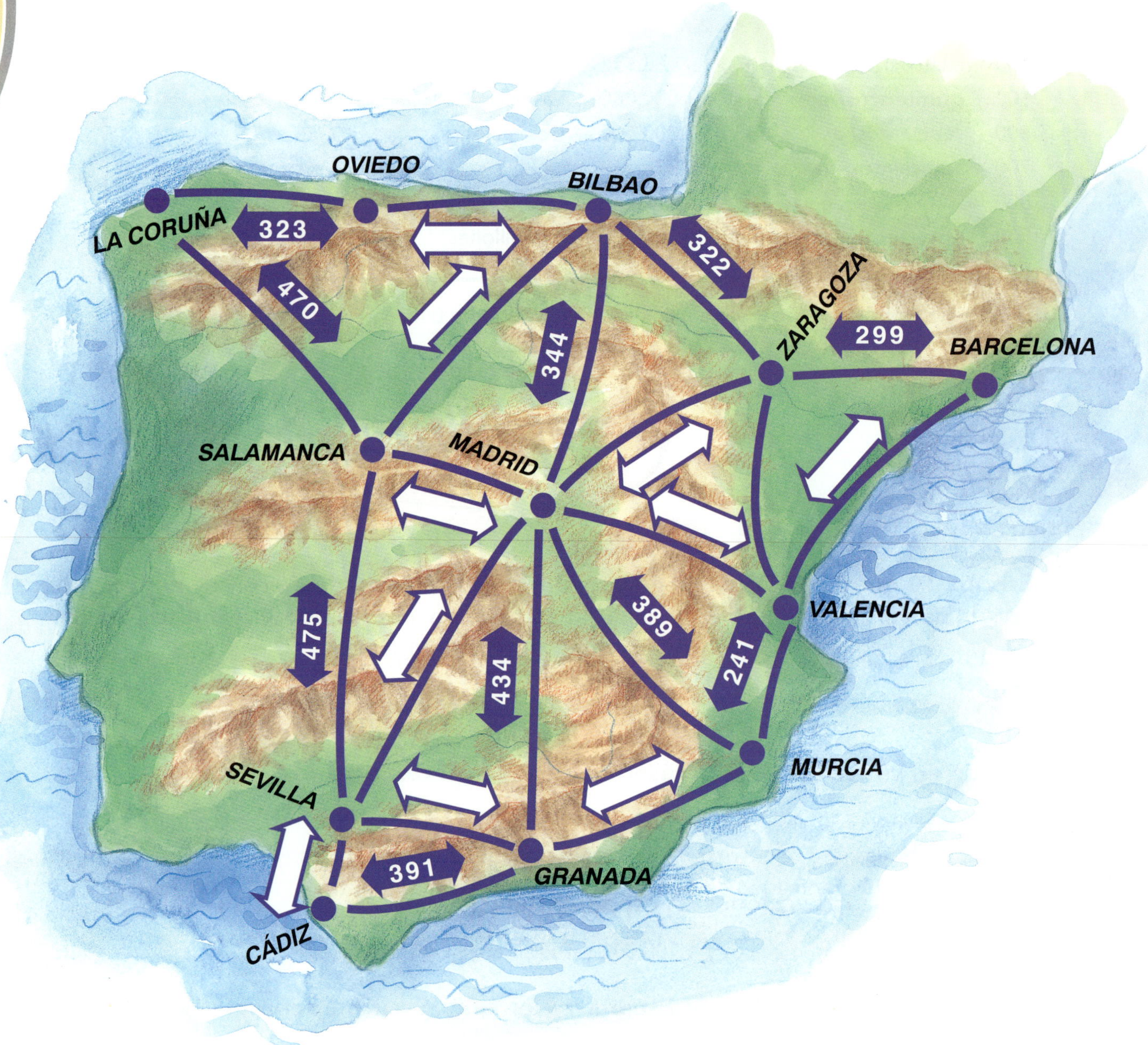

MODELO
- ¿Cuántos kilómetros hay de Oviedo a Bilbao?
- ○ 306.

Ejercicios: 22-23-24

En parejas. Vuelva a la página 27.
Zu zweit. Gehen Sie zurück zu Seite 27. A beschreibt den Weg vom Metro-Ausgang zu einem Ort seiner Wahl, den er nicht nennt, und B zeichnet die Route ein. Danach beschreibt B einen Weg, und A zeichnet ihn ein. Kontrollieren Sie gegenseitig Ihre Ergebnisse.

Revuelto

Sie haben nun schon einige Erfahrungen mit der spanischen Sprache gesammelt. Kennen Sie *Caminos* schon gut?

1

¿Qué significan estos símbolos? Relacione.

ejemplo
gramática
trabajo con casete
excepción o dificultad
expresiones útiles
libro de ejercicios

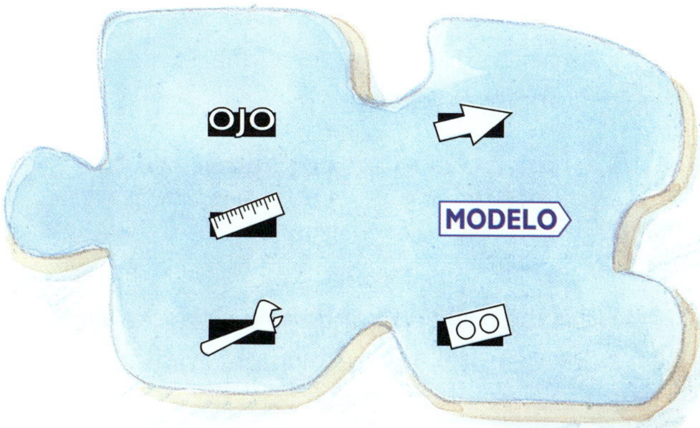

2

¿Se acuerda?
Erinnern Sie sich, auf welcher Seite Ihnen folgende Dinge begegnet sind?

- un billete de loto ☐
- un texto sobre México ☐
- ofertas de empleo ☐
- los números de 100 a 1.000.000 ☐
- una foto de Granada ☐
- un mapa de Latinoamérica ☐

Compare los resultados con su compañero/-a.

3

¿Ya entiende las instrucciones en español? Relacione.
Verstehen Sie schon die spanischen Anweisungen? Ordnen Sie zu.

En parejas.
Escuche la casete.
Compare con su compañero/-a.
Lea este texto.
Complete.
Busque las formas que faltan.
Pregunte a su compañero/-a.
Relacione.

Ordnen Sie zu.
Vervollständigen Sie.
In Zweiergruppen.
Lesen Sie diesen Text.
Hören Sie die Cassette.
Suchen Sie die fehlenden Formen.
Vergleichen Sie mit einem Kursmitglied.
Fragen Sie ein Kursmitglied.

4

¿Qué le gusta en la clase de español y qué no? Complete.
Was gefällt Ihnen im Spanischunterricht und was nicht? Tragen Sie ein.

•• leer textos •• hablar con un/a compañero/-a •• la gramática •• escribir •• escuchar la casete •• las fotos del libro •• los dibujos *(Zeichnungen)* •• trabajar en grupo •• los ejercicios •• comparar los resultados con un/a compañero/-a •• buscar una regla de gramática •• usar el diccionario •• completar textos

Me gusta/n	No me gusta/n

Compare con su compañero/-a.

5

Sie haben die folgenden Ausdrücke sicher alle schon in Ihrem Spanischunterricht gehört oder benutzt. Wozu braucht man sie? Ordnen Sie sie richtig zu.

- ¿Sabe usted si hay un hotel por aquí?
- ¿Habla usted español?
- Hola, ¿cómo estás?
- Encantado.
- Soy de Bilbao.
- Hay mucho tráfico.
- Vivimos en Zaragoza.
- ¿Dónde está el cine Odeón?
- Es un pueblo pequeño.
- Trabajo en una empresa internacional.
- Soy dentista.
- Me gustan las ciudades grandes.

1. Wie man sich begrüßt, vorstellt und nach dem Befinden erkundigt.
2. Wie man seinen Beruf angibt.
3. Wie man Orte beschreibt.
4. Wie man Gefallen und Mißfallen ausdrückt.
5. Wie man sagt, woher man kommt und wo man wohnt.
6. Wie man nach dem Weg fragt.
7. Wie man fragt und angibt, welche Sprachen man spricht.

¿Puede añadir otras expresiones?
Können Sie andere Ausdrücke hinzufügen?

6

a) Lea el texto y haga el ejercicio 4 en el libro de ejercicios.

ESPAÑOLES DE HOY

En San Sebastián, en el centro de la ciudad, hay un restaurante con mucha tradición: el "Restaurante Arzak". Es un lugar especial, con un ambiente familiar. Aquí trabaja Juan Mari Arzak como jefe y cocinero. Maite, la mujer de Juan Mari, es la "reina" del restaurante, la "jefa" de la "familia": tienen 24 empleados. Los Arzak tienen dos hijas: Elena y Marta. Elena trabaja ahora con sus padres en el restaurante para seguir la tradición de la familia. Marta estudia Historia del Arte y vive en Londres. ¿Por qué el restaurante tiene un ambiente especial? Porque Juan Mari es un "artista" de la cocina. Prepara menús modernos con las recetas clásicas de la cocina vasca. Tiene la combinación ideal: cocina clásica y original. Por eso vienen al restaurante personas de todo el mundo.
Juan Mari Arzak, un español de hoy, inteligente y creativo.

b) ¿Se acuerda del verbo "tener"? Ya conoce algunas formas. Complete.
Erinnern Sie sich an das Verb **tener**? Sie kennen schon einige Formen. Vervollständigen Sie.

tener
tengo
t**ie**nes
____
tenemos
tenéis
____

Die Formen von **venir** *(kommen)* werden genauso gebildet.
Können Sie die Tabelle vervollständigen?

venir
____
v**ie**nes
____
venimos
venís
____

7

a) Elija a una de estas personas y escriba una pequeña biografía.
Wählen Sie eine dieser Personen aus und erfinden Sie deren Biographie (Name, Alter, Wohnort, Land, Beruf, Familie).

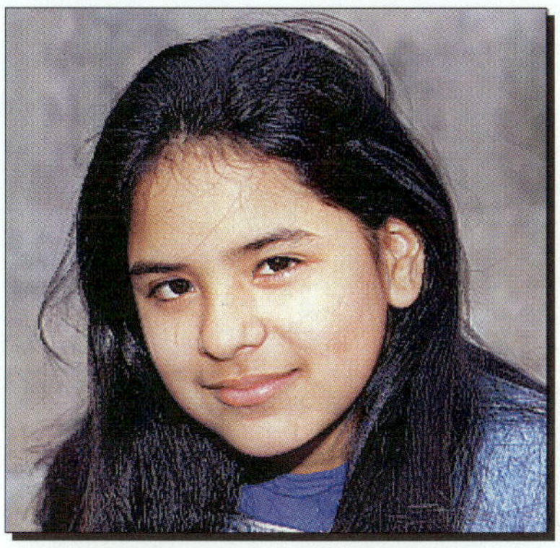

b) En parejas. Pregunte a su compañero/-a sobre la persona.
Zu zweit. Stellen Sie sich gegenseitig möglichst viele Fragen zu der gewählten Person.

8

a) Lea el texto y marque el camino en el plano de San Sebastián.

b) Explique a su compañero/-a el camino del Centro de Turismo 1 al restaurante.

9

Aquí tiene algunas monedas de países hispanohablantes. ¿Cuánto dinero hay?
Hier haben Sie einige Währungen spanischsprachiger Länder. Welche Summe ergibt sich für jedes Land?

10

Jueguen en parejas.

Spielen Sie zu zweit. Dazu braucht jede/r eine Münze. Kopf bedeutet "ein Feld vorrücken", Zahl "zwei Felder vorrücken".

11

a) Lea el texto y complete los cuadros vacíos en el mapa.
Lesen Sie den Text und füllen Sie die Kästchen in der Landkarte aus.

Las lenguas de España y Latinoamérica

En España se hablan cuatro lenguas: el castellano o español (la lengua oficial del Estado español), el catalán, el gallego y el vasco o «euskera».
La situación en Latinoamérica es más complicada. Las lenguas principales en Latinoamérica son el castellano y el portugués. El portugués se habla en Brasil. Pero hay también lenguas indígenas, por ejemplo el quechua, que se habla en Perú, Ecuador, Bolivia y en el norte de Chile y de Argentina. Palabras como *coca*, *puma* o *papa* vienen del quechua.

En México se habla también el náhuatl. Del náhuatl tenemos las palabras *cacao*, *tomate*... Otra lengua indígena es el guaraní, que se habla en Paraguay y en el norte de Argentina; de este idioma tenemos las palabras *jaguar*, *tapir*...
Pero esto no es todo. En Latinoamérica viven también muchas personas de origen europeo; por ejemplo en Chile y Brasil hay mucha gente que habla alemán, y en Argentina hay una gran influencia del italiano.

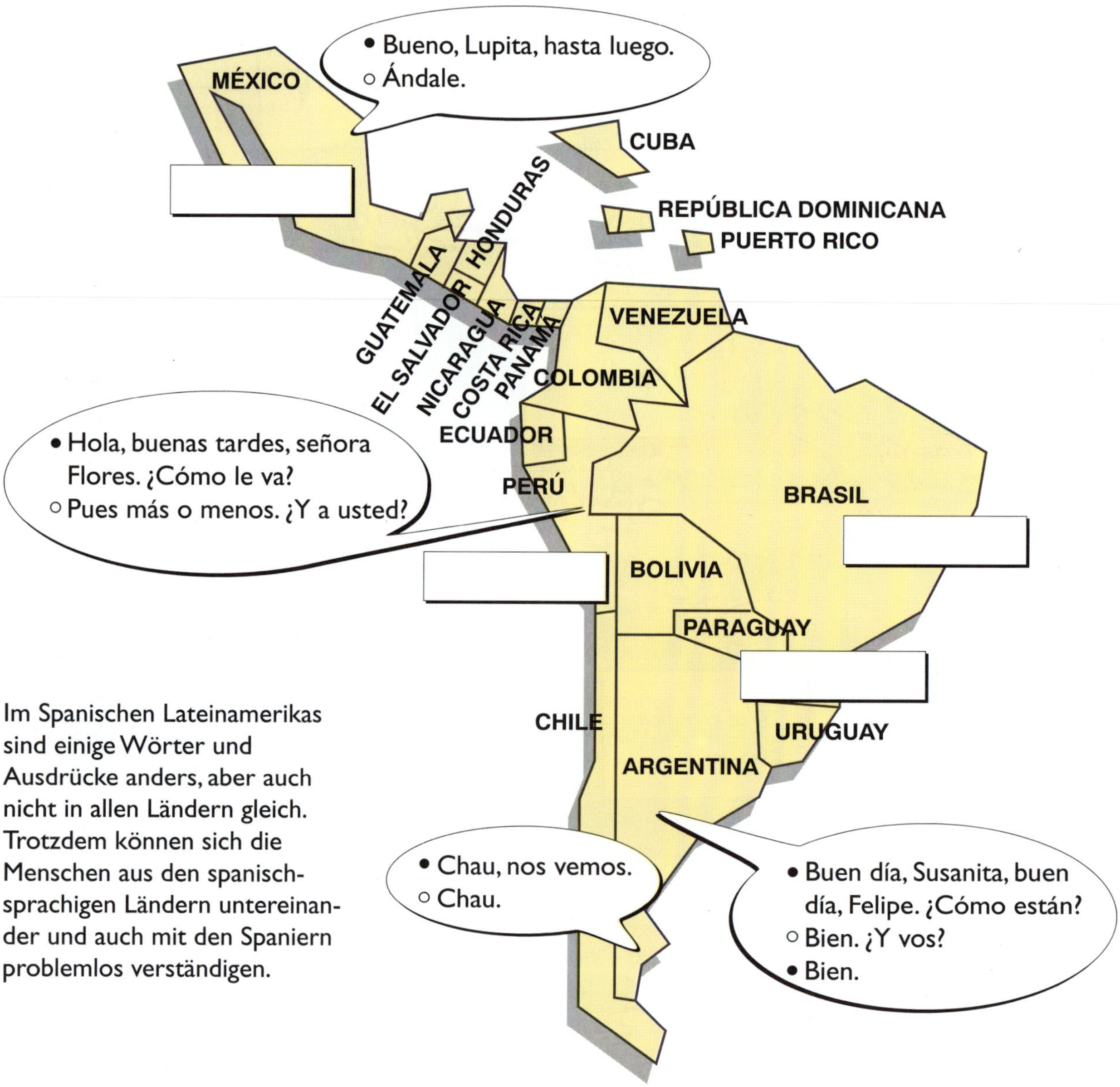

Im Spanischen Lateinamerikas sind einige Wörter und Ausdrücke anders, aber auch nicht in allen Ländern gleich. Trotzdem können sich die Menschen aus den spanischsprachigen Ländern untereinander und auch mit den Spaniern problemlos verständigen.

b) Sie haben in **Unidad 2** Begrüßungs- und Verabschiedungsformeln kennengelernt. Welche Unterschiede fallen Ihnen hier auf? Hören Sie die Cassette.

¡Que aproveche!

En esta unidad aprendemos

- cómo comprar alimentos
- pesos y medidas
- cómo pedir algo en un restaurante
- cómo valorar la comida
- algo sobre los hábitos españoles de comida

In dieser Lektion lernen wir

- wie man Lebensmittel einkauft
- Maße und Gewichte
- wie man etwas im Restaurant bestellt
- wie man das Essen bewertet
- etwas über spanische Eßgewohnheiten

Relacione los letreros con los puestos.
Ordnen Sie die Schilder den Ständen zu.

¿Algo más?

1

a) **Escuche los diálogos en el mercado.**

1
- • ______________________
- ○ ¿Cómo los quiere?
- • ______________________
- ○ ¿Algo más?
- • ______________________
  ____
- ○ Son 840 pesetas.
- • ______________________
- ○ Muchas gracias.
- • ______________________

- • Aquí tiene.
- • Adiós.
- • Buenos días, ¿me pone un kilo de tomates?
- • Sí, dos kilos de mandarinas. Eso es todo. ¿Cuánto es?
- • No muy verdes.

2
- ○ ¿Qué desea?
- • ______________________
- ○ Sí, claro. ¿Cuánto quiere?
- • ______________________

- • Un cuarto, por favor.
- • ¿Tiene queso manchego?

3
- • ______________________
- ○ Sí. ¿Cómo lo quiere, en lata o en botella?
- • ______________________
- ○ La pequeña 375 pesetas y la grande 620.
- • ______________________

- • ¡Es muy cara! Entonces déme la pequeña, por favor.
- • Oiga, ¿tiene aceite de oliva?
- • ¿Cuánto cuesta la lata?

b) **Complete ahora los diálogos.**
Ergänzen Sie die Dialoge mit den Sätzen der Kunden.

c) **Escuche otra vez y compruebe.**

Ejercicios: 1-2

d) **Busque en los diálogos las expresiones para pedir algo.**
Suchen Sie in den Dialogen die Ausdrücke, mit denen man etwas verlangt.

	querer
yo	qu**ie**ro
tú	qu**ie**res
usted, él, ella	qu**ie**re
nosotros/-as	queremos
vosotros/-as	queréis
ustedes, ellos, ellas	qu**ie**ren

- ¿ ________ queso manchego?
- **Quiero** un kilo de mandarinas.
- ¿ ________ dos kilos de tomates?
- **Déme** un melón, por favor.

Ejercicios: 3

2

Compre dos productos.
Verlangen Sie zwei der unten abgebildeten Produkte.

3

a) **Ordene estos productos según el tipo de envase. Haga una lista y léala.**
Ordnen Sie diese Produkte nach ihrer Verpackung. Machen Sie eine Liste und lesen Sie sie vor.

una **botella** de agua mineral
una **lata** de cerveza
un **paquete** de mantequilla
una **bolsa** de macarrones
una **caja** de bombones
una **barra** de pan

Ejercicios: 4-5

b) **Ahora busque en la página 46 las expresiones para preguntar por el precio:**

Nach dem Preis einer bestimmten Ware fragt man mit ¿ ______________________ ?
Nach der Gesamtsumme fragt man mit ¿ ______________________ *es*?

c) **Escuche las ofertas y escriba los precios que faltan en el collage.**

d) **Compare con su compañero/-a y pregunte por el precio de algunos productos.**

MODELO
- ¿Cuánto cuestan los bombones?
- Cuatrocientas noventa pesetas.

4

Bei einem Preisausschreiben im Supermarkt haben Sie den 25. Preis gewonnen und dürfen sich aus dem Angebot von Seite 47 einen Warenkorb im Wert von 5000 Peseten zusammenstellen.
Haga una lista de los productos y compare con su compañero/-a.

MODELO
- ● Yo tengo tres botellas de vino.
- ○ Yo también.

MODELO
- ● Yo tengo dos paquetes de café.
- ○ Yo tengo ~~un paquete~~ uno.

5

Escriba una lista de los productos y cantidades que usted necesita en una semana.

1 L	un litro de leche	1 kg	un kilo de tomates
1/2 L	medio litro de...	1/2 kg	medio kilo de...
1,5 L	un litro y medio de...	1,5 kg	un kilo y medio de...
		1/4 kg	un cuarto de...
		100 g	cien gramos de jamón

2 l de leche

OJO ~~un~~ medio < kilo / litro

6

Escuche la casete y complete este pedido.
Hören Sie die Cassette und füllen Sie diesen Bestellschein aus.

ALIMENTOS BARATÍN, SERVICIO A DOMICILIO
Calle San Francisco, 34, 28007 Madrid

Cantidad	Productos
______	*vino*
3 barras	______
______	*huevos*
1 L	______
______	*patatas*
______	*yogures*
1/2 kg	______ *manchego*
______	*jamón serrano*

Ejercicios: 6

7

a) **Complete.**

● ¿Me pone	un melón? una botella de agua? un kilo de tomates? un kilo de patatas?	○ ¿Cómo	**lo** ___ ___ **las**	quiere?

Wenn man eine Person oder Sache gerade erwähnt hat, wiederholt man sie nicht, sondern bezieht sich darauf mit **lo, la, los, las**.
In verneinten Sätzen stehen **lo, la, los, las** zwischen **no** und dem Verb.

b) En parejas. Aquí tienen una lista de las cosas que ustedes necesitan para esta semana. ¿Quién compra qué?

Zu zweit. Hier ist eine Liste der Dinge, die Sie beide diese Woche benötigen. Einigen Sie sich, wer was kauft.

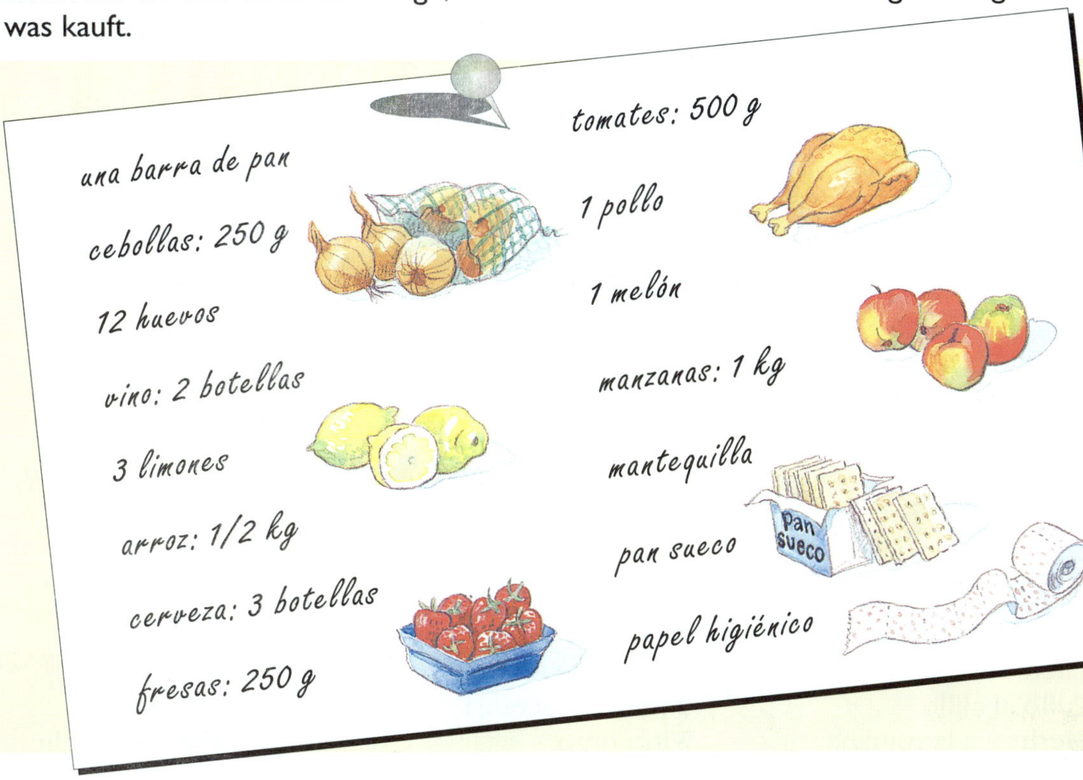

MODELO
- ¿Quién compra el pan?
- ○ Lo compro yo. ¿Y las cebollas?
- ...

Ejercicios: 7-8-9-10-11

8

Cuatro personas del grupo son vendedores en un puesto del mercado. Cada vendedor/a hace una lista de 5 productos y de su precio. Los otros hacen las compras.

MODELO
- ¿Tiene mandarinas?
- ○ Sí.
- ¿Cuánto cuesta el kilo?
- ○ 220 pesetas.
- Entonces déme medio kilo.
- ○ Son 110 pesetas.

9

a) ¿Cómo se llaman estas frutas?

b) Escuche esta canción. ¿Cuál es el título? ¿Se mencionan todas las frutas del dibujo?

¿Qué tal el pescado?

1

a) Mire el menú del Restaurante "Don Pepe" y pregunte a su profesor/a por las palabras nuevas.

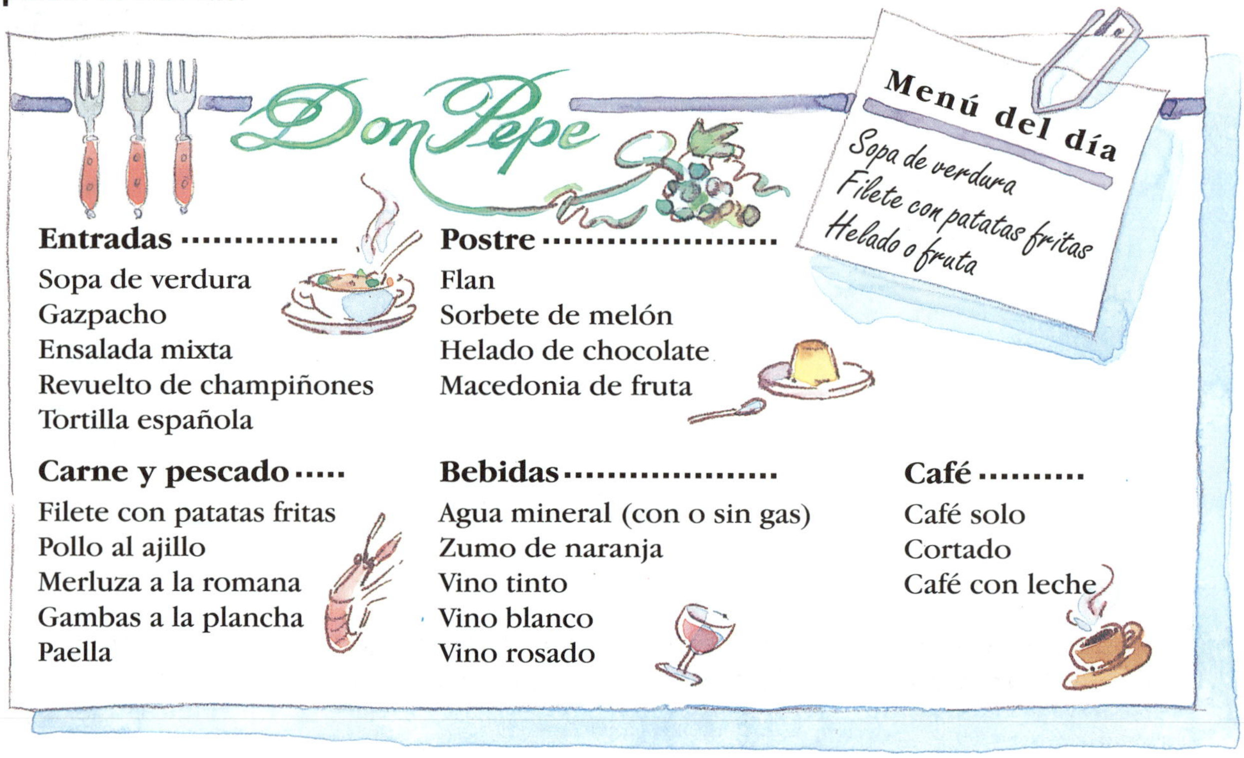

b) Escuche la conversación y marque en el menú todo lo que piden.
Markieren Sie in der Speisekarte alles, was bestellt wird.

c) Lea ahora la conversación.

Camarero: Buenas tardes. ¿Les gusta esta mesa?
Luisa: Sí, gracias... La carta, por favor.
Camarero: Aquí la tienen. Si lo desean, tenemos también el menú del día.
Rosa: ¡Ah, estupendo! Yo quiero el menú.
Luisa: Pues yo... una sopa de verdura, y de segundo, pollo al ajillo.
Ramón: Para mí, de primero, una ensalada mixta, y después merluza a la romana.
Camarero: ¿Y para beber?
Luisa: ¿Tomamos un rosado bien seco?
Rosa: Sí, de acuerdo.
Ramón: Entonces, una botella de vino rosado y una de agua mineral sin gas, por favor.
Camarero: ¿Es todo?
Rosa: De momento sí. Gracias.

Durante la comida:
Luisa: Bueno, ¡que aproveche!
Ramón: Gracias, igualmente.
Rosa: ¿Qué tal está el pescado?
Ramón: Muy rico, ¿lo quieres probar?
Rosa: Sí... ¡Mmm!
Luisa: Y tú, ¿quieres un poco de pollo?
Ramón: No, gracias. ¿Me trae otra botella de agua mineral, por favor?
Camarero: Ahora mismo...

Camarero: ¿Desean postre?
Luisa: Sí, yo una macedonia, por favor.
Ramón: Y para mí, un sorbete de melón. ¿Y tú, Rosa?
Rosa: Yo quiero un helado y un café cortado, por favor.
Luisa: Para mí un café solo. Y tú, Ramón, ¿no tomas café?
Ramón: Bueno, uno con leche, y la cuenta, por favor.
Luisa: No, no, hoy pago yo.

d) Busque las expresiones que usan los amigos para pedir estas cosas.
Suchen Sie die Ausdrücke, die die Freunde benutzen, um diese Dinge zu bestellen.

_______________ una ensalada mixta.
¿_______________ otra botella de agua mineral?
_______________ un helado.

Ejercicios: 12-13-14

2

a) ¿Y usted, qué quiere comer?
Stellen Sie sich Ihr Menü zusammen.

Primero:
Segundo:
Postre:
Bebida:

b) En grupos de tres. Completen el diálogo y luego representen la escena.
Zu dritt. Vervollständigen Sie das Gespräch und spielen Sie anschließend die Szene.

Camarero: ● ¿Qué desean de primero?
○ _______________
▲ _______________

Camarero: ● ¿Y de segundo?
○ _______________
▲ _______________

Camarero: ● ¿Para beber?
○ _______________
▲ _______________

Camarero: ● ¿Toman postre?
○ _______________
▲ _______________

Camarero: ● ¿Algo más?
○ _______________
▲ _______________
○ Y la cuenta, por favor.

3

¿Cómo se llaman estos objetos? Mire las definiciones.

El vaso sirve para beber.
La cuchara sirve para tomar sopa.
El tenedor sirve para comer ensalada.
El cuchillo sirve para cortar la carne.

Ejercicios: 15

4

a) Mire el cuadro y complete la regla.

¿Me trae	otro café, otra cerveza, un poco más de pan,	por favor?

Otro/-a... bedeutet ____________;
un poco más de... bedeutet ____________.

OJO ~~una~~ otra cerveza

b) Pida estas cosas al camarero.
Bitten Sie den Kellner um folgende Dinge:

einen Löffel — noch etwas Brot — noch etwas Wasser
noch einen Kaffee — ein Eis — noch ein Glas Rotwein
noch ein Bier — noch etwas Käse — etwas mehr Milch

Ejercicios: 16-17

5

a) El camarero del Restaurante "Don Pepe" tiene hoy un poco de estrés. Escuche los comentarios y relacione los platos con los adjetivos.

salado/-a
rico/-a
picante
frío/-a
soso/-a

b) Vuelva a su menú de la página 51 y diga a su compañero/-a qué tal está. Para esto necesita:

• ¿Qué tal el pollo?	○ **Está**	(muy) (un poco)	bueno. rico. picante. salado / soso. caliente / frío.

Ejercicios: 18-19-20

6

Vuelva a la página 45 y diga qué productos puede comprar en cada puesto.

Consumo y costumbres

1

¿Qué toma usted para desayunar?

MODELO
- Yo, café con leche y pan con mermelada.
- Yo prefiero cereales...

2

a) Karin está en España. Lea su carta y complete con estas palabras.

mermelada	sopa
café	fruta
platos	carne
comida	bar

Querida Sara:

¿Cómo estás? Espero que bien. El curso de español es muy bueno y, por supuesto, estar en España me gusta mucho. Sabes, aquí hay cosas muy distintas y muy interesantes, que no tenemos en Alemania. La comida, por ejemplo: la gente come muy tarde, a las dos o tres. Además, por la mañana no desayunan mucho. Toman sólo un ________ con leche y un croasán o unas tostadas con mantequilla y ________. Aquí en Madrid, muchos desayunan «churros» y una taza de chocolate.
También al mediodía tienen otras costumbres. Antes de comer, muchos van «de bares» para tomar el aperitivo. El aperitivo es un vino o una caña (un vaso de cerveza) con unas tapas, que son pequeñas raciones de ________, como por ejemplo dos o tres calamares o unos champiñones al ajillo. Y luego, algunos españoles van a casa a comer, otros comen en restaurantes o bares. Por la noche, la gente cena también muy tarde aquí, entre las nueve y las diez. Normalmente toman una __________ o verdura y, de segundo, pescado o huevos. Yo voy siempre a comer con Cristina al «Chiringuito», un ________ enfrente de la Universidad, que es barato y limpio y donde comemos muy bien. Normalmente tomamos dos ________, el primero es una sopa y el segundo es ________ o pescado. De postre hay helado, flan o ________ del tiempo.
Bueno, ... y tanto hablar de comida, ahora tengo hambre. Sara, tienes que venir aquí para conocer todo esto, y así vamos todas al «Chiringuito».

Hasta pronto. Un abrazo.

Karin

	comer
yo	**como**
tú	**comes**
usted, él, ella	**come**
nosotros/-as	________
vosotros/-as	**coméis**
ustedes, ellos, ellas	________

Alle regelmäßigen Verben auf **-er** folgen diesem Modell.

Ejercicios: 21

b) Complete. Ergänzen Sie die Wortsammlung.

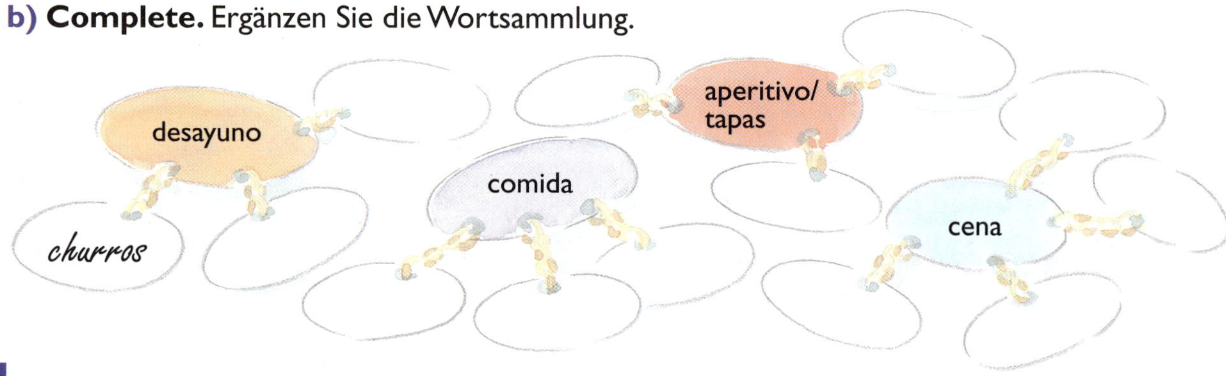

3

a) Mire la carta de Karin. ¿Qué hábitos españoles de comida conoce ya?
Welche Eßgewohnheiten der Spanier/innen kennen Sie schon?

Los españoles comen muy tarde.

b) Diga qué le ha sorprendido a Karin de España.
Nennen Sie einige Dinge, die Karin in Spanien aufgefallen sind. Dazu brauchen Sie:

	se come	muy tarde.
En España	**se toma**	el aperitivo en un bar.
	se toman	dos platos.

OJO **se** + Verb entspricht dem deutschen man.

c) ¿Qué más sabe de las costumbres en España y en los países latinoamericanos?

Ejercicios: 22-23-24

4

a) ¿Piensa usted que estas afirmaciones son correctas?
Glauben Sie, daß diese Aussagen zutreffen?

1. Hoy los españoles consumen menos carne que antes.
2. Un español come unos 220 huevos por año.
3. Un español come unos treinta kilos de pescado por año.
4. La bebida preferida de los españoles es el vino.
5. Hoy comen más pan que antes.
6. Un español consume unos 40 litros de agua mineral por año.

b) Mire las dos estadísticas de la página 55 y compruebe.

¿Qué consumen los españoles por año?

Huevos	224,9	Arroz	5,6 kg	Fruta	102,5 kg
Carne	69,3 kg	Pasta	4,8 kg	Aceitunas	3,2 kg
Pescado	31,2 kg	Azúcar	9,8 kg	Vino	32,5 L
Leche	111,8 L	Aceite	22,2 L	Cerveza	71,5 L
Pan	55,8 kg	Margarina	1,6 kg	Licor	8,5 L
Chocolate/cacao	2,8 kg	Patatas	54,2 kg	Zumo	16,0 L
Café	3,1 kg	Verdura	64,6 kg	Agua mineral	42,7 L

Ministerio de Agricultura.

Productos	1958	HOY
Pan, pastas, cereales	18,5 %	7,5 %
Patatas y verduras	13,1 %	9,9 %
Frutas	5,3 %	10,3 %
Carne	17,6 %	27,7 %
Pescado	8,3 %	12,2 %
Huevos	6,8 %	2,0 %
Leche, queso y mantequilla	8,7 %	11,5 %
Aceite	8,5 %	3,2 %
Azúcar y dulces	4,2 %	6,2 %
Café	2,1 %	1,0 %
Vino, cerveza, licor	4,4 %	3,6 %
Bebidas no alcohólicas	0,3 %	1,9 %
Otros alimentos	2,2 %	3,0 %
TOTAL	100,0 %	100,0 %

5

a) Mire la segunda estadística y compare. Para esto, necesita:

Hoy los españoles consumen	**más** **menos**	carne verduras	**que** antes.

b) ¿Hay diferencias con su país?

MODELO • Creo que los alemanes consumen más... que los españoles.

6

En grupos de 3. Hagan una lista de 10 alimentos y comparen las calorías.
Erstellen Sie zu dritt eine Liste von 10 Lebensmitteln und ordnen Sie sie nach ihren Kalorien. Werden Sie sich über die Reihenfolge einig?

MODELO • Leche, chocolate, ...
○ No, el chocolate tiene más calorías que la leche.

Ejercicios: 25-26-27

Pedir - comprar - ¡y pagar!

Spielen Sie in Gruppen von 3 bis 5 Personen mit einer Spielfigur pro Person und einem Würfel. Beginnen Sie bei **Salida** und rücken Sie um die gewürfelte Augenzahl vor.
Je nachdem, auf welchem Feld Sie landen (**T** wie **tienda** oder **R** wie **restaurante**), müssen Sie die abgebildeten Dinge in einem Geschäft verlangen oder im Restaurant bestellen.
Wenn Sie sich nicht sicher sind, schlagen Sie in der Lektion die entsprechenden Ausdrücke nach.

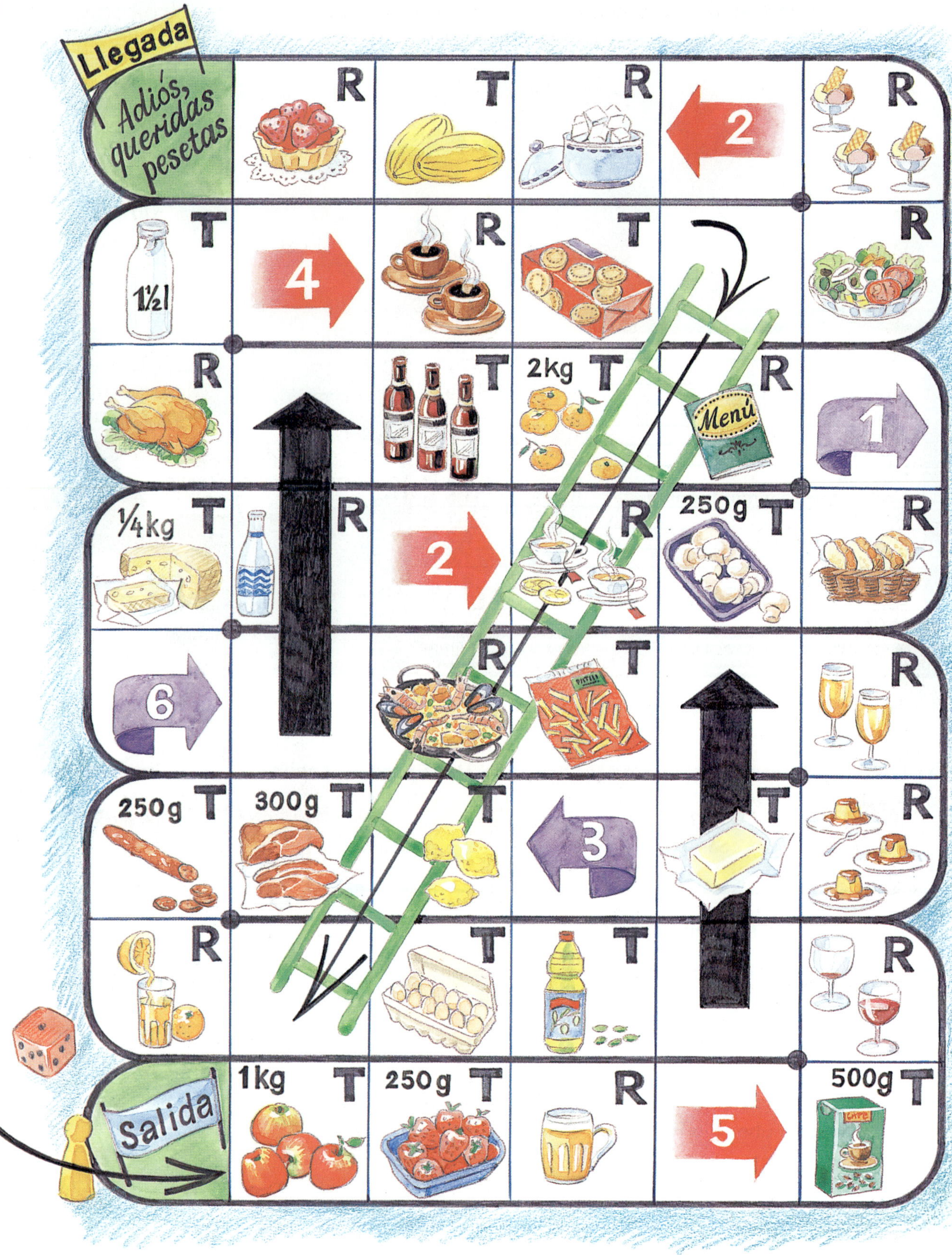

De compras

En esta unidad aprendemos

- los colores
- cómo comprar ropa
- cómo comparar objetos
- cómo expresar acuerdo y desacuerdo

In dieser Lektion lernen wir

- die Farben
- wie man Kleidung einkauft
- wie man Dinge vergleicht
- wie man Einverständnis und Widerspruch ausdrückt

Ordene estas prendas de vestir.

Ordnen Sie diese Kleidungsstücke. Welche sind für Frauen, welche für Männer, welche für beide?

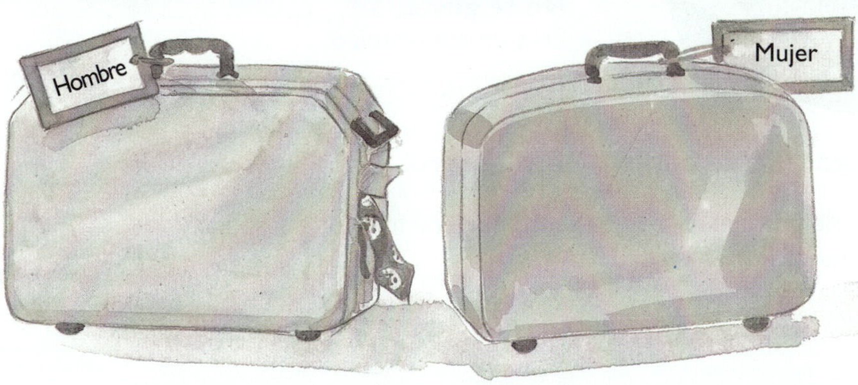

Mi prenda favorita

1

a) ¿Qué color le gusta más? ¿Qué color no le gusta?
Busque a tres compañeros/-as con el mismo color favorito.
Suchen Sie drei Kursmitglieder mit derselben Lieblingsfarbe.

MODELO
- ¿Le gusta el verde?

b) ¿Cree que su color favorito refleja su personalidad? Lea los resultados del test.
Glauben Sie, daß Ihre Lieblingsfarbe Ihren Charakter widerspiegelt? Lesen Sie die Testergebnisse.

TÚ Y LOS COLORES

AMARILLO
Te gusta:
Eres comunicativo y abierto.
Tienes mucha vitalidad.
No te gusta:
Eres una persona muy tranquila.

AZUL
Te gusta:
Eres una persona disciplinada.
No te gusta:
Eres abierto.

MARRÓN
Te gusta:
Te gusta estar entre amigos.
No te gusta:
Eres inteligente.

NEGRO
Te gusta:
Eres serio, pero te gusta ser el centro de atención.
No te gusta:
Eres informal y simpático.

GRIS
Te gusta:
Eres un poco pesimista.
No te gusta:
Eres optimista.

ROJO
Te gusta:
Eres franco y activo.
No te gusta:
Eres un poco tímido.

ROSA
Te gusta:
Eres romántico y tienes mucha paciencia.
No te gusta:
Eres muy moderno y activo.

VIOLETA
Te gusta:
Te gusta la tranquilidad.
No te gusta:
Eres un buen amigo.

NARANJA
Te gusta:
Eres alegre y generoso.
No te gusta:
Eres estudioso.
Te gusta el orden.

BLANCO
Te gusta:
Eres optimista y perfeccionista.
No te gusta:
Te gusta la variedad.

VERDE
Te gusta:
Eres una persona muy sincera y tienes unos amigos muy buenos.
No te gusta:
Te gusta la elegancia.

c) ¿Es verdad? Hable con sus compañeros/-as.

MODELO
- Me gusta el rojo. El test dice que soy franco/-a y activo/-a.
  Pues (no) es verdad.

Ejercicios: 1-2-3-4

2

a) ¿Cómo se llaman estas personas? Lea y escuche lo que dicen de sus prendas de vestir favoritas.

Wie heißen diese Personen? Lesen und hören Sie, was sie über ihre Lieblingskleidungsstücke sagen.

Susana: Tengo unos vaqueros muy viejos. Me gustan mucho, los llevo siempre.

Vicente: Mi prenda favorita es una cazadora negra de cuero. La llevo mucho.

Patricia: Tengo una minifalda roja con lunares blancos. La llevo con unas botas blancas y unas medias negras. El efecto es fantástico.

Lidia: Tengo un jersey ya muy viejo que me gusta mucho. Es azul marino con rayas blancas. Es muy cómodo.

Javier: Mi prenda de vestir preferida... son las gafas de sol. Tengo muchas. Tengo unas negras con cristales amarillos. Son de los años cincuenta.

Teresa: Tengo una camiseta nueva. Es blanca con un dibujo muy original.

b) Complete.

mucho/-a/-os/-as
En Madrid hay **mucho** tráfico. Tenemos ____________ amigos. Javier tiene ____________ gafas de sol.

¿muy o **mucho**?
Tengo un jersey ____________ cómodo. Me gusta ____________ . Por eso lo llevo ____________ .

Muy *(sehr)* steht bei Adjektiven,
mucho bei Substantiven *(viel/e)*, bei Verben *(sehr, viel)* oder allein.

Ejercicios: 5-6

3

¿Tiene usted una prenda de vestir favorita? ¿Qué es?

MODELO
- Mi prenda de vestir favorita es un jersey negro.
  Me gusta mucho porque es muy cómodo.

4

Vuelva a la página 57 y pregunte a su compañero/-a si le gustan 4 de las prendas de vestir. Para esto necesita:

• ¿Le gusta el jersey azul? • ¿Te gustan los zapatos negros?	○ Sí,	muchísimo. mucho. bastante.
	○ No,	no mucho. nada.

Ejercicios: 7

5

En parejas. Pregunte por las prendas de vestir que tiene su compañero/-a en casa, usando las palabras de las 3 columnas.
Fragen Sie sich gegenseitig nach den Kleidungsstücken, die Sie zu Hause haben, indem Sie die Wörter der 3 Spalten kombinieren.

MODELO
- ¿Tienes una chaqueta blanca de algodón?
- ○ Sí, tengo una./No, blanca no tengo.

OJO Einige Farbadjektive verändern sich nicht, z. B. **rosa**, **violeta**, **naranja**.

6

Describa la ropa que lleva una persona de la clase.
Sus compañeros/-as adivinan quién es.

MODELO
- La persona lleva una blusa roja, una falda a cuadros y zapatos blancos.
- ○ ¿Es Laura?
- Sí, sí, es ella.

Ejercicios: 8-9-10

Le queda bien

1

a) Complete el diálogo en una tienda de modas con estas expresiones. Pregunte primero a su profesor/a qué significan.

color probadores tarjeta talla un poco estrecha más grande

- Buenas tardes, ¿qué desea?
- ○ Bueno, yo quería una falda.
- ¿Y qué _______ necesita?
- ○ La 38 ó 40, depende...
- ¿De qué _______ la quiere?
- ○ Azul, azul marino, o negra.
- ¿Qué le parece ésta?
- ○ No sé, quizá un poco clásica. La quiero más moderna.
- A ver. ¿Ésa negra?
- ○ Quizá. Pero es muy elegante.
- Y esta minifalda, ¿le gusta más?
- ○ Sí, ésa es preciosa. ¿Dónde están los _________?
- Aquí mismo, a la derecha.

...
- ○ ¡Qué lástima! Me queda ______________. ¿No tiene una talla ______________?
- Sí, ¡cómo no! Aquí tiene una 40...
- ○ Ésta me queda muy bien. Me la llevo. ¿Cuánto cuesta?
- 10.000 pts. ¿Paga en efectivo o con __________?
- ○ Con tarjeta de crédito, por favor.

b) Escuche el diálogo y compruebe.

c) Haben Sie bemerkt, wie die Kundin und Verkäuferin auf etwas hinweisen? Unterstreichen Sie im Dialog die spanischen Wörter für **dieser/diese.**

este jersey	**esta** falda	**ese** jersey	**esa** falda
estos zapatos	**estas** medias	**esos** zapatos	**esas** medias

Man verwendet **este/-a/-os/-as** für Dinge in unmittelbarer Nähe des Sprechers.
Man verwendet **ese/-a/-os/-as** für Dinge, die etwas weiter entfernt sind.
Esto, eso bezieht sich auf etwas, das nicht konkret benannt wird.

2

Sustituya en el diálogo "una falda" por "un jersey" y observe los elementos que cambian.
Ersetzen Sie im obigen Dialog **una falda** durch **un jersey** und beachten Sie alle Elemente, die sich dadurch ändern.

Ejercicios: 11-12-13

3

a) Complete.

(A mí)	___	
(A ti)	**te**	gusta/n.
(A usted, a él, a ella)	___	gusta/n mucho.
(A nosotros/-as)	**nos**	parece/n bien.
(A vosotros/-as)	**os**	queda/n mal.
(A ustedes, a ellos, a ellas)	**les**	

OJO Die Wörter in Klammern werden zusätzlich verwendet, um die Person besonders hervorzuheben oder um Mißverständnisse zu vermeiden.

b) ¿A quién del curso le gustan estas cosas? Escriba lo que piensa usted.

c) Pregunte ahora a los compañeros/-as si es verdad.

MODELO
- Oliver, ¿te gusta el sombrero?
- Sí, mucho./No, nada.

Ejercicios: 14

4

a) ¿Qué dicen las personas? Complete.

- Esta falda me queda muy larga.
- No me quedan bien, son muy largos.
- Esta chaqueta me queda muy ancha.
- Es demasiado grande.
- Me queda estrecha, además, el color no me gusta.
- Me queda perfecto.

b) Y ahora, ¿qué quieren las personas?

Was sagen die Leute, um etwas Passendes zu finden?

MODELO
- Esta falda me queda muy larga. La quiero más corta.

5

Escuche y diga si estas frases son correctas o falsas.

1. El señor quiere una chaqueta.
2. Prefiere el color gris.
3. Encuentra una chaqueta muy bonita.
4. La chaqueta cuesta 26.000 pesetas.
5. No se puede pagar con cheque.

Ejercicios: 15-16-17

6

En parejas. Usted quiere comprar algo. Su compañero/-a es el/la vendedor/a. Representen el diálogo. El ejercicio 18 del libro de ejercicios les ayuda.

7

a) Mire y diga qué personas tienen el mismo gusto.

b) Escuche estos pequeños diálogos. ¿Tienen todos el mismo gusto?

	1	2	3	4	5	6
Einverständnis						
Widerspruch						

8

a) Una persona de la clase dice qué le gusta. Las otras reaccionan.

los sombreros
el tenis el vino tinto
los dulces el fútbol José Carreras
ir en avión las corbatas Julio Iglesias
vivir en un pueblo la playa
preparar la comida

MODELO
- ● A mí me gustan los sombreros.
- ○ A mí también.
- ▲ A mí no.
- △ A mí tampoco.
- ■ A mí sí...

b) ¿Recuerda algunos gustos de sus compañeros/-as?
Erinnern Sie sich an einige Vorlieben der anderen?

MODELO
- A Julia no le gustan los dulces, pero a Stefan y a mí sí.
- A nosotros dos nos gusta preparar la comida.

Ejercicios: 19-20-21

¡Cómo se va el dinero!

1

a) Relacione los dibujos con las palabras.

1. transportes
2. ropa
3. cultura
4. vivienda (alquiler, gas, electricidad)
5. salud
6. alimentos y tabaco
7. bares y viajes
8. muebles

b) Ahora que ya conoce el significado de los símbolos, lea este texto.
Mit Hilfe der Symbole können Sie nun den Text verstehen.

¿En qué gastamos el dinero?

Según los datos del Instituto Nacional de Estadística, el grupo de  es el más importante. En estos productos gastamos 607.411 pts. al año. También según estos datos, gastamos casi tanto dinero en  (215.000 pts.) como en  (239.000 pts.). Otro punto interesante: necesitamos menos dinero para  que para  y . En  gastamos unas 152.000 pts. al año y en  unas 136.000 pts. Para  no necesitamos tanto dinero como para otras cosas, sólo 65.000 pts. por familia y año. ¡Claro! Es que tenemos muy buena salud. En  gastamos mucho dinero, porque los  son muy importantes para nosotros, pero no tan importantes como los . En  gastamos 303.000, en  316.000 pts.

c) ¿En qué gastan los españoles su dinero? Haga una lista.
Stellen Sie mit Hilfe des Textes eine Rangfolge auf, wofür die Spanier ihr Geld ausgeben.

1. alimentos
2. ______
3. ______
4. ______
5. ______
6. ______
7. ______
8. ______

A **B** C

B es **más** grande **que** A.
A y C son **menos** grandes **que** B.
A es **tan** grande **como** C.
B es **el más** grande.

A 50 B 100 C 50

B gasta **más** (dinero) **que** A.
A y C gastan **menos** (dinero) **que** B.
A gasta **tanto** (dinero) **como** C.
B gasta **más**.

2

a) Marque en el texto de la página 64 las expresiones para comparar cosas.

b) Complete estas frases con la ayuda del texto y de su lista.

1. El grupo de los alimentos es ______________ importante.
2. Los españoles gastan ______________ dinero en ropa ______________ en vivienda.
3. El grupo de la salud es ______________ importante.
4. Para los españoles, los transportes no son ______________ importantes ______________ los bares.
5. Los españoles gastan ______________ en vivienda ______________ en cultura.

c) Comente la lista de la pág. 64.

MODELO • Los españoles gastan más dinero en comida que en...

Ejercicios: 22-23-24

3

a) Escuche esta encuesta y anote en qué gastan los jóvenes su dinero.

bares, discotecas, ...

b) Lea estas frases sobre los jóvenes que hablan y complete su lista.

- **Lucía** puede gastar mucho dinero en vacaciones porque vive con sus padres y no tiene que pagar la comida y el alquiler.
- **Manuela** no encuentra trabajo, por eso no tiene dinero.
- **Juan** compra productos que no cuestan mucho. Quiere comprar un coche y no puede gastar mucho en otras cosas.
- A **Nuria** le encanta el consumo. Gasta mucho dinero en bares y discotecas.
- **Octavio** gasta mucho dinero en deporte.

c) Escuche otra vez y escriba el nombre de las personas que hablan.
Hören Sie nochmals. Können Sie nun sagen, wie die Personen heißen?

1. ______________________
2. ______________________
3. ______________________
4. ______________________
5. ______________________

4

Y usted, ¿en qué gasta su dinero?

MODELO • Yo gasto mucho en alquiler, ...

5

a) Mire estas fotos.
¿Conoce estos productos?
¿De dónde son?
¿Se pueden comprar en su país?
¿Dónde?

b) Lea este artículo.

Instrumentos musicales de Camerún, miel mexicana, cacao boliviano, cerámica quechua, libros, discos, jerséis, hamacas... Todos estos productos y muchos más se pueden comprar en las 27 tiendas alternativas que hay en España. Se llaman Tiendas de la Solidaridad porque, además de vender, organizan proyectos de cooperación y otras actividades para ayudar a los llamados países del Tercer Mundo.
Como en otros países, por ejemplo Alemania, Suiza y Holanda, estas tiendas venden productos de América Latina, África y Asia. No los venden más caros que en otras tiendas porque usan un sistema comercial diferente, con menos burocracia. Y con sus beneficios apoyan programas de desarrollo en el Tercer Mundo. Comprar regalos en este tipo de tiendas es un doble regalo: para la persona que lo recibe y para las personas que lo producen. ¿No le parece?

El País (texto adaptado).

c) ¿Puede buscar un título para este artículo?
¿Hay este tipo de tiendas en su ciudad? ¿Qué cosas se pueden comprar allí?
¿Cree que estas tiendas son una buena forma de ayudar al Tercer Mundo?

Ejercicios: 25-26-27

Usted trabaja en una tintorería. Hoy es sábado y todos tienen mucha prisa. Anote qué prendas entrega usted a cada persona.
Sie arbeiten in einer Reinigung. Heute ist Samstag, und alle haben es eilig. Notieren Sie, welche Kleidungsstücke Sie den Personen aushändigen.

señora
señor
señora
niña

Y la familia, ¿qué tal?

En esta unidad aprendemos

- las relaciones familiares
- cómo describir a una persona
- cómo dar opiniones sobre la familia

In dieser Lektion lernen wir

- Verwandtschaftsbezeichnungen
- wie man Personen beschreibt
- wie man Meinungen über die Familie äußert

JUAN BAUTISTA MARTÍNEZ DEL MAZO (Año 1612/1667).

Casi 1,6 millones de españoles viven solos (13,4%)

Los mayores de 60 años ya representan el 20% de la población de la UE (Unión Europea).

En Alemania, de 28 millones de hogares, 10 millones son de una sola persona.

El 70% de los españoles que tienen entre 18 y 29 años viven en casa de sus padres.

¿El matrimonio está pasado de moda en España?

	1981	1995
SÍ	24%	15%
NO	70%	74%

ESTADO CIVIL DE LOS ESPAÑOLES

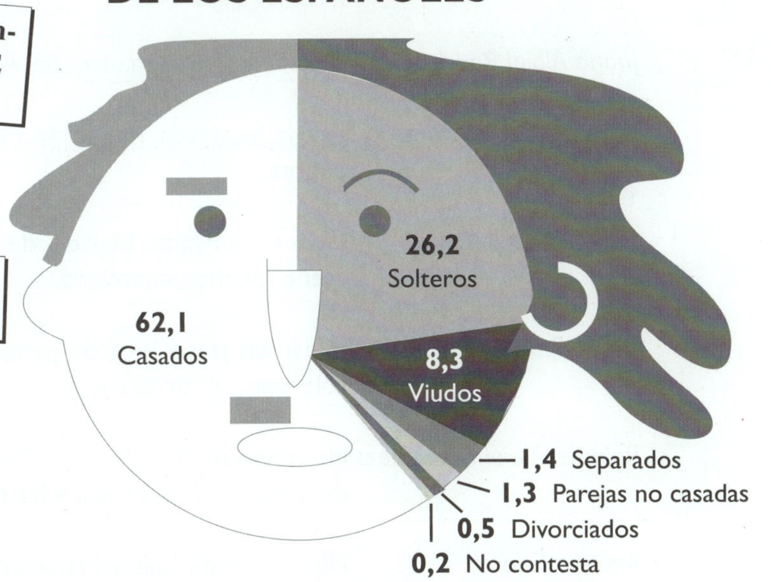

¿Qué significan estas palabras?

•• padres •• estado civil •• divorciados •• población •• matrimonio •• casados •• solteros

¿Quién es quién en la familia?

1

a) Aquí está la primera página de una novela policíaca. Mire el árbol genealógico y lea la descripción de las personas.
Das ist die erste Seite eines Kriminalromans. Anhand des Stammbaums können Sie die Familienverhältnisse erschließen.

Ana Cruz Guerra: Atractiva empleada de banco de 25 años. Hija de Pedro y Carmen, nieta preferida de José. Enamorada de Roberto.

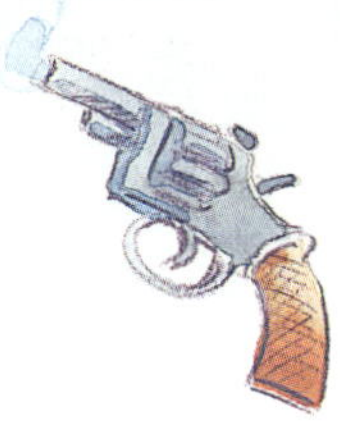

Eva Cruz Guerra: Hermana mayor y rival de Ana, asesinada en el parque.

Pedro Cruz Serrano: Actor de televisión muy conocido. Padre de Ana y Eva.

Luis Guerra Prim: Político de la oposición. Casado con Juana Albiol, padre de Antonio y tío de Eva y Ana.

Juana Albiol Rodríguez: Mujer de Luis, madre de Antonio. Amiga y cuñada de Carmen.

Carmen Guerra Prim: Actriz frustrada, mujer de Pedro. Tiene una relación difícil con sus padres.

José Guerra Jiménez: General jubilado. Marido de María, abuelo de Eva, Ana y Antonio. Tiene muchos enemigos.

María Prim Aguirre: Mujer un poco loca de José, madre de Luis y Carmen. Se interesa sólo por sus amigas y su nieto Antonio.

Roberto Albiol Rodríguez: Hermano menor de Juana. Director de banco muy dinámico, trabaja día y noche. Tiene fobia a las mujeres.

Antonio Guerra Albiol: Hijo único de Luis y Juana, primo de Eva y Ana. Arquitecto joven y brillante.

b) ¿Cómo se dice en español? Mire las palabras subrayadas de la página 68.
Finden Sie die spanische Übersetzung dieser Wörter mit Hilfe des Stammbaums? Beachten Sie die unterstrichenen Wörter auf Seite 68.

Bruder	Ehemann	Enkelin	Onkel	Sohn
Cousin	Eltern	Großvater	Schwägerin	Tochter
Ehefrau	Enkel	Mutter	Schwester	Vater

c) ¿Quién puede ser el asesino?
Wer könnte der Mörder sein?

2

Complete.
Vervollständigen Sie die Verwandtschaftsbezeichnungen.

♂	♀	♂	♀	♂	♀
______	abuela	hermano	______	______	tía
padre	______	sobrino	sobrina	______	prima
______	hija				
nieto	______				

OJO El padre y la madre son **los padres**.
¿Tienes **hermanos**? – Sí, una hermana y un hermano.

Ejercicios: 1-2-3-4

3

Mire otra vez el árbol genealógico (página 68). ¿Nota algo en los apellidos?

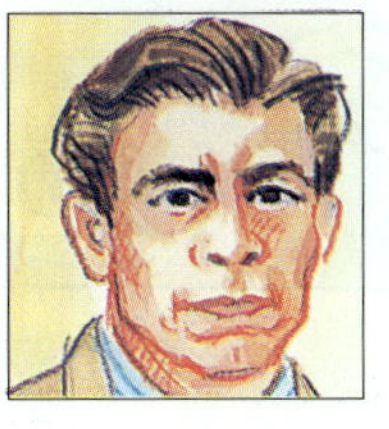
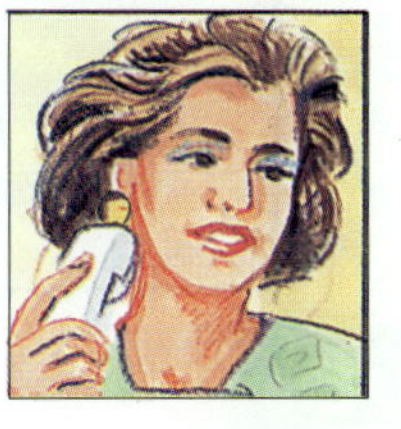

- ¿Cuántos apellidos tienen los españoles?
- ¿Se llaman las mujeres casadas igual que su marido?
- ¿Qué apellidos tienen los hijos?
- ¿Es igual en su país?
- Ahora puede contestar a esta pregunta:
  Ana y Roberto tienen un hijo. ¿Cómo se llama de apellido?

4

A ver quién escribe más miembros de la familia en un minuto. ¿Listos? 1, 2, 3...

5

En parejas. Diga cómo se llaman los miembros de su familia. Su compañero/-a dibuja su árbol genealógico.

MODELO • Mi abuelo se llama Ludwig, mi hermana...

6

a) Quiere saber algo de la familia de tres compañeros/-as. Pregúnteles.

Nombre de los compañeros/-as	1. ______	2. ______	3. ______
¿Tiene una familia muy grande? ¿Todavía viven sus abuelos? ¿Tiene hermanos? ¿Cuántos? ¿Tiene primos? ¿Vive con sus padres?			

b) Comparen sus resultados en grupos de cuatro.
¿Quién tiene más hermanos? ¿Quién tiene todavía cuatro abuelos?

7

a) Escuche los diálogos y escriba todas las palabras que se refieren a la familia.
b) ¿Puede relacionar los diálogos con las personas del dibujo?

8

Complete este poema. Así va a aprender el verbo "conocer".

Yo conozco a mil personas.
Tú conoces mis problemas.
Él conoce ______________.
Nosotros __________ a tanta, tanta gente.
__________ conocéis la vida.
Pero todos ellos no me __________ a mí.
Estoy solo.

OJO El verbo **conocer** es irregular. ¿Dónde?
Compare con **comer** (pág. 53).

• ¿Conoces **a** mi tía? ○ No, no la conozco.	• ¿Conoces el museo del Prado? ○ Sí, es muy interesante.
• ¿Entiendes **al** profesor? **a la** profesora?	• Ya entendemos muchas palabras españolas.
• ¿Esperamos **a** Isabel?	• ¿Esperamos el autobús?

Wann verwendet man **a**? ____________________________________

Ejercicios: 5

9

a) Usted trabaja en una librería. Tiene que completar el catálogo con los nombres de los autores. Mire el collage de los libros.

		Autor/a
Die unglaubliche und traurige Geschichte von der einfältigen Eréndira und ihrer herzlosen Großmutter	3-423-10881-9	....
Pascual Duartes Familie	3-7160-1901-1	....
Mrs. Caldwell spricht mit ihrem Sohn	3-492-10970-5	....
Torrente Ballester – mein Vater		....
Tante Julia und der Kunstschreiber	3-518-38020-6	....
Was siehst du, Schwester Ana?		....
Sein einziger Sohn		....
Tante Tula	3-548-30136-3	....
Söhne des Zorns		....
Das Leichenbegängnis der großen Mama	3-462-01841-8	....

b) ¿Puede inventar un título para la novela de la página 68?

¡Felicidades!

1

a) Concha enseña las fotos de la boda de su hija. Escuche la casete.

b) Escuche la casete otra vez y escriba en el cuadro el nombre de las personas.

	nombre	relación
1. ¿Quién es el señor de las gafas?		
2. ¿Quién es la señora del sombrero?		
3. ¿Quién es el niño de los ojos azules?		
4. ¿Quién es la de la blusa roja?	*Elvira*	
5. ¿Quiénes son los de la derecha?		

c) Escuche una vez más y escriba la relación que tienen las personas con Concha:

- tía
- suegros de su hija
- hermano
- madre
- sobrino

2

Complete con los posesivos que faltan. Si quiere, puede mirar la transcripción.

mi	padre/madre	**mis**	hijos/hijas
______	nieto/nieta	**tus**	amigos/amigas
su	marido/mujer	______	primos/primas
[______	hermano	[**nuestros**	abuelos
[**nuestra**	hermana	[______	abuelas
[**vuestro**	suegro	[**vuestros**	sobrinos
[**vuestra**	suegra	[**vuestras**	sobrinas
su	cuñado/cuñada	______	tíos/tías

OJO ¿Qué significa **su/sus** en estas frases en alemán?

- María y **su** hermano/-a.
- Paco y **su** hermano/-a.
- Don Pedro, **su** abrigo es muy bonito.
- Los abuelos y **sus** nietos/-as.
- Señores Sánchez, aquí están **sus** abrigos.

Ejercicios: 6-7

3

a) Usted va al aeropuerto para buscar a cuatro personas que vienen a la feria de la moda de Barcelona. Su jefe le da una pequeña descripción. Léala.

Alfredo Moravia: unos 60 años, gordo y calvo, muy elegante. Siempre lleva corbatas muy originales y gafas muy modernas.

Rafael Andrade: fotógrafo joven y dinámico. Tiene el pelo largo y lleva barba. Le gustan los vaqueros.

Lourdes de Castro: delgada, alta y guapísima, muy rubia, pelo muy corto. Le encantan la ropa clásica y los colores oscuros.

Carmen Fernández Ortega: algo mayor, morena, con pelo largo. Normalmente lleva sombreros extravagantes.

b) ¿Puede identificar a las personas?

MODELO
- Alfredo Moravia **es el de** las gafas rojas.
- **Es el de** la izquierda.

c) En parejas. Describa a una de las personas del dibujo. Su compañero/-a tiene que adivinar quién es. Usted necesita:

Es	gordo/-a ⟷ delgado/-a ________ ⟷ moreno/-a ________ ⟷ bajo/-a joven ⟷ mayor calvo
Lleva	barba bigote gafas sombrero
Tiene	el pelo corto ⟷ largo los ojos negros / azules / verdes

MODELO
- Es morena, lleva pantalones negros...
- ○ ¿Es la del papagayo?

Ejercicios: 8-9

4

Describa a una persona del curso. Lea la descripción. Los otros adivinan quién es.
Beschreiben Sie eine Person aus dem Kurs. Lesen Sie die Beschreibung vor. Die anderen raten, um wen es sich handelt.

5

a) Carmen Fonseca, directora de una agencia matrimonial, recibe esta carta:

Estimada Señora:
Me llamo Felipe Gil. Tengo 45 años y soy electricista. Soy viudo y estoy muy solo. Quiero conocer a una señora simpática, de unos 40 años, con pelo largo y una buena figura, para casarme con ella. No importa si tiene hijos. Soy un buen cocinero, me gusta viajar. Soy una persona activa y optimista, pero un poco tímida. ¿Hay una mujer para mí?
Atentamente,

Felipe Gil

b) Al cabo de dos semanas el Sr. Gil recibe tres propuestas de la agencia. ¿Qué piensa usted? ¿Cuál de las tres mujeres le interesa más a Felipe Gil? ¿Por qué?

Marta Sánchez, cantante de ópera. Divorciada, sin hijos. 41 años. Habla cuatro idiomas. Algo gordita, con pelo largo. No le interesa nada la cocina, pero le encanta comer bien. Buena posición económica.

Consuelo Martín, 45 años. Profesora de deporte. Viuda, con un hijo mayor. Le gusta el cine y viajar. Tiene casa propia. Es delgada, activa, dinámica y optimista.

Sandra Fernández, 35 años. Soltera, atractiva. Trabaja en una tienda de antigüedades. Seria, tranquila, un poco tímida. Vive con sus padres, cocina muy bien.

c) Y ahora escuche lo que dice Felipe Gil a sus amigos.

6

Usted ayuda a una amiga a escribir una carta a la agencia matrimonial. OJO:

Man definiert eine Person oder Sache mit **ser** (z. B. Angabe der Nationalität, Berufsbezeichnung): María **es** rubia / alemana / profesora / soltera.

Man gibt den zeitweiligen Zustand mit **estar** an: **Está** enamorada.

Ejercicios: 10-11

7

¿Se acuerda de la novela de la página 68? Aquí tiene una descripción del asesino. ¿Quién es?
"Es una persona de 43 años. Siempre lleva traje y corbata. Tiene el pelo castaño y los ojos negros. Es ambicioso y muy formal. Sólo vive para el trabajo. Las mujeres no le interesan."

Problemas de familia

1

a) Conteste a las preguntas. Seguramente entiende los verbos subrayados. ¿Cuál es el infinitivo?

	SÍ	NO
1. ¿Ha tenido alguna vez problemas con sus padres/hijos?		
2. ¿Ha vivido con los abuelos en casa?		
3. ¿Se ha enamorado alguna vez de un/a compañero/-a de trabajo/estudio?		
4. ¿Siempre ha ayudado en el trabajo de casa?		
5. ¿Ha conocido alguna vez a un padre soltero?		

Compare sus respuestas con un/a compañero/-a.

b) Éste es el "rincón del corazón" de una revista. Aquí se puede consultar a unos expertos en problemas sentimentales. Relacione usted las consultas con las respuestas correspondientes.

El rincón del Corazón

CONSULTAS

1) Juanjo, nuestro hijo adoptivo de 18 años, ha preguntado por sus padres verdaderos. Mi mujer y yo hemos discutido mucho, pero no sabemos qué hacer.

2) Este año he conocido a la mujer más maravillosa del mundo...: mi jefa. Ella es mucho mayor que yo, 40 años, y tiene familia. Creo que todavía no sabe que estoy enamorado de ella.

3) Mi suegro siempre ha esperado su jubilación, porque no le ha gustado nunca su trabajo. Finalmente ha llegado el momento, pero ahora está muy deprimido y no sabe qué hacer.

4) Nuestros padres están divorciados. Todavía no hemos entendido por qué. Ahora vivimos con mi madre. Últimamente hemos perdido totalmente el contacto con nuestro padre. Estamos muy tristes.

RESPUESTAS

A) Muchos jubilados han vivido sólo para su trabajo. ¡Pero nunca es tarde! ¿Por qué no va a un centro de jubilados para conocer a otras personas?

B) Con 18 años su hijo tiene derecho a conocer a sus padres. Pero si ustedes tienen una buena relación con él, no va a ser un problema.

C) Vuestra situación es muy difícil. ¿Ya habéis hablado con vuestra mamá? ¿Habéis preguntado por qué vuestro papá ha perdido el contacto con vosotros?

D) Eres muy joven todavía. Tu jefa te ha impresionado y por eso estás enamorado de ella, pero tienes que entender que ese amor no tiene futuro.

Ejercicios: 12

2

En los textos hay un tiempo nuevo, es el perfecto.
¿Puede completar el cuadro?

haber	-ar	-er / -ir
he		
has	pregunt**ado**	discut**ido**
________	esper______	conoc______
________	habl______	viv______
habéis	est**ado**	entend______
________		

Können Sie nun eine Regel formulieren, wie das Perfekt im Spanischen gebildet wird?

OJO Beachten Sie:
Hemos trabajado mucho.
*Wir **haben** viel gearbeitet.*
Hemos ido al teatro.
*Wir **sind** ins Theater gegangen.*

Die Formen von **haber** stehen immer direkt vor dem Partizip:
No lo he entendido.
Ich habe es nicht verstanden.

Das Perfekt steht häufig mit **este año, esta semana, hoy, hasta ahora, todavía no, nunca,...**

3

Una cadena. ¿Qué ha hecho ya?
Was haben Sie schon einmal gemacht?

- •• estar en Latinoamérica
- •• ir a España
- •• conocer a un/a centroamericano/-a
- •• leer un libro de un autor español
- •• aprender inglés en la escuela
- •• comer gazpacho
- •• ganar dinero en la lotería
- •• beber sangría

MODELO ● Ya he estado en Latinoamérica.

4

a) Pregunte a 3 compañeros/-as si han hecho estas cosas.

	muchas veces	... veces	una vez	nunca
• trabajar en una fábrica				
• comer en un restaurante español				
• vivir en un pueblo				
• ir a España				
• hablar con un/a latinoamericano/-a				
• comprar pantalones rojos				
• hablar español por teléfono				
• esperar una hora a un/a amigo/-a				
• perder mucho dinero				

MODELO ● ¿Ha/Has ido alguna vez a España?
○ Sí, una vez.

b) ¿Cuáles de estas cosas no ha hecho nunca?

MODELO ● No he hablado nunca español por teléfono.

Ejercicios: 13-14-15

5

a) **Aquí hay algunas opiniones sobre la familia. Escuche. ¿Y qué piensa usted?**

A mí me encantan las fiestas familiares.

La familia es una institución anticuada.

La familia siempre es una ayuda.

Los hermanos siempre son tus amigos.

No me gustan nada las reuniones con la familia.

La familia pequeña vive mejor.

Los niños necesitan a los abuelos.

Es muy cómodo vivir con los padres.

El contacto entre las generaciones es importante.

Los padres controlan a los hijos todo el tiempo.

b) **¿Con cuáles de estas opiniones se identifica usted? Léalas. Sus compañeros/-as reaccionan. Para esto necesitan:**

Sí, es verdad.
No, no es verdad.
Yo estoy de acuerdo.
Yo creo que no.

MODELO
- Yo creo que el contacto entre las generaciones es importante.
- Sí, es verdad, es muy importante.

c) **Busque en la página 67 informaciones relacionadas con estas opiniones.**

Ejercicios: 16-17-18

Mire el cuadro de la página 67. Imagine que usted es una de estas personas, y describa a su familia. Sus compañeros/-as adivinan a quién ha escogido.

Revuelto

I

¿Qué tipo de estudiante es usted?
¿Por qué no hace este test?
Lesen Sie die Sätze und kreuzen Sie an, was auf Sie zutrifft.

	sí	no	no sé
1. Aprendo de memoria las reglas gramaticales y el vocabulario.	☐	☐	☐
2. El profesor/la profesora tiene que corregir los errores.	☐	☐	☐
3. Me molesta mucho hacer errores.	☐	☐	☐
4. Tengo buena memoria para aprender palabras.	☐	☐	☐
5. Tengo problemas con la pronunciación correcta del español, sobre todo en una conversación.	☐	☐	☐
6. Antes de hablar pienso mucho y preparo mi frase.	☐	☐	☐
7. Quiero entender todas las palabras de un texto.	☐	☐	☐
8. Escribo las palabras que no quiero olvidar.	☐	☐	☐
9. Entender los textos de la casete es difícil porque hay palabras que no entiendo.	☐	☐	☐

Si sus respuestas son sobre todo "sí":
Usted aprende en general de una forma lógica y sistemática. Prefiere los ejercicios de gramática y de vocabulario.
Comentario: ¿Por qué no habla un poco más? Es normal hacer errores; así aprendemos.

Sobre todo "no sé":
Usted aprende de diferentes maneras, depende de la situación; a veces aprende de una manera lógica, a veces de una manera más intuitiva.
¿Por qué no lee los otros comentarios?

Sobre todo "no":
Le gusta comunicarse con la gente. La gramática no le interesa mucho, ¿verdad? Prefiere hablar y escuchar.
Comentario: Comunicarse es lo más importante. Pero los ejercicios de gramática y de vocabulario también le pueden ayudar.

2

Aquí tiene una lista de los verbos regulares y de algunos otros.
Escriba en cada cuadro otros verbos que usted ya conoce y que tienen la misma característica.
Si tiene dudas, pregunte a su profesor/a.
Puede añadir más tarde todos los verbos que va a conocer durante el trabajo con este libro.

Verbos regulares

habl**ar**	otros verbos en **-ar**
habl**o**	
habl**as**	*estudiar*
habl**a**	*trabajar*
habl**amos**	
habl**áis**	
habl**an**	

com**er**	otros verbos en **-er**
com**o**	
com**es**	*vender*
com**e**	
com**emos**	
com**éis**	
com**en**	

escrib**ir**	otros verbos en **-ir**
escrib**o**	
escrib**es**	*vivir*
escrib**e**	
escrib**imos**	
escrib**ís**	
escrib**en**	

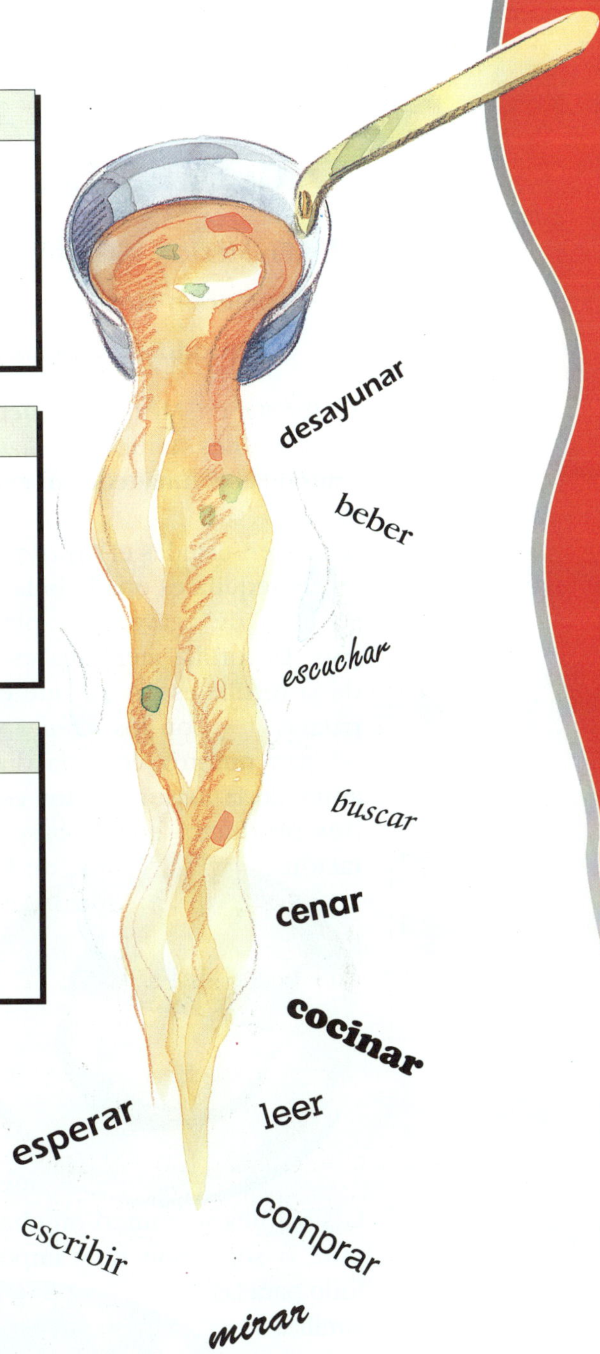

OJO Verbos con irregularidad

qu**e**rer	otros verbos con **e > ie**
qu**ie**ro	
qu**ie**res	
qu**ie**re	
queremos	
queréis	
qu**ie**ren	

p**o**der	otros verbos con **o > ue**
p**ue**do	
p**ue**des	*costar*
p**ue**de	
podemos	
podéis	
p**ue**den	

p**e**dir	otros verbos con **e > i**
p**i**do	
p**i**des	
p**i**de	
pedimos	
pedís	
p**i**den	

3

a) ¿Cuáles de estos alimentos son típicos de la cocina mexicana?

gazpacho paella tequila sangría chile tacos

b) Lea el texto y ponga las frases (1)-(3) en el lugar correcto.

• • COMER EN MÉXICO •

(1) En México, las tortillas no son de huevos, son de maíz.
(2) Comer en México es una experiencia fantástica.
(3) Son productos típicos de México.

El turista en México encuentra ruinas de civilizaciones antiguas, playas blancas y tranquilas y una cocina excelente y original.
¿Conocen ustedes el *tequila* o las *tortillas*? ◯ El tequila es una bebida alcohólica que se hace de agave, una planta típica del país. La tortilla mexicana es muy diferente de la tortilla española, que es de huevos y patatas. ◯ Con los *frijoles* y el *chile*, son "el pan nuestro de cada día". Hoy, como antes de la llegada de los españoles, estos tres productos son la base de la alimentación de los mexicanos.

A los mexicanos les gusta mucho comer picante; por eso cocinan frecuentemente con chile.

Los frijoles se comen muchas veces como puré o sopa. Son muy importantes, sobre todo para las familias pobres, que no pueden consumir

carne regularmente.
La carne, el pollo, el queso, el aceite y muchas otras cosas de los platos típicos vienen de los españoles. Los *tacos*, por ejemplo, son tortillas con carne o pollo; las quesadillas, con queso. ¡Son riquísimos! A los mexicanos les gusta mucho el pescado, sobre todo en la costa. Pero también hay zonas donde se come mucha carne, como por ejemplo en el norte del país. De allí viene también la excelente cerveza que se produce en México y que es de tradición alemana. Igual que sus habitantes, la cocina mexicana es mestiza, hija de indígenas y españoles. ¿Quieren ustedes probarla? ◯
¡Bienvenidos, amigos!

c) Escríbale una carta a una amiga mexicana y cuéntele algo sobre la cocina alemana.

Schreiben Sie einer mexikanischen Freundin etwas über die deutsche Küche. Sie können eventuell Übung 3 des Arbeitsbuches zu Hilfe nehmen.

4

a) Aquí se han mezclado dos diálogos. ¿Puede reconstruirlos y relacionarlos con las fotos?

- ¿De qué color la quiere?
- Aquí tiene. ¿Algo más?
- Está rebajada. Sólo cuesta 8.000 pts. ¿Paga en efectivo o con tarjeta?
- Buenas tardes. ¿Qué desea?
- ¿Y qué talla necesita?
- ¿Las manzanas las quiere verdes o rojas?
- Sí, sí, claro... ¿Qué tal? ¿Le queda bien?
- Tengo unos pimientos estupendos y muy baratos. ¿No los quiere probar?
- A ver... 180 las cebollas, 500 la fruta, 250 los pimientos. Son 930.
- ¿Y ésta? Ésta es muy elegante.
- A ver. ¿Qué le parece ésta?

- ○ Quería una blusa.
- ○ La 40 ó 42.
- ○ Rojas. Las rojas me gustan más.
- ○ Buenos días. ¿Me pone un kilo de cebollas?
- ○ Sí, perfecto. Me la llevo. ¿Cuánto cuesta?
- ○ Sí, déme un kilo también, de ésos verdes. Eso es todo. ¿Cuánto es?
- ○ Blanca y de seda.
- ○ Sí, dos kilos de naranjas y uno de manzanas.
- ○ Sí, ésta me gusta más. ¿Me la puedo probar?
- ○ Pues, no sé, es muy extravagante. La quiero más clásica.
- ○ Con tarjeta.

b) Compruebe con la casete.

5

En estos dibujos hay 12 diferencias. ¿Las encuentra? Anótelas.

MODELO • En el dibujo A, el señor de la barba lleva una corbata roja, en B, lleva...

6

En parejas. Completen el crucigrama.

Zu zweit. Sie haben ein Kreuzworträtsel, in dem die horizontalen Begriffe vorhanden sind und die vertikalen fehlen. Ihr/e Nachbar/in schlägt S. 159 auf und findet dasselbe Rätsel, in dem die vertikalen Begriffe vorhanden sind. Vervollständigen Sie nun Ihr Rätsel, indem Sie nach den fehlenden Begriffen fragen und Ihr/e Nachbar/in dafür eine Umschreibung, Definition oder ein Beispiel gibt.

MODELO • ¿Qué es el 1?
○ Es una prenda de vestir para mujeres. Se llama casi igual en alemán... ¿Qué es la A?
• Por ejemplo agua, vino, cerveza, zumo...

¡Cómo pasa el tiempo...!

En esta unidad hablamos sobre

- la hora
- la rutina diaria
- el reloj interno
- nacionalidades

In dieser Lektion sprechen wir über

- die Uhrzeit
- Gewohnheiten im Alltag
- die innere Uhr
- Nationalitäten

1) Relacione los diálogos con los relojes.

1
- ¿Qué hora es?
- Son las diez menos diez.

2
- Perdone, ¿tiene hora?
- Son las doce y media.

3
- ¿Ya es la una?
- Sí, es la una en punto.

4
- ¿A qué hora comemos?
- A las dos menos cuarto.

2) Anote algunas de estas actividades en la agenda.

- dentista
- clase de español
- tenis, fútbol, gimnasia, yoga, ...
- compras
- salir con amigos
- cine, teatro, concierto, ...

3) Esta señora llama al técnico porque su lavadora no funciona. ¿Qué día puede venir?

Diese Frau ruft den Techniker an, weil ihre Waschmaschine nicht funktioniert. An welchem Tag kann er kommen?

¿A qué hora...?

I

a) Marque las respuestas adecuadas.
Kreuzen Sie die zutreffenden Antworten an.

UN TEST – ¿ES USTED UNA PERSONA ACTIVA?

1) ¿A qué hora se despierta usted normalmente?
- A) Antes de las siete.
- B) Entre las siete y las ocho.
- C) Después de las ocho.

2) ¿Cómo empieza usted el día?
- A) Me levanto enseguida.
- B) Hago gimnasia y me ducho con agua fría.
- C) Primero leo el periódico y tomo un café.

3) ¿Le gusta su trabajo o su actividad diaria?
- A) No, nada, pero no tengo otra alternativa.
- B) Más o menos.
- C) Sí, mucho.

4) A mediodía
- A) almuerzo tranquilamente.
- B) me acuesto a dormir la siesta.
- C) como sólo un bocadillo porque tengo poco tiempo.

5) Usted va de compras, pero no necesita muchas cosas. ¿Cómo va?
- A) A pie.
- B) En coche, es más cómodo.
- C) En bicicleta, para hacer un poco de deporte.

6) En su tiempo libre, ¿qué hace?
- A) Hago algún deporte o trabajo en el jardín.
- B) Salgo con amigos.
- C) Veo la tele o leo un libro para relajarme.

7) ¿Con qué dibujo se identifica usted más?

A

B

C

Puntuación:

1)	A 4	B 2	C 0
2)	A 2	B 4	C 0
3)	A 0	B 2	C 4
4)	A 2	B 0	C 4
5)	A 2	B 0	C 4
6)	A 4	B 2	C 0
7)	A 4	B 2	C 0

0 - 8 puntos: Usted toma las cosas con tranquilidad. ¿Qué tal un poco de deporte? Y, para tener más energía: ¡MULTIVITAMINAS ACTIVAS!

10 - 18 puntos: Usted ya es una persona bastante ACTIVA. ¡Con MULTIVITAMINAS usted va a tener todavía más energía!

20 - 28 puntos: ¡Muy bien! ¡Es usted una persona muy ACTIVA! Toma MULTIVITAMINAS, ¿verdad?

b) Comparen sus resultados.

2

a) Complete el cuadro. ¿Hay otros verbos de este tipo en el test?

ducharse		
yo	___	________
tú	**te**	duchas
usted, él, ella	___	________
nosotros/-as	**nos**	duchamos
vosotros/-as	**os**	ducháis
ustedes, ellos, ellas	**se**	duchan

Verben mit **-se** heißen reflexive Verben. Oft kann man **se** mit "sich" übersetzen. Aber nicht alle spanischen reflexiven Verben sind auch im Deutschen reflexiv, z. B. **levantarse** – *aufstehen*.

OJO Normalerweise stehen **me, te, se...** vor dem Verb: **Me levanto** a las 7. No **me he duchado** hoy.
Bei Konstruktionen mit Infinitiv werden sie jedoch meistens angehängt:
Tengo que **levantarme** a las 7.

b) ¿Qué significan estos verbos en alemán? ¿Conoce otros verbos reflexivos?

•• despertarse •• levantarse •• acostarse ••relajarse

3

¿Cuántas frases puede hacer con estos elementos?

¿Cuándo
¿A qué hora
Mis padres
(Yo, tú, él, ...)

me
te
se
nos
os

levantan
levanta
despiertas
acostamos
acostáis
ducho

muy tarde.
a las 8.
?
con música.
con agua fría.

4

Ejercicios: 1-2

¿Qué hora es?

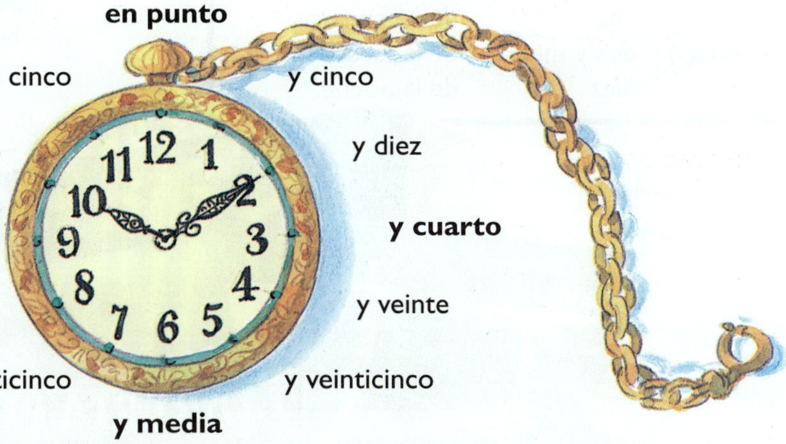

• ¿Qué hora es, por favor? • Perdone, ¿tiene hora?	○ Es la una. ○ Son las tres menos veinte.

OJO La hora oficial: Son las catorce horas y cuarenta minutos.
El tren sale a las catorce cuarenta.

5

¿Qué hora es? Complete.

Son las ________ y cuarto.

Es la ________ y ________.

Son las ________.

Son las ________.

Son ________.

Es ________.

6

Una cadena. Cada persona añade una hora y cinco minutos.
Kettenübung. Jede/r fügt eine Stunde und 5 Minuten hinzu.

MODELO〉 Es la una. – Son las dos y cinco. – Son las tres y diez. – ...

7

Escuche la casete y escriba el número del diálogo correspondiente.

8

En parejas. Pregunte por los horarios que faltan en el collage. Su compañero/-a abre la página 160 y contesta. Luego, al revés. Para esto, necesitan:

• ¿A qué hora abren/cierran el restaurante?		
	una	de la mañana.
○ A la(s)	dos y media	de la tarde.
	diez	de la noche.

MODELO〉 • ¿A qué hora abren el banco?
○ A las ocho de la mañana. ¿Y a qué hora cierran?

Ejercicios: 3-4-5

9

a) Según los especialistas todos tenemos un reloj interno. ¿Qué piensa usted? Ponga las horas que le parecen adecuadas.

MODELO • De *9* a *10* es la hora ideal para concentrarse.

De ___ a ___	las hormonas sexuales están muy activas.
De ___ a ___	tenemos más resistencia física. Si usted tiene que ir al dentista, ahora es el momento.
De *9* a *10*	es la hora ideal para concentrarse.
De ___ a ___	son horas buenas para solucionar problemas difíciles.
De ___ a ___	es la hora para reuniones de trabajo.
De ___ a ___	usted necesita una siesta.
De ___ a ___	la memoria funciona muy bien. Es un buen momento para aprender vocabulario.
De ___ a ___	es una hora crítica. Cuidado con las discusiones.
De ___ a ___	es el tiempo para hacer trabajos manuales o deporte.
De ___ a ___	es el tiempo ideal para relajarse.
De ___ a ___	es el tiempo ideal para cenar.
De ___ a ___	puede tener una fase creativa con buenas ideas.

¿Le interesan los resultados de los especialistas? Están en la página 160.

b) Y para usted, ¿cuál es la hora ideal para...?

•• concentrarse •• levantarse el domingo •• hacer las compras •• tener buenas ideas

10

a) Hable con dos compañeros/-as y pregúnteles a qué hora hacen estas cosas.

MODELO • Sandra, ¿a qué hora te levantas?
○ A las diez.

	Nombre: *Sandra*	Nombre:
	Hora:	Hora:
levantarse	*10.00*	
desayunar		
empezar el trabajo		
comer		
terminar el trabajo		
estudiar español		
cenar		
hacer deporte		
relajarse		
acostarse		

b) Explíquelo a sus compañeros. Los otros reaccionan.

MODELO • Sandra se levanta a las diez.
○ ¡Qué tarde!

Para expresar sorpresa:

¡Qué pronto! ¡Qué temprano! ¡Qué tarde!	¿Ah, sí? ¿De verdad? No me diga(s).

Ejercicios: 6

¿Qué tal el día?

1

a) ¿Qué han hecho Ernesto y Pilar? Escuche la casete.

Ernesto
- ☐ se ha levantado tarde
- ☐ ha ordenado sus fotos
- ☐ ha leído una novela
- ☐ ha visto la tele
- ☐ ha escuchado música
- ☐ ha escrito cartas
- ☐ ha jugado al dominó

Pilar
- ☐ se ha despertado a las seis
- ☐ ha abierto el restaurante a la una
- ☐ ha trabajado mucho
- ☐ ha tenido muchos clientes
- ☐ ha hecho las compras en el mercado
- ☐ ha puesto la mesa
- ☐ ha ido al cine

b) Busque en el ejercicio a) los perfectos que corresponden a estos infinitivos. ¿Qué formas son irregulares?

levantarse	______	ir	______	tener	______
escuchar	______	abrir	______	hacer	______
jugar	______	escribir	______	leer	______
ordenar	______	ver	______	poner	______

Ejercicios: 7

2

Felipe quiere ser panadero. Hoy es su primer día en la panadería "El Croasán". Cuente lo que ha hecho hoy.

- levantarse a las 4
- hacer el pan
- ponerlo en el horno
- abrir la panadería a las 7
- preparar pasteles y tartas
- vender mucho
- limpiar la tienda
- terminar el trabajo a las 6.30
- ir a casa
- ducharse
- salir con amigos

3

a) Lea esta estadística y coméntela.

¡Todavía hay hombres así!

Tareas que los hombres **no** realizan	%
Planchar	87
Lavar la ropa	77
Limpiar las ventanas	72
Pasar la aspiradora	56
Lavar los platos	45
Hacer las camas	40
Cocinar	40
Poner la mesa	38
Ir de compras	34
Sacar la basura	16

MODELO • El 40% (por ciento) de los hombres no hace las camas.

b) ¿Cuáles son las actividades que los hombres sí realizan? ¿Es igual en su casa?

c) ¿Qué tareas domésticas hace o no hace usted?

MODELO • Yo hago las camas y pongo la mesa.

OJO Algunos verbos tienen una **g** en la primera persona del presente:

decir → di**g**o, dices, dice, decimos, decís, dicen
hacer → ha**g**o, haces, hace, ...
poner → pon**g**o, pones, pone, ...

d) ¿Qué ha hecho hoy?

MODELO • Me he levantado a las 8, he desayunado con mis hijos, ...

Ejercicios: 8-9-10

4

Hoy es lunes. Para Paloma ha sido un día diferente. Escriba lo que hace normalmente y lo que ha hecho hoy.

Los lunes	Hoy
•• levantarse a las 7	•• a las 8.15
•• desayunar en casa	•• en la cafetería
•• ir al trabajo en bicicleta	•• a pie
•• escribir mucho	•• escribir poco
•• hacer las compras en el mercado	•• en el supermercado
•• comprar carne en la carnicería	•• en el supermercado
•• ir a ver a su madre	•• salir con una amiga
•• planchar la ropa	•• —
•• no lavar los platos	•• lavarlos
•• acostarse a las once	•• a la 1.30

MODELO • Los lunes Paloma hace las compras en el mercado.
Hoy las ha hecho en el supermercado.

5

a) ¿Se acuerda de Felipe, el chico que trabaja en una panadería?

¿Qué ha hecho Felipe antes de abrir la panadería? / antes del trabajo?

¿Qué ha hecho después del trabajo? / después de ducharse?

b) Explique lo que hace usted antes y después de estas actividades:

•• el desayuno •• las clases •• trabajar •• comer

Aquí tiene algunas posibilidades.

leer el periódico comprar pan
discutir sobre problemas actuales ver la tele
hablar con... escuchar la radio ducharse
dormir la siesta preparar el café
...

MODELO • Después del desayuno leo el periódico.

Ejercicios: 11-12-13

El tiempo es relativo

I

a) ¿Qué número tienen estos países?

- [ ] Alemania
- [ ] Austria
- [ ] Bélgica
- [ ] Dinamarca
- [ ] España
- [ ] Finlandia
- [ ] Francia
- [ ] Grecia
- [ ] Holanda
- [ ] Hungría
- [ ] Inglaterra
- [ ] Irlanda
- [ ] Italia
- [ ] Noruega
- [ ] Polonia
- [ ] Portugal
- [ ] República Checa
- [ ] Suecia
- [ ] Suiza

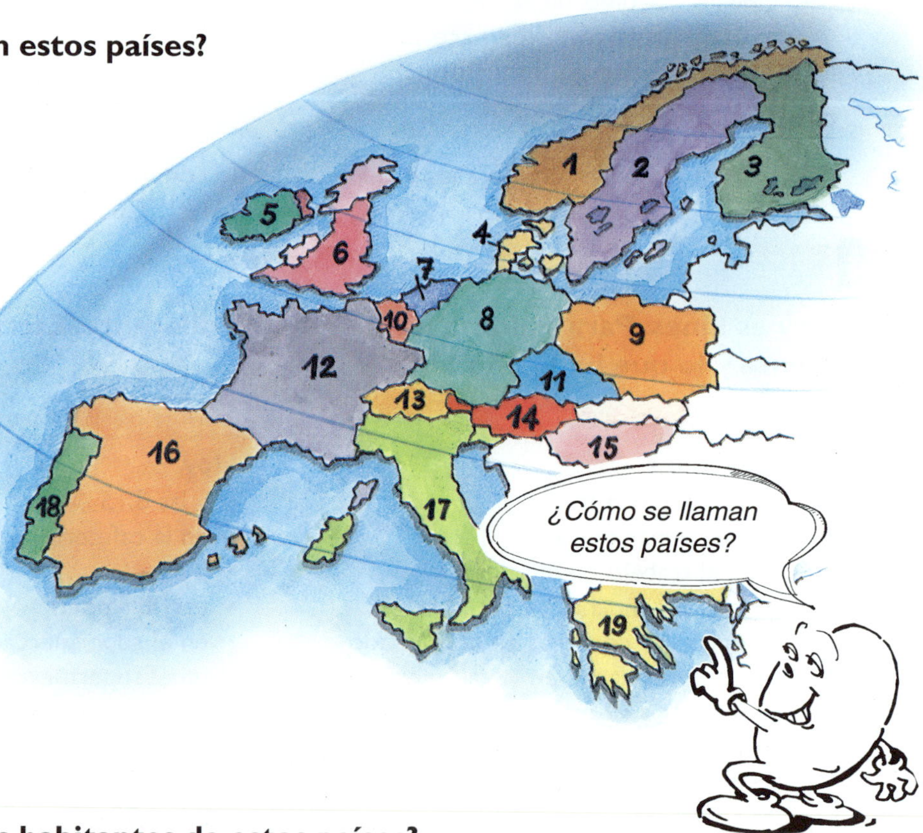

b) ¿Cómo se llaman los habitantes de estos países? Mire la estadística y comente algunos datos.

MODELO • Los españoles se acuestan muy tarde.

	LEVANTARSE	DESAYUNAR	EMPEZAR TRABAJO	COMER	CENAR	ACOSTARSE
daneses	6.45	7.30	8.15	12.00	18.00	23.35
finlandeses	6.30	7.30	8.00	12.00	18.00	23.15
noruegos	7.00	7.30	8.00	11.30	16.30	23.30
suecos	6.15	7.30	8.00	12.00	17.00	23.15
irlandeses	8.00	8.30	9.00	13.30	18.30	23.45
ingleses	7.00	8.15	9.00	13.00	18.00	23.30
austríacos	6.15	7.00	7.30	12.30	18.30	23.50
belgas	7.15	7.30	8.30	12.30	18.15	23.00
franceses	7.00	7.30	8.30	12.30	20.00	23.30
alemanes	6.45	7.45	8.00	12.30	18.45	23.10
holandeses	7.00	7.45	8.15	12.30	18.00	0.00
suizos	6.45	7.45	8.00	13.30	18.45	23.15
griegos	7.00	7.45	8.00	13.30	21.00	0.40
italianos	7.00	7.45	8.15	13.30	20.00	23.20
portugueses	7.00	8.00	8.30	13.00	20.00	23.30
españoles	8.00	8.30	9.00	13.30	21.30	0.15
checos	5.45	7.00	7.15	12.30	19.00	23.00

Fuente: EL PAÍS.

Angelo es italiano. Valeria es italiana. Son italianos.	Günther es alemán. Brigitte es alemana. Son alemanes.

OJO Nationalitätsbezeichnungen sind Adjektive.
Übersetzen Sie:
La comida italiana es fantástica.
Valeria es italiana.

Nationalitätsadjektive bilden die weibliche Form auf **-a**, auch wenn die männliche Form auf Konsonant endet.

Ejercicios: 14

2

Una cadena. Pregunte a un/a compañero/-a. Él/Ella contesta con la ayuda de la estadística de la pág. 90 y hace una pregunta a otro/-a compañero/-a.

Para comparar, usted necesita:

más temprano más tarde a la misma hora	que...

MODELO
- ● ¿A qué hora se acuestan los noruegos?
- ○ A las once y media. ¿Y los franceses?
- ▲ A la misma hora. ¿Y a qué hora se levantan...?

3

a) Lea este artículo sobre el empleo del tiempo de los europeos y marque en el texto las expresiones que corresponden a:

1. nordeuropäische Länder
2. im Durchschnitt
3. Arbeitslose
4. etwas trinken gehen
5. im Vergleich zu

Suecos y españoles, los que más tiempo dedican a relaciones sociales

Horas por habitante y día	Mínimo	Máximo	Media europea	España
Dormir	7h 21m Grecia	8h 27m Bélgica	8h 3m	**8h 17m**
Trabajo doméstico	3h 22m Finlandia	5h 21m Alemania	4h 29m	**4h 27m**
Ver la tele	2h 2m Rep. Checa	3h 50m Inglaterra	3h 4m	**3h 18m**
Tiempo para ir al trabajo	21m Grecia	47m Polonia	40m	**39m**
Tiempo libre	28m Portugal	1h 37m Holanda	1h 4m	**58m**
Trabajo	3h Inglaterra	5h 31m Rep. Checa	4h 21m	**3h 45m**
Relaciones sociales	59m Hungría	2h 44m Suecia	1h 52m	**2h 29m**

Los españoles son, después de los suecos, los europeos que más tiempo dedican a las relaciones sociales: hablar con sus amigos, ir de bares, pasear o invitar a gente a su casa.
Su ritmo de vida es diferente, comparado con los países nórdicos. Los españoles se levantan tarde y se acuestan también tarde. También existen diferencias en los horarios de las comidas. Por ejemplo, la mayoría de los europeos cena entre las seis y las ocho de la tarde. Los españoles cenan a las nueve y media o diez de la noche.
Los españoles trabajan, en promedio, tres horas y cuarenta y cinco minutos al día. (En la estadística entran niños, jubilados y desempleados. Por eso las cifras medias son tan bajas.) Los ingleses son los que menos horas trabajan. Los checos, por otra parte, son los más trabajadores. En casi todas las categorías España está al mismo nivel que el resto de Europa.

b) Más/menos kann "mehr/weniger" und "am meisten/wenigsten" heißen.
Was heißt **más** in diesen Sätzen?

Los ingleses son trabajadores.
Los suizos son **más** trabajadores **que** los ingleses.
Los checos son **los más** trabajadores. Trabajan **más**.

Ejercicios: 15-16

4

a) ¿Qué expresiones relacionadas con estos temas encuentra usted en el artículo?

el mundo del trabajo	relaciones sociales	actividades diarias
jubilado		

b) ¿Conoce otras expresiones relativas a estos temas?

5

En dos grupos. Cada grupo escribe por lo menos cinco preguntas sobre las estadísticas de las páginas 90 y 91. El otro grupo tiene que contestar.

¿A qué hora...?
¿Qué diferencia hay entre...?
¿De qué hora a qué hora...?
¿Quiénes dedican más/menos tiempo a...?
¿Cuánto tiempo...?

6

Vuelva a la página 87 y busque quién, en el curso, ...

- se levanta más temprano
- cena más temprano
- desayuna más tarde
- se acuesta más tarde

7

El tiempo es relativo. Lea lo que cuenta un chileno en México.

Estoy en la ciudad de México. Tengo una cita con un amigo mexicano a las cinco de la tarde, en un bar. A las cinco menos cinco llego al bar y pido un café. Empiezo a leer mi nuevo libro. Me interesa mucho y, sin darme cuenta, pasan dos horas. Nervioso, espero unos minutos más.

Miro el reloj otra vez y me voy. Ya en el hotel recibo una llamada telefónica. Es mi amigo, que me pregunta: "¡Hombre! ¿Todavía estás en el hotel? ¿Es que te has olvidado de nuestra cita en el bar Uxmal?" ¡Caramba!

Revista Comunidad, Santiago de Chile.

Y usted, ¿es puntual?

Vuelva a la pág. 83 y diga lo que ha hecho la señora de la historieta cada día de la semana.

MODELO • El lunes ha...

Ejercicios: 17-18-19-20

¡Buen fin de semana!

En esta unidad aprendemos

- cómo hablar de actividades del tiempo libre
- cómo quedar con alguien
- cómo hablar por teléfono
- cómo expresar lo que está pasando
- cómo dar instrucciones y consejos

In dieser Lektion lernen wir

- wie man über Freizeitaktivitäten spricht
- wie man sich mit jemandem verabredet
- wie man telefoniert
- wie man ausdrückt, was gerade passiert
- wie man Anweisungen und Ratschläge gibt

a) Marque lo que hace usted en su tiempo libre.

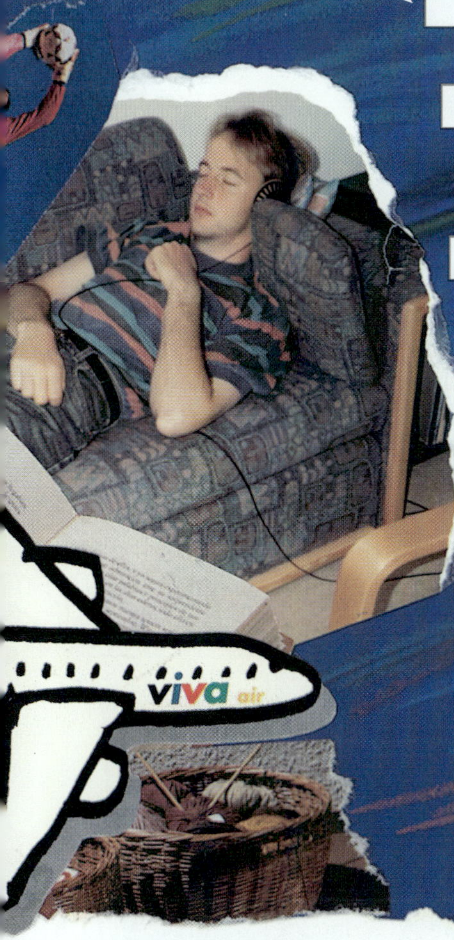

Usted	Actividades del tiempo libre	Número de compañeros
	Salir a comer o cenar a un restaurante	
	Tomar el aperitivo en un bar	
	Tomar una copa después de la cena	
	Ir a discotecas	
	Hacer deporte	
	Hacer bricolaje/trabajos manuales	
	Tocar un instrumento	
	Ver la televisión	
	Ir al cine/teatro	
	Jugar a las cartas	
	Ir a conciertos/a la ópera	
	Hacer excursiones/viajar	
	Ir de compras	
	Ver partidos de fútbol o tenis	
	Quedarse en casa y descansar	
	Leer un libro	
	Ir a ver a un amigo/una amiga	
	Escuchar música	

b) ¿Cuántos/-as compañeros/-as de clase practican estas actividades?
Ihr/e Kursleiter/in fragt, wie viele Personen aus der Gruppe diesen Freizeitaktivitäten nachgehen. Tragen Sie die Anzahl in die rechte Spalte ein.

c) Comente los resultados con sus compañeros/-as. Para esto, puede usar:

todos/-as
casi todos/-as
la mayoría
algunos/-as
nadie

MODELO
- La mayoría hace deporte.
- Nadie juega a las cartas.

Ejercicios: 1

¿Qué están haciendo?

1

a) Escuche lo que está pasando en esta casa y ponga en cada piso el número del diálogo correspondiente.

b) Mire la casa durante un minuto. Luego cierre el libro. ¿Qué personas y objetos recuerda?

2

a) ¿Ha notado que en los textos de la casete hay una forma nueva? Es el gerundio.

-ar	-er/-ir
tocar ⟶ toc**ando**	beber ⟶ beb**iendo** discutir ⟶ discut**iendo**

OJO

ir	– **y**endo
leer	– le**y**endo
dormir	– d**u**rmiendo
decir	– d**i**ciendo

Um eine Handlung, die gerade stattfindet, zu beschreiben, verwendet man **estar + Gerundium**: Estamos estudiando español.

b) Complete.

En la calle Claudio Coello muchas personas están __________ ruido. Un chico está __________ el saxofón, otros están __________ música de Beethoven y los niños están __________ al fútbol.

3

a) Vuelva al dibujo de la casa y relacione los pisos con las actividades.

	Piso	Actividad	Piso	
cuarto izquierda	4° izda.	escuchar música	4° dcha.	cuarto derecha
		bailar		
		jugar al fútbol		
tercero izquierda	3° izda.	tocar el saxofón	3° dcha.	tercero derecha
		escribir una carta de amor		
segundo izquierda	2° izda.	pasar la aspiradora	2° dcha.	segundo derecha
		discutir		
		ver la tele		
primero izquierda	1° izda. ⟶ (ver la tele)	hacer trabajos manuales	1° dcha.	primero derecha
		cocinar		
		leer		

OJO **primero**, **tercero** werden vor männlichen Substantiven in der Einzahl verkürzt: el **primer** piso de la derecha.

b) Describa lo que están haciendo las personas.

MODELO • En el primero izquierda los abuelos están viendo la tele.

4

En parejas. Adivine lo que están haciendo estas personas. Su compañero/-a mira la solución en la página 160 y contesta.

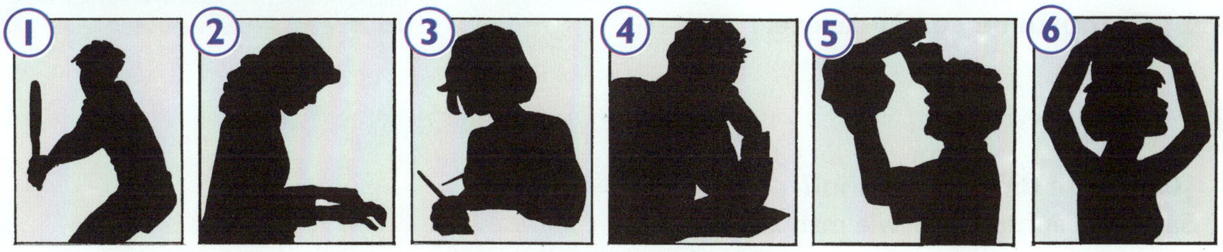

MODELO • Creo que la chica del número (2) está escribiendo a máquina.
○ No, está...

5

Represente una actividad con mímica. Los otros adivinan qué está haciendo.
Stellen Sie eine Aktivität pantomimisch dar.
Die anderen raten, was Sie machen.

Ejercicios: 2-3-4

¿Por qué no vienes?

1

a) Lea estas frases y pregunte por las palabras nuevas. Luego escuche algunas llamadas telefónicas y marque las respuestas correctas.

① a) Mario quiere hablar con Ricarda.
b) Ricarda quiere hablar con Mario.

② a) El tren para Pamplona sale a las 11.50.
b) Un billete de ida y vuelta cuesta 6.500 Ptas.

③ a) Antonia no está en casa.
b) La persona se ha equivocado de número.

④ a) El señor Flores está hablando por otra línea.
b) El cliente deja un recado.

⑤ a) La señora del Olmo contesta.
b) La señora del Olmo no está.

⑥ a) Hay un contestador automático.
b) Ha llamado Javier Ramos.

b) Mire la transcripción al final del libro. ¿Qué dice la persona que contesta al teléfono? ¿Es diferente en su país?

Ejercicios: 5-6

2

a) En parejas. Pongan números para ordenar los diálogos y luego léanlos en voz alta.

1.
- ◯ ○ Muchas gracias.
- ◯ ○ Dígale, por favor, que ha llamado la señora Romo y que el vídeo no funciona.
- ◯ ○ Buenos días. ¿Puedo hablar con el señor Álvarez?
- ◯ • De nada, adiós.
- 1 • Electrodomésticos Sebastián. Buenos días.
- ◯ ○ Adiós.
- ◯ • En este momento no está. ¿Quiere dejarle un recado?
- ◯ • Muy bien, le dejo una nota.

2.
- ◯ ○ ¿Está Pepa, por favor?
- ◯ • ¿De parte de quién?
- ◯ ○ Soy Ramón.
- ◯ • ¿Dígame?
- ◯ ○ Hola Ramón. Espera un momento. Ahora se pone Pepa... Pepa, ¡teléfono!

b) Compruebe con la casete.

3

¿Cómo se dice en español?
Sagen Sie auf spanisch, wie man ...

- •• sich meldet ______
- •• nach jemandem fragt ______
- •• fragt, wer der Anrufer ist ______
- •• sagt, daß die gewünschte Person nicht da ist ______
- •• fragt, ob der Anrufer eine Nachricht hinterlassen will ______
- •• sagt, daß sich der Anrufer verwählt hat *Se ha equivocado de número.*

4

En parejas. Hablen por teléfono.

Sie möchten folgende Personen sprechen:
- Herrn López
- María Luisa
- Frau Sotomayor
- Doctor Gutiérrez

Ihr/e Nachbar/in nimmt den Hörer ab und reagiert:
- Herr López ist nicht da
- María Luisa ist am Apparat
- Frau Sotomayor spielt gerade Tennis
- Sie haben sich verwählt

Ejercicios: 7

5

¿Se acuerda de estas personas? ¿En qué piso viven? Escuche otra vez lo que dicen.

1.
- ● ¿Dígame?
- ○ Pedro, ¿eres tú?
- ● Sí, soy yo.
- ○ Hola, soy Pepe. Oye, estoy en casa de Juan. ¿Por qué no vienes? Juan ha organizado una fiesta estupenda. Hay mucha gente, la música es fantástica, estamos bailando salsa y hay gambas para comer. Lo estamos pasando fenomenal, y sólo faltas tú. ¿Tienes ganas de venir?
- ● Sí, claro que voy. En un rato estoy allí.
- ○ ¡Qué bien! Hasta luego.

2.
- ● ¿Diga?
- ○ ¿Carmen? Soy Inés.
- ● Hola, Inés. ¿Qué tal?
- ○ Bien, muy bien.
- ● Oye, ¿cenamos juntas mañana?
- ○ Vale, de acuerdo. ¿A qué hora?
- ● Pues, no sé. ¿Qué tal a las nueve?
- ○ Hm, a las nueve no puedo. Mejor un poco más tarde.
- ● ¿A las nueve y media?
- ○ Muy bien. ¿Y dónde quedamos?
- ● ¿Qué tal en el "Viva Madrid"?
- ○ ¿Qué dices? ¿Cómo? Habla más fuerte, que no te oigo. Es que Ricardo está pasando la aspiradora.
- ● En el "Viva Madrid", digo. ¿Te parece bien?
- ○ Sí, perfecto. A las nueve y media en el "Viva Madrid".
- ● Hasta luego.
- ○ Adiós.

6

Busque las expresiones para aceptar una propuesta.

propuesta	aceptar	rechazar
● ¿Por qué no vienes? ● ¿Tienes ganas de...? ● ¿Cenamos juntas mañana? ● ¿Vamos a tomar una copa?	○ ______ ○ ______ ○ ______ ○ ______	○ Mañana / ○ A las ocho > no puedo. ○ Mejor < el miércoles. / a las nueve.

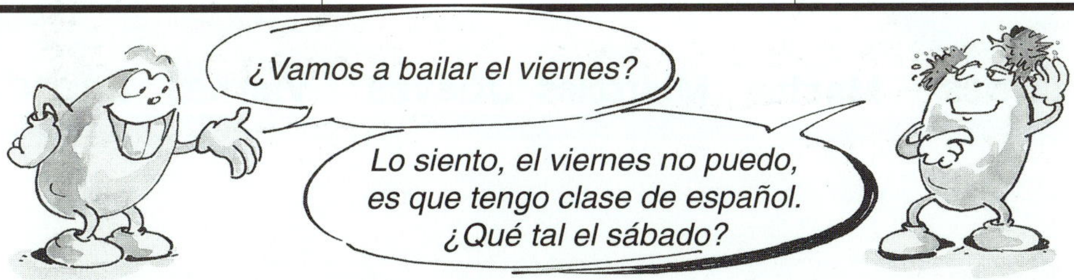

7

Proponga estas actividades a su compañero/-a. Él/Ella acepta o rechaza la propuesta.

¿Qué?	¿Cuándo?
•• ir al cine	•• mañana
•• cenar	•• esta noche
•• tomar una cerveza	•• el domingo
•• hacer una excursión	•• después de la clase
•• ver una exposición	•• a las siete
•• jugar al tenis	•• después de la cena

MODELO
- ● ¿Por qué no tomamos una cerveza después de la cena?
- ○ Lo siento, no puedo, es que...

Ejercicios: 8-9

8

Quede con un/a compañero/-a en estos lugares a una hora determinada.
Verabreden Sie sich mit jemandem an diesen Orten zu einer bestimmten Zeit.
Para esto, necesita:

● ¿Dónde quedamos? ● ¿A qué hora quedamos?	○ En el "Mesón del Cid". ○ A las nueve.

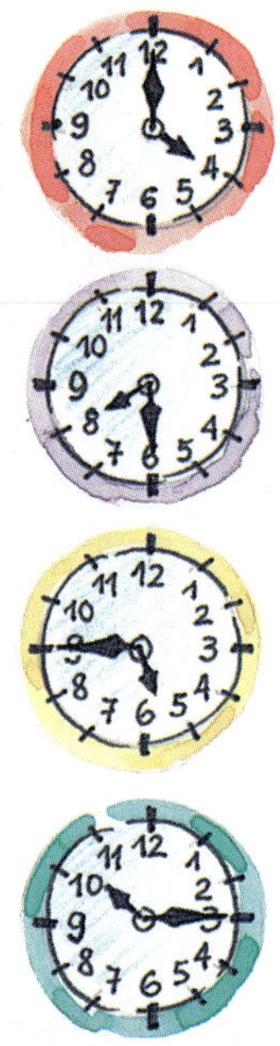

9

Esta semana tiene las siguientes cosas que hacer. Anótelas en su agenda. ¿Tiene además otros planes?

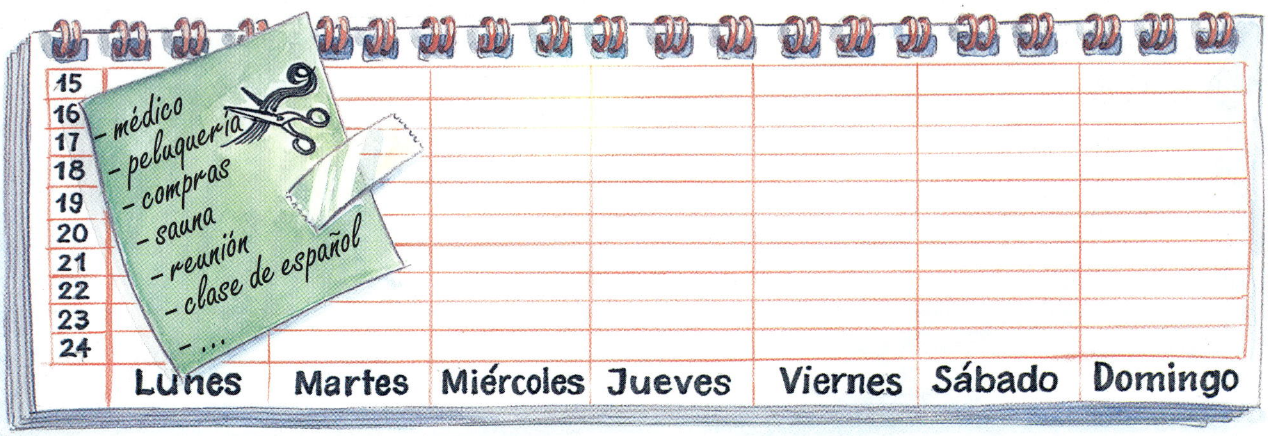

10

a) Usted quiere salir con dos personas de la clase. Aquí hay algunas actividades.
Wählen Sie aus diesem Freizeitangebot etwas aus und einigen Sie sich mit zwei Kursmitgliedern auf einen Termin, der in Ihrem Kalender noch frei ist.

MODELO
- • Yolanda, ¿vienes conmigo al Rastro el domingo?
- ○ No, no me gusta, hay mucha gente.
- • Y tú, Klaus, ¿tienes ganas de venir conmigo al Rastro?
- ▲ Sí, perfecto, me encanta la idea. ¿A qué hora?

OJO

conmigo
contigo
con usted, él, ella
con nosotros/-as
con vosotros/-as
con ustedes, ellos, ellas

b) Diga a la clase qué va a hacer y con quién.

MODELO • Yo voy al cine con Yolanda el martes a las ocho.

Ejercicios: 10-11

¡Pero tenga cuidado!

1

a) ¿Qué piensa usted?

¿Pueden causar estas cosas una dependencia? **¿Cuáles son los motivos?**

alcohol tabaco drogas
compras vídeos videojuegos
trabajo juego televisión
dulces deporte

frustraciones en el trabajo
problemas de familia
problemas personales
estrés
...

b) Lea el texto y busque la traducción de las siguientes palabras.

•• Abhängigkeit •• Manie •• Selbsthilfegruppen •• Spielautomat •• Leidenschaft

Manías

No sólo el alcohol, también el tabaco y las drogas pueden producir dependencia. Pero en algunos casos actividades cotidianas como comprar, ver vídeos, trabajar... terminan en manías. Joaquín ha vivido esta situación. «Mi pasión son las tragaperras. Paso varias horas al día jugando y gasto en el juego todo el dinero que tengo. Es terrible.» Para Joaquín existen grupos de autoayuda, que buscan soluciones a estos problemas.

Pero no sólo el juego, también muchas otras cosas pueden causar una dependencia. La mayoría de los psicólogos está de acuerdo: muchas personas no saben controlarse. Buscan una actividad para escapar de sus frustraciones en el trabajo, del estrés, de problemas personales o familiares...

Juan, un abogado de 51 años, lleva dos meses yendo al psicólogo. «Mi tragedia son el vídeo y los videojuegos... Cada vez estoy más solo. Claro que a mi mujer y a mis hijos no les gusta pasar todo el día en casa. Los fines de semana ellos se van. Hacen excursiones, van de compras, visitan a los amigos... Y yo me quedo delante del televisor, jugando y viviendo una vida que ya no es mía. Poco a poco estoy perdiendo el contacto con el mundo real.»

Mucha gente no sabe que estas manías son una enfermedad. Para salir de la crisis hay que darse cuenta del problema, buscar una solución y decirse: fin del juego.

(Adaptado de «Muy interesante», Buenos Aires)

c) ¿Qué dice el texto? Relacione.

1. Mucha gente
2. Algunas personas
3. También actividades cotidianas
4. Los grupos de autoayuda

a) buscan soluciones a los problemas de dependencia.
b) pueden causar una manía.
c) quiere escapar de sus problemas.
d) están perdiendo el contacto con el mundo real a causa de los videojuegos.

d) ¿Qué "manías" tienen las personas de las caricaturas? ¿Y usted?

Ejercicios: 12

2

Traduzca estas frases.

1. El tabaco puede ser malo para la salud.
2. Los juegos pueden producir dependencia.
3. ¿Sabe usted usar un ordenador?
4. Mucha gente no sabe que la videomanía es una enfermedad.

können		wissen
• ¿**Puedes** venir a la fiesta? ○ No, no **puedo**, es que tengo mucho trabajo.	• ¿**Sabes** tocar la guitarra? ○ Sí, un poco.	• ¿**Sabe** dónde está Correos? ○ Lo siento, no **sé**.

OJO Dem deutschen "können" entsprechen im Spanischen zwei verschiedene Verben: **poder** und **saber**.
Ordnen Sie zu:
Fähigkeit/Gelerntes: ____________, Möglichkeit: ____________

3

¿Qué sabe y qué no sabe hacer?

MODELO • Yo sé cantar bastante bien, pero no sé bailar.

cocinar cantar esquiar
bailar tango jugar al tenis
hablar inglés nadar
tocar el piano ...

Ejercicios: 13

4

a) Escuche esta entrevista. ¿Cómo pasan el fin de semana el señor Ordóñez y Rafael? Tome notas.

b) Y usted, ¿cómo pasa el fin de semana?

c) Lea estos consejos. ¿Cuáles pueden ser útiles para el señor Ordóñez y cuáles para Rafael?

- Invite a amigos para no perder el contacto con la gente.
- Organice mejor el trabajo de la casa.
- Vuelva a casa más pronto.
- Venda el ordenador.
- Busque una novia en su ciudad.
- Trabaje menos.
- Piense en su salud.
- Descanse más.
- Invite a su novia a casa.
- Busque actividades de tiempo libre.

5

Para dar consejos e instrucciones, usamos el imperativo. Complete.

	verbos en -ar:		**verbos en -er/-ir:**	
	invit**ar**	pens**ar**	vend**er**	escrib**ir**
(tú)	invit**a**	pi**e**ns**a**	vend**e**	escrib**e**
(usted)	________	________	vend**a**	escrib**a**
(ustedes)	invit**en**	pi**e**ns**en**	________	escrib**an**

OJO Algunos verbos cambian la ortografía:
buscar ⟶ bus**que**
organizar ⟶ organi**ce**

Wie können Sie sich die Bildung der Imperativ-Formen (tú – usted/es) merken?

6

Usted ya ha visto imperativos en las instrucciones de este libro. Busque algunos. ¿Sabe cuál es el infinitivo? Su profesor/a le va a ayudar.

escuche — escuchar
lea — leer
escriba — escribir

Ejercicios: 14-15-16-17

Unos viejos amigos vienen a su ciudad para pasar el fin de semana con usted. ¿Qué cosas pueden hacer juntos? ¿Dónde se pueden encontrar? Escriba una carta.

Queridos amigos:
¡Qué alegría me da encontrarnos este fin de semana! Aquí hay tanto que ver:
Podemos...

De viaje

En esta unidad hablamos sobre

- los meses y las estaciones del año
- hoteles y reservas
- el tiempo
- acontecimientos pasados

In dieser Lektion sprechen wir über

- Monate und Jahreszeiten
- Hotels und Reservierungen
- das Wetter
- vergangene Ereignisse

1 Prefiero los viajes organizados. Son baratos, no tienes que buscar hoteles ni restaurantes y tienes compañía.

2 Para nosotros las vacaciones significan aventuras y contacto con la naturaleza. Además tienen que ser baratas.

3 Tengo que viajar mucho por mi trabajo. Por eso, en vacaciones, me quedo en casa, tranquilo.

4 Nos encantan los monumentos históricos. Antes de salir de vacaciones, nos informamos bien.

5 A mí me gusta tomar el sol, nadar y practicar la vela.

6 Nosotros siempre vamos a Dinamarca. Alquilamos una casa cerca del mar.

Escuche y relacione las frases con las fotos. Y usted, ¿qué tipo de vacaciones prefiere?

¡Que lo pasen bien!

1

a) ¿Cómo pasa usted normalmente sus vacaciones?

1) ¿Cuándo va usted de vacaciones?
- ☐ siempre en verano (2 – 3 semanas), en julio o agosto
- ☐ una vez en verano y otra en invierno
- ☐ en las vacaciones escolares porque tengo hijos
- ☐ en invierno, pero voy al sur
- ☐ depende

2) ¿Con quién prefiere viajar?
- ☐ solo/sola
- ☐ con la familia
- ☐ con un amigo/una amiga
- ☐ en grupo
- ☐ en viaje organizado

3) ¿Qué prefiere?
- ☐ vacaciones cortas/fines de semana
- ☐ vacaciones una vez al año
- ☐ vacaciones dos veces al año

4) ¿Qué tipo de alojamiento prefiere?
- ☐ hotel
- ☐ pensión
- ☐ cámping
- ☐ apartamento/casa alquilada
- ☐ albergue juvenil

5) ¿Qué medio de transporte usa normalmente para ir de vacaciones?
- ☐ coche
- ☐ avión
- ☐ tren
- ☐ autobús
- ☐ otros

6) ¿Qué es para usted lo más importante?
- ☐ descansar, tener tiempo para ir a la playa
- ☐ conocer otros países y a otras personas
- ☐ vivir aventuras y descubrir lugares exóticos
- ☐ visitar monumentos históricos y otros lugares de interés cultural
- ☐ vacaciones activas, hacer deporte, salir de noche y otras actividades

d) Complete los meses.

febrero, diciembre, enero, agosto, julio, abril, septiembre, junio, marzo, octubre, mayo, noviembre

primavera: marzo ______ ______ ______

verano: ______ ______ ______

otoño: ______ ______ ______

invierno: ______ ______ ______

b) Compare con su compañero/-a.

c) ¿Y sus planes para las próximas vacaciones? Hable con sus compañeros/-as.

Para hablar de sus planes:

Voy a Pienso Quiero	ir a...

Para reaccionar:

¡Qué	interesante! aburrido! divertido!

Ejercicios: 1-2-3-4

2

a) ¿Conoce usted estos lugares? Relacione los textos con las fotos. Si no está seguro/-a, puede usar:

Me parece que Creo que Pienso que	la foto número 1 es... porque...

1

Cartagena de Indias, famosa por su espléndida arquitectura colonial. Visite la ciudad antigua, las murallas... ¡Viva como en el siglo XVII! ¿Le gusta la idea? Entonces escriba a la Cooperación Nacional de Turismo.

2

¿Te gusta esquiar? Ven a Granada. Sierra Nevada y sus magníficas pistas te esperan. ¿Te interesa el arte? Granada es única: su cultura árabe, con monumentos como la Alhambra, intacta para ti. ¡Como en «Las mil y una noches»! Para más información, llama al (954) 22 10 22.

3

Playas inmensas de arena blanca, aguas transparentes. Disfrute del mar y viva la noche caribeña. Beba con nosotros ron cubano: con jugo de piña, con limón, con naranja, ... ¡Ya lo sabe! Para disfrutar de playas, venga a Cuba. Infórmese en su agencia de viajes.

4

Haz algo diferente estas vacaciones. ¡Pasa unos días inolvidables con nosotros! Descubre la ciudad más espectacular de la cultura maya, Tikal. Arqueología y cultura guatemalteca: unas vacaciones diferentes. Reserva tu vuelo a través del Instituto Nacional de Turismo.

5

«Románico en la nieve». Haga excursiones por el Valle de Bohí y descubra las maravillas del arte románico. Esquíe en los Pirineos, tenemos las mejores pistas. Descanse en este lugar ideal para olvidar el estrés.

b) ¿Ha estado alguna vez en uno de estos lugares?

c) ¿En qué anuncio se trata al lector de tú? ¿Y de usted?

d) Busque en los anuncios las formas del imperativo de estos verbos irregulares y complete el cuadro.

	venir	poner	tener	hacer	decir	ir
(tú) (usted) (ustedes)	______ ______ vengan	pon ponga ______	ten tenga ______	haz ______ hagan	di diga ______	ve vaya vayan

Ejercicios: 5-6-7-8-9

3

Usted trabaja para una agencia de viajes y tiene que preparar un folleto sobre Mallorca. Aquí tiene una foto y algunos aspectos que puede incluir.

4

En parejas. Antes de salir de vacaciones, siempre hay mucho que hacer. Marque 5 cosas en la lista que usted ya ha hecho y pregunte a su compañero/-a qué ha hecho él/ella. Para esto necesita:

ya	= *schon*
todavía no	= *noch nicht*

MODELO
● ¿Has cambiado dinero ya?
○ Sí, ya he ido al banco./
No, todavía no he tenido tiempo.

1. Recoger los pasaportes.
2. Reservar los billetes.
3. Recoger la carta verde.
4. Comprar mapa de carreteras.
5. Comprar guías turísticas.
6. Cambiar dinero.
7. Recoger los cheques de viaje.
8. Hacer la maleta.
9. Farmacia: aspirinas.
10. Droguería: jabón, bronceador.

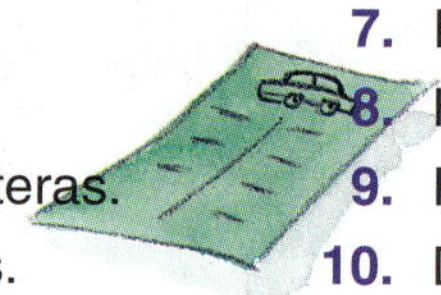

5

a) ¿Cuál de estos viajes quiere hacer? Apunte las cosas que va a llevar.

- esquiar en los Alpes
- hacer un viaje de negocios a Londres
- ir a la playa
- hacer cámping en Tenerife

b) Su compañero/-a le pregunta qué lleva, y así puede adivinar adónde va.

MODELO ● ¿Lleva botas?

Ejercicios: 10-11-12

6

a) Leo Verdura es un león vegetariano. Sus aventuras se pueden leer todos los domingos en el periódico "El País". Aquí Leo está hablando con su amigo Raad, un leopardo. Lea la historieta para contestar después a estas preguntas:

- ¿Raad se va de vacaciones o ya está de vuelta?
- ¿Qué cosas son imprescindibles para Raad?
- ¿Cree usted que son útiles en la naturaleza? ¿Por qué (no)?
- ¿Han cambiado mucho los leopardos según la opinión de Leo?

salvaje
wild

cosillas imprescindibles
unentbehrliche Dinge

el poeta
der Dichter

rayos
Donnerwetter!

"PEQUEÑO PAÍS". NÚMERO 593.

b) Cuando va de vacaciones, ¿qué cosas son imprescindibles para usted? Haga una lista de cuatro cosas. Luego compare con su compañero/-a y elijan las cuatro cosas que van a llevar juntos/-as.

¿Qué tal el tiempo?

1

a) Los señores Ponce piden información en una agencia de viajes. Escuche el diálogo y rellene el formulario.

1. Destino
- ☐ El Salvador
- ☐ Ecuador
- ☐ Puerto Rico

2. Duración del viaje
- ☐ 2 semanas
- ☐ 3 semanas
- ☐ 4 semanas

3. Medios de transporte
- ☐ avión, barco, tren
- ☐ avión y barco
- ☐ avión y tren

4. Alojamiento
- ☐ una habitación individual con ducha
- ☐ una habitación doble con ducha
- ☐ una habitación doble con baño

5. Comida
- ☐ pensión completa
- ☐ media pensión
- ☐ solamente desayuno

b) Busque en la transcripción al final del libro las frases correspondientes.

Wir möchten uns über eine Reise nach Ecuador informieren. ____________________

Wissen Sie, um wieviel Uhr das Flugzeug abfliegt? ____________________

Können Sie uns ein Hotel empfehlen? ____________________

Können Sie uns ein Doppelzimmer reservieren? ____________________

c) ¿Puede imaginar las preguntas?

- • ____________________
- ○ No, solamente media pensión.

- • ____________________
- ○ Lo siento, sólo queda una doble sin ducha.

- • ____________________
- ○ Cerramos a las doce de la noche.

- • ____________________
- ○ Lo siento, pero no quedan planos de la ciudad.

- • ____________________
- ○ ¿Un cámping? Sí, hay uno a 5 kms del centro.

Ejercicios: 13

2

a) Juana Díaz quiere viajar a Chile y ha pedido información al hotel "Chucumata". Lea la respuesta del hotel.

Hotel «Chucumata»

Santiago de Chile, 5 de enero de 1996

Estimada señora Díaz:

Muchas gracias por su carta del 10 de diciembre de 1995. Según sus deseos, le mando la confirmación de su reserva, así como las informaciones que nos ha pedido.
Hemos reservado para usted una habitación individual, con baño, del 15 al 24 de febrero. Todas nuestras habitaciones disponen de televisión y aire acondicionado.
El excelente restaurante de nuestro hotel está a su disposición. Ofrecemos pensión completa o media pensión.
Lamentablemente no tenemos piscina, pero hay una a unos 300 mts del hotel. Está abierta todos los días de 10.00 a 19.00 horas. También, cerca del hotel, se alquilan bicicletas.
Según los intereses de nuestros clientes, organizamos excursiones y viajes. Le recomiendo especialmente la excursión de un día a la casa del poeta Pablo Neruda en Isla Negra.
Esperamos su visita.

Atentamente

Viviana Hoffman Vázquez

b) ¿Qué tipo de habitación quiere la señora Díaz? ¿Para cuántos días? ¿Qué más quiere saber?

c) ¿Puede reconstruir la carta de la señora Díaz?
Rekonstruieren Sie den Brief, den Frau Díaz zuvor an das Hotel geschrieben hatte.

Barcelona, 10 de diciembre de 1995

Señoras y señores:
Pienso pasar mis vacaciones... y por eso quería reservar...
¿Pueden decirme si hay...
Me interesa también...
En espera de sus noticias, les saluda atentamente

Juana Díaz

Ejercicios: 14-15-16

3

a) ¿Qué tiempo hace en las diferentes partes de España? Escuche y lea los comentarios de Olivia y relacione.

1. Hace mal tiempo. ¡Cómo llueve! ¡Odio la lluvia! Pero... bueno, por lo menos no hace mucho frío. Hace 13 grados.
2. ¡Qué bonito día! Hace buen tiempo, ¿verdad?
3. ¡Qué niebla! ¡No se ve casi nada!
4. ¿No me has dicho que en la Costa Brava siempre hace sol? Pues hoy está nublado y, además, ¡qué viento hace!
5. ¡Qué calor hace! ¡38 grados! ¿Vamos a la playa?
6. ¡Mira! ¡Cómo nieva! ¿Vamos a esquiar mañana?

b) ¿Cómo se dice en español? Busque las expresiones con ayuda de los comentarios.

Wie ist das Wetter?	*¿Qué tiempo hace?*
Das Wetter ist schön.	
Die Sonne scheint.	
Es ist heiß.	
Es ist windig.	
Es ist bewölkt.	*está nublado*
Es ist kalt.	
Es ist neblig.	OJO *hay niebla*
Es regnet.	
Es schneit.	

OJO el tiempo < die Zeit / das Wetter

Ejercicios: 17

4

En parejas. Usted mira estos datos y su compañero/-a los de la pág. 161. ¿Qué tiempo hace en las diferentes ciudades?

MODELO
- ● ¿Qué tiempo hace en Amsterdam?
- ○ Está nublado y hace sólo 6 grados. ¿Y en Barcelona?

Temperaturas en el mundo

Amsterdam	6		Ginebra	______		Moscú	1	
Barcelona	______		La Habana	27		Nueva York	5	
Bogotá	______		Lima	29		París	______	
Bruselas	8		Londres	______		Roma	______	
Caracas	______		Madrid	19		Tokio	21	
Francfort	6		México D.F.	______		Viena	______	

5

a) Usted está en Chile. Elija uno de los tres lugares y decida lo que quiere hacer. Aquí tiene una lista de posibles actividades.

Antofagasta:
- ir en bicicleta
- jugar con los niños en la playa
- hacer una excursión en coche
- hacer una fiesta en el jardín
- ir de compras

Santiago:
- comer con amigos en la terraza
- ir al festival de Viña del Mar
- visitar la Catedral
- dar un paseo por el centro
- ir a esquiar a la Cordillera

Puerto Montt:
- hacer una excursión en barco
- ir al concierto en la Plaza de Armas
- ir al museo
- dar un paseo en la playa
- hacer una excursión a los lagos

b) Escuche el pronóstico del tiempo en "Radio Uno", Santiago de Chile, y diga qué planes puede realizar y qué tiene que cambiar.

Ejercicios: 18

Volver al pasado

1

a) Lea esta carta que escribe un español a su amigo panameño y subraye los lugares y monumentos interesantes.

Madrid, 4 de febrero de 1996

Querido Héctor:

Muchas gracias por tu carta. La recibí ayer. ¡Qué noticia! ¡Vienes a España en marzo! Entonces nos vemos pronto. ¡Qué alegría!
Me preguntas qué te recomiendo de Andalucía. Bueno, pues... yo pasé allí unos días maravillosos el otoño pasado. Fui con Marta, Jaime y Laura, ¿te acuerdas de ellos? Los conociste en el Congreso de Medicina Tropical de Bogotá en 1992.
Primero fuimos a Granada. Es una de las ciudades más bonitas de España. Todos los años vienen miles de extranjeros para ver la Alhambra, que fue un palacio árabe muy importante. La agencia nos reservó un hotel muy cómodo en el centro, es el hotel Almona. Te mando la dirección, teléfono y fax. Sólo pasamos dos días en Granada y después fuimos a Córdoba. No te puedo recomendar hoteles en Córdoba, porque nos quedamos en casa de amigos. Tienes que visitar la Mezquita. ¡Es como volver al pasado! ¿Sabes que los árabes vivieron en España casi 800 años? Muchas ciudades andaluzas conservan todavía el ambiente de esta cultura.
Desde Córdoba, Jaime y Laura volvieron a casa, y yo me quedé con Marta dos días más. Luego pasamos tres días en Sevilla. Es una ciudad maravillosa, hay muchísimas cosas que ver, la Giralda por ejemplo. Aquí te mando unos folletos. Nosotros este verano vamos a ir a Guatemala. ¿Qué te parece? Vosotros fuisteis a Tikal el año pasado, ¿verdad? ¿Me puedes traer informaciones? Muchas gracias y hasta pronto, aquí en España.

Un fuerte abrazo

Raimundo

b) ¿Puede identificar las fotos?

2

a) En la carta hay un nuevo tiempo verbal. Es el indefinido. Marque las formas en la carta y diga de qué verbos son.

b) Complete.

	verbos en -ar: pasar	**verbos en -er/-ir:** conocer
yo	pasé	conocí
tú	pas**aste**	______
usted, él, ella	pas**ó**	conoc**ió**
nosotros/-as	______	conoc**imos**
vosotros/-as	pas**asteis**	conoc**isteis**
ustedes, ellos, ellas	pas**aron**	conoc**ieron**

ser / ir
fui
fuiste
fue
fuimos
______
fueron

Das Indefinido wird oft mit bestimmten Zeitangaben gebraucht, z. B. **ayer, el año pasado, en 1995.**

3

Aquí tiene un resumen del viaje de Raimundo por Andalucía. Complete con los verbos que faltan.

Raimundo _pasó_ unos días en Andalucía. Primero ________ a Granada. Allí ________ la Alhambra y el centro histórico. Sólo ________ dos días en Granada y después ________ a Córdoba. En Córdoba, Raimundo y sus amigos, Marta, Jaime y Laura, ________ la Mezquita. Él ________ dos días más en Córdoba con Marta. Allí ________ en casa de unos amigos. Al final, Marta y él ________ a Sevilla y ________ tres días allí.

4

Haga a sus compañeros/-as tres preguntas sobre la carta de Raimundo.

MODELO ¿Quién les reservó un hotel en Granada?

Ejercicios: 19-20-21

5

Nuria visitó el verano pasado algunas ciudades europeas. Aquí tiene la ruta. El problema es que está un poco desordenada.

a) Ordene la ruta.

- ( ) Miércoles: Visita a Versalles.
- ( ) Desayuno y viaje a los Alpes, en dirección al norte de Italia. Noche en Milán.
- (1) Salida en vuelo regular Madrid–París. Llegada al hotel en un autobús de la agencia.
- ( ) Salida hacia Roma. Descanso en Bolonia para ver la ciudad. Llegada a Roma por la noche.
- ( ) Por la mañana visita a la ciudad: Plaza de la Concordia, Campos Elíseos, Arco de Triunfo, Barrio Latino, Montmartre, Catedral de Notre Dame. Por la tarde, regreso al Barrio Latino y cena en un restaurante típico.
- ( ) Desayuno en el hotel y salida hacia Suiza. Llegada a Ginebra y visita a la ciudad y al Palacio de las Naciones Unidas. Tarde: ir de compras.
- ( ) Desayuno en Milán y salida hacia Venecia. Después de la comida, visita a la ciudad: Plaza y Basílica de San Marcos, Palacio Ducal, etc.
- ( ) Ciudad Eterna: el Vaticano, la Plaza y la Basílica de San Pedro, Coliseo, Foro Romano. Noche: concierto.
- ( ) Vuelta a Madrid.

b) Nuria escribe a su amigo para contarle su viaje. ¿Puede completar la carta?

```
Querido Gerardo:
Ayer volví de un viaje fantástico por varias ciudades europeas.
Salí el lunes en vuelo regular de Madrid a París...
```

6

Pregunte a su compañero/-a cuándo hizo estas cosas por última vez.

•• viajar en avión •• tomar sol en la playa •• dormir en un cámping •• viajar en barco •• ir a una agencia de viajes •• quedarse en casa durante las vacaciones •• escribir una postal a su abuela •• enamorarse en las vacaciones •• ir al extranjero •• ir a esquiar

MODELO
- ¿Cuándo viajaste en avión por última vez?
- ○ La semana pasada./Hace diez años.

7

a) Mire las fotos. ¿Sabe qué representan?

b) En sus últimas vacaciones, los Casal recorrieron el Camino de Santiago. Hoy muestran sus diapositivas a unos amigos latinoamericanos. Escuche y marque en el mapa la ruta que siguieron.

c) Escuche otra vez y anote algunas informaciones sobre los lugares que visitaron.

Ejercicios: 22-23-24-25

Cuente lo que hizo una persona de la pág. 103 en sus últimas vacaciones. Si quiere, puede también contar uno de sus propios viajes.

MODELO
- El verano pasado fui a...

Revuelto

1

a) ¿Sabe usted que hay diferentes maneras de escuchar?
A veces tenemos que entender dos o tres informaciones importantes, a veces todo, y a veces sólo la idea general. ¿Quiere probarlo?

1 Usted es un/a pasajero/-a con destino a Hamburgo y está esperando en el aeropuerto. Escuche las informaciones del altavoz y apunte lo que le interesa para su viaje.

2 Usted quiere ir a la fiesta de Isabel, pero no sabe exactamente dónde vive. Escuche el mensaje que Isabel le ha dejado en su contestador y apunte las informaciones que necesita para llegar a su casa.

3 Ahora va a escuchar un programa de radio. ¿De qué se trata? Tome notas.

**b) Mire lo que ha apuntado y compare con un/a compañero/-a.
¿Qué manera de escuchar ha usado en cada caso?**

- en el aeropuerto
- cómo ir a casa de Isabel
- programa de radio

- entender la idea general
- entender palabras clave
- entender los detalles

¿Le han parecido difíciles los textos de la casete? ¿Por qué? Seguro que no ha entendido todas las palabras. Bueno, eso es normal. En la vida real y en nuestra propia lengua pasa exactamente lo mismo.
Pero ha podido hacer los ejercicios sin entender todo, ¿verdad? Es que normalmente, cuando escuchamos algo, la situación general nos ayuda a comprender y no es necesario conocer cada palabra.

2

a) Mire el dibujo. ¿Qué palabras y expresiones asocia usted con este centro comercial?

A muchos españoles les gusta ir de compras en su tiempo libre. Van con toda la familia a los grandes almacenes.

b) Elija a una persona del centro comercial. Su compañero/-a le hace preguntas para adivinar quién es. Luego al revés.

MODELO
- ¿Es una mujer? ¿Lleva un vestido rojo? ¿Está tomando café?
  Entonces es la señora que está tomando café en el tercer piso.

c) ¿Qué están diciendo las personas del centro comercial? Invente 3 diálogos y léalos.

d) Escuche ahora lo que dicen algunas personas en la "Galería" y marque cuáles de estas frases ha oído.

¿**Me** puede decir dónde están los servicios?	¿Puede decir**me** dónde están los servicios?
La señora **se** está probando un vestido.	La señora está probándo**se** un vestido.
Mamá, tengo sed, ¿**me** compras una coca-cola?	Mamá, tengo sed, ¡cómpra**me** una coca-cola!

Normalerweise stehen die Pronomen vor dem Verb. Beim Infinitiv und Gerundium können sie auch angehängt werden, beim Imperativ **müssen** sie angehängt werden.

3

a) En las últimas unidades usted ha aprendido estos verbos. ¿Recuerda qué significan? ¿Qué tipo de irregularidad tienen en el presente? Escriba los verbos en las tablas correspondientes de la pág. 79.

perder volver empezar
almorzar acostarse acordarse dormir
recomendar contar jugar servir

b) En las últimas unidades usted ha visto también estos verbos. Todos tienen la primera persona irregular. Complete con las formas que ya conoce.

	hacer	poner	salir	decir
yo	hago	______	salgo	digo
tú	______	______	sales	dices
usted, él, ella	______	pone	______	______
nosotros/-as	hacemos	______	______	decimos
vosotros/-as	______	ponéis	salís	decís
ustedes, ellos, ellas	______	______	______	______

	dar	estar
yo	doy	estoy
tú	das	______
usted, él, ella	______	______
nosotros/-as	______	estamos
vosotros/-as	dais	______
ustedes, ellos, ellas	______	______

saber
______
sabes
______
______
______
saben

Marque con color las formas difíciles.

4

Una señora llama al restaurante "La Bóta del Racó" para reservar una mesa. Escuche la conversación con el camarero y complete la nota.

Reserva a nombre de:

Día:

Hora:

Número de personas:

LA BÓTA DEL RACÓ
Avda. Verge de Montserrat, 232
(Guinardó).
Tel. (93) 456 60 02.
Cocina catalana.
Abierto de 13 a 16 h
y de 20.30 a 24 h.
Cerrado lunes. Tarjetas.

En parejas. Usted quiere pasar un fin de semana en La Alberca, un pueblo famoso en la provincia de Salamanca. Le han recomendado el hotel "Las Batuecas". Llame al hotel para informarse. Antes decida

- cuándo quiere ir
- cuántos días va a pasar allí
- qué tipo de habitación quiere
- si quiere media pensión o pensión completa

Su compañero/-a es recepcionista del hotel "Las Batuecas", abre la página 161 y contesta con las informaciones que tiene allí.

Hotel Las Batuecas

En las afueras del pueblo La Alberca, los viajeros encuentran un hotel confortable y económico: el hotel Las Batuecas, un hotel de dos estrellas.
Carretera de Las Batuecas, La Alberca.
Precio: de 6500 a 8500 pesetas
Telf: (923) 41 51 94.

6

a) Lea este texto sobre el director de cine Pedro Almodóvar.

Pedro Almodóvar nació en un pueblo pequeño de la provincia de Ciudad Real, en 1951.
Ocho años más tarde, la familia se fue a vivir a Extremadura. Pedro decidió muy pronto desarrollar su creatividad. A los 17 años se fue a Madrid, una ciudad con muchas posibilidades. Allí trabajó primero en la Compañía Telefónica. Al mismo tiempo, Almodóvar empezó a buscar otras actividades más adecuadas a su temperamento artístico. Escribió guiones para comics, trabajó para algunas revistas «underground», formó parte del grupo de teatro «Los Goliardos» y, lo más importante: se compró una cámara súper 8 para hacer películas.
Entre 1977 y 1983, Pedro vivió intensamente la «movida madrileña». Así se llama la explosión cultural que se vivió en España, y sobre todo en Madrid, después de la muerte de Franco. Dentro de esta «movida» cultural, en 1980, Pedro debutó como director de cine con «Pepi, Luci, Bom y otras chicas del montón». Fue con su tercera película, «Entre tinieblas», en 1983, cuando empezó a ser conocido en el extranjero; pero su gran triunfo llegó en 1988 con «Mujeres al borde de un ataque de nervios». Es una de las películas con mayor éxito económico en la historia del cine español; Almodóvar ha recibido 50 premios por ella, incluyendo una nominación para el Óscar en 1989.
El mundo de Almodóvar está lleno de personajes que viven en las grandes ciudades y que están dominados por sus pasiones y por sus sentimientos.
Frecuentemente las mujeres son sus personajes más interesantes. Se describe con detalle cómo son, cómo aman, cómo viven la amistad entre ellas. En cambio, los hombres de sus películas no son tan complejos; muchas veces no tienen amigos y están solos.
Otros aspectos característicos del cine de Almodóvar son la presencia de la publicidad, el color rojo, la figura de la madre, la estética de los años sesenta, los boleros, las pasiones humanas y el humor. Sus películas tienen un sentido del humor muy especial. El humor de Almodóvar es muy satírico y va contra los tabúes y contra las reglas sociales. Es un humor negro a veces, pero siempre muy original.
Detrás de las cámaras Almodóvar es también todo un personaje: muy exacto y exigente. Trabajar con él es durísimo. Pero, a pesar de todo, sus actores y actrices lo adoran.

b) Escriba, con ayuda del texto, un pequeño currículum de Pedro Almodóvar.

En 1951...

1967

1980

1983

1989

7

a) Mire esta estadística sobre las actividades del tiempo libre de los españoles.

¿QUÉ HACE EN SU TIEMPO LIBRE?

Ver la televisión	65%	Jugar con los hijos, atenderlos	13%
Pasear	27%	Hacer ejercicio, deporte	9%
Leer la prensa, libros etc.	24%	Viajar, hacer excursiones	7%
Reunirse con amigos	22%	Salir a bailar, ir a fiestas	3%
Escuchar música	20%	Ir al cine	3%
Salir con su pareja/familia	17%	Ir a ver una obra de teatro	1%
Escuchar la radio (no música)	16%	Ir a espectáculos musicales	1%
Hacer trabajos manuales	15%	Ver alguna exposición	1%

FUENTE: CAMBIO 16.

b) Pregunte a su compañero/-a cuáles de estas actividades realizó la semana pasada. Apunte las respuestas y cuente los resultados a la clase.

MODELO
- ¿Fuiste al cine la semana pasada?
- Sí, fui el domingo. Y tú, ¿qué hiciste?

c) Usted tiene que escribir para el periódico un pequeño artículo sobre lo que hacen los españoles en su tiempo libre.

Puede usar las expresiones de las últimas unidades, como por ejemplo:
- la mayoría de los españoles...
- casi nunca, a veces, normalmente...
- a los españoles (no) les gusta/interesa mucho...

LOS ESPAÑOLES Y SU TIEMPO LIBRE

d) ¿Y en su país?

¿Qué hace la gente en su tiempo libre? ¿Cree usted que hay diferencias? ¿De qué tipo? Apunte sus ideas sobre el tema y compare sus resultados con el resto de la clase.

MODELO
- Los alemanes no vemos tanto la tele y hacemos más deporte.

Salud, divino tesoro

En esta unidad hablamos sobre

- las partes del cuerpo
- posibilidades para mantenerse en forma
- salud y enfermedades

In dieser Lektion sprechen wir über

- die Körperteile
- Möglichkeiten, in Form zu bleiben
- Gesundheit und Krankheiten

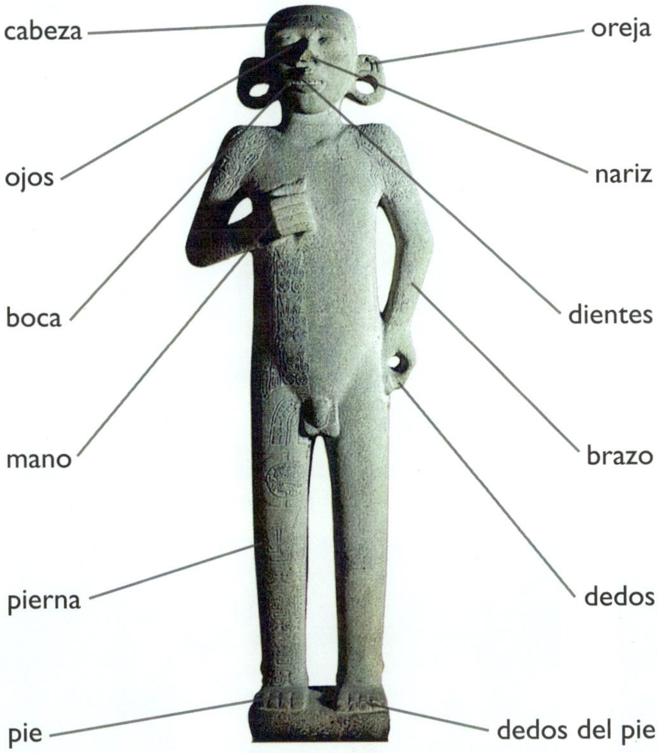

(A) Adolescente huasteco de San Luis Potosí, México.

(B) Cabeza Olmeca de Tabasco, México.

(C) Figuras "Moai" de la Isla de Pascua, Chile.

(D) Monolito de Tihuanaco, Bolivia.

Mire cómo se llaman las partes del cuerpo. Luego escuche los comentarios sobre estas figuras de diferentes culturas de Latinoamérica. ¿Qué partes del cuerpo se mencionan?

¡A practicar!

1

a) ¿Le gusta bailar? ¿Conoce estos bailes?

Jota

Flamenco

Sardana

Tango

b) Escuche y relacione la música con los bailes.

c) Escuche ahora una clase de flamenco. ¿Cuántas veces oye las siguientes partes del cuerpo?

•• cabeza •• brazo •• mano •• pierna •• espalda

Ejercicios: 1-2

2

a) ¿Qué hace usted para mantenerse en forma? ¿Qué come? ¿Hace deporte?

b) ¿Quiere cambiar algo?

MODELO • Yo quiero dejar de fumar.

3

a) ¿Por qué no hace un poco de gimnasia? Seguramente tiene usted en casa todo lo que necesita.
Lea el texto y relacione los ejercicios con los dibujos.

① **Un kilo de azúcar.** Tome un paquete de azúcar con la mano derecha y levántelo con el brazo extendido. Lleve los brazos hacia delante y cambie el paquete de azúcar a la mano izquierda. Repita el ejercicio cinco veces.

② **Un litro de vino.** Podemos probar un ejercicio con una botella de vino, naturalmente llena (también puede ser una botella de agua): Acuéstese y póngase la botella detrás de la cabeza. Ahora levante el cuerpo hacia delante y acuéstese otra vez. ¡Cuidado! No romper la botella.

③ **Medio cubo de agua.** Llénelo hasta la mitad y póngalo delante de sus pies. Levántelo hasta la altura de sus ojos. Haga el ejercicio unas cinco veces.

④ **El peso de la cultura.** Empiece con dos o tres tomos de una enciclopedia. Póngaselos sobre la cabeza y suba y baje por una escalera varias veces. ¡Uf, cómo pesa la cultura!

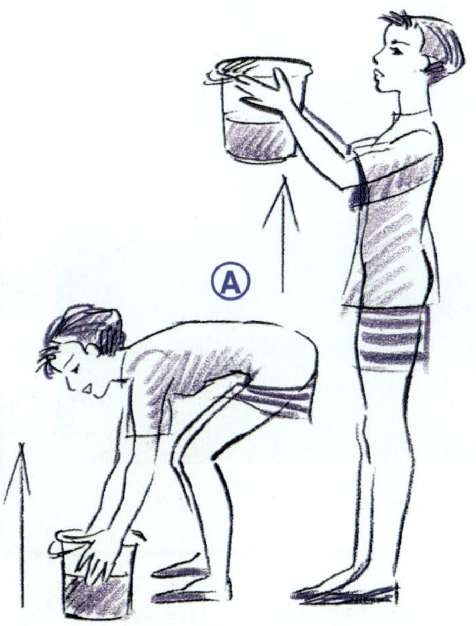

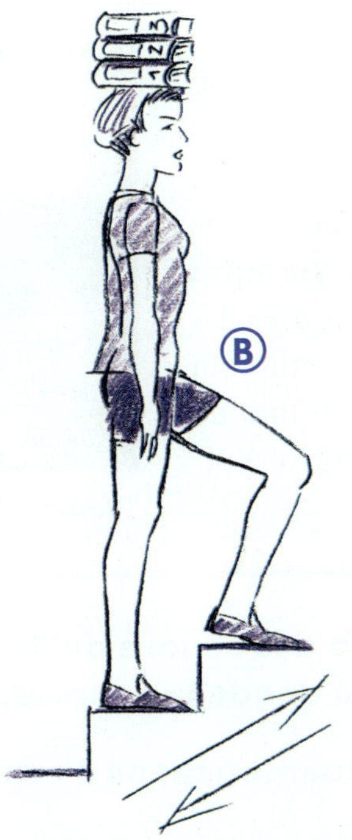

b) En parejas. Usted lee uno de los 4 ejercicios de arriba, su compañero/-a hace el ejercicio. (En vez del vino, azúcar... puede usar también un libro.) Luego, al revés.

Pueden comentar los ejercicios:

¡Qué ejercicio	tan más	difícil! complicado! divertido! bueno para las piernas!

Es	dificil**ísimo**. complicad**ísimo**. divertid**ísimo**. buen**ísimo**.

c) Muchas veces, en instrucciones y recetas, se usa el infinitivo en vez del imperativo. Lea los ejercicios de gimnasia en voz alta, pero ahora con infinitivos.

MODELO Tomar un paquete de azúcar...

Ejercicios: 3-4-5-6

4

a) **Escuche esta canción del grupo argentino "Les Luthiers" y marque en este cuadro de Botero las partes del cuerpo mencionadas en la canción.**

b) **Lea el texto. ¿Puede caracterizar el arte de Botero? ¿Le gusta este cuadro?**

Fernando Botero es uno de los pintores más famosos de Latinoamérica. Nació en 1939 en los Andes colombianos, hijo de una familia modesta. El joven Fernando pintó su primer cuadro a los 12 años y pronto empezó a ganarse la vida como diseñador e ilustrador. Ya a los 16 años participó en una exposición con otros pintores. En 1951 se fue a la capital, a Bogotá, y poco después a Europa.

El arte de Botero tiene una característica muy especial: todas sus figuras son gordas, gordísimas. En su estética, los gordos son bellos. Así, vemos en sus cuadros todo tipo de personajes gordos: reyes, soldados e incluso bailarinas y toreros, que en general asociamos con una figura delgada. Los personajes de Botero parecen siempre felices en un mundo pacífico y tranquilo. Es un mundo sin problemas. Con este estilo tan original, Botero se ha convertido en uno de los pintores más famosos del siglo XX.

"Bailarina"

c) **Imagine que usted ha conocido a la señora del cuadro. Describa a un amigo su aspecto físico y su carácter y diga dónde la conoció.**

d) **¿Conoce a otros pintores latinoamericanos o españoles?**

5

Lea esta copla* popular. ¿A quién quiere más el autor?

Te quiero más que a mis ojos,
más que a mis ojos te quiero,
pero más quiero a mis ojos
porque mis ojos te vieron.

* Las coplas son poemas o canciones que se conocen en casi todos los países de habla española y, muchas veces, se improvisan.

Ejercicios: 7

¡Que se mejore!

1

El señor Gutiérrez pide hora para la consulta del médico. Escuche y apunte las horas de consulta y cuándo puede ir el señor Gutiérrez.

2

a) En la consulta. Escuche el diálogo y complete.

- Pase, pase. Siéntese, por favor. ¿Qué le pasa?
- ○ Aay, me siento muy ________, doctor.
- Vamos a ver. ¿Qué le duele?
- ○ Me duele mucho el estómago. Y ayer vomité.
- ¿Tiene diarrea o fiebre?
- ○ No, pero me siento ________.
- ¿Ha comido algo hoy?
- ○ No, pero anoche... Fuimos a un restaurante tailandés...
- Ah, ¿entonces comió usted algo muy ________?
- ○ Sí sí.
- A ver... abra la ________, por favor. Así. Ajá. Quítese la ________, por favor, y acuéstese allí... Relájese. ¿Le duele aquí?
- ○ ¡Aay!
- Es sólo una indigestión. No coma nada hoy, tome manzanilla y ____________. Mañana ya puede comer cosas ligeras, ¿eh? No coma nada con grasas durante unos días.
- ○ ¿No me va a recetar nada?
- No, no es necesario. Basta con la dieta, señora. Llámeme pasado mañana si no está ________.
- ○ Gracias, doctor. Hasta luego.

b) Escuche otro diálogo en la consulta. Usted es la asistente del médico y apunta los problemas del paciente.

c) ¿Qué les pasa a los dos pacientes?

• ¿Qué le pasa? • ¿Qué le duele?	○ Me siento / ○ Estoy — mal. / fatal. / mejor. ○ Me duele el estómago. ○ Me duelen las muelas. ○ Tengo dolor de cabeza. ○ Tengo tos.

MODELO Al señor le duele la espalda...

d) Lea y escuche otra vez los dos diálogos. ¿Qué tiene que hacer la mujer? ¿Y el hombre?

○ sentarse ○ quitarse la camisa ○ respirar hondo ○ acostarse
○ no comer nada hoy ○ tomar manzanilla ○ no trabajar tanto
○ no comer nada con grasas ○ relajarse ○ hacer deporte

MODELO La mujer tiene que sentarse, ...

e) Usted ya conoce las formas del imperativo. Aquí tiene también las formas del imperativo negativo. Compare.

Vergleichen Sie die Endungen. Was fällt Ihnen auf?

	-ar	-er/-ir
(tú) (usted/es)	tom**a** tom**e**(**n**)	com**e** com**a**(**n**)

-ar	-er/-ir
no tom**es** **no** tom**e**(**n**)	**no** com**as** **no** com**a**(**n**)

Ejercicios: 8-9

3

a) ¿Qué les pasa a estas personas? Escuche y ponga el número correspondiente.

b) Apunte qué problemas tienen los pacientes.

1. *Está resfriado.*
2. *Tiene quemaduras de sol.*
3. ____________
4. ____________
5. ____________
6. ____________
7. ____________
8. ____________

c) Déles un consejo a estas personas.

Geben Sie diesen Personen einen Rat.

•• tomar aspirina
•• tomar manzanilla/mate
•• no fumar
•• ponerse crema
•• tomar pastillas para dormir
•• acostarse
•• hacer dieta
•• quedarse en cama
•• no tomar alcohol
•• dormir mucho
•• no tomar el sol
•• relajarse

MODELO
• ¿Por qué no toma una aspirina?
• Acuéstese./No tome alcohol.

Ejercicios: 10-11-12

4

Pida un medicamento para estas personas en la farmacia. Para esto necesita:

			dormir.
Déme	algo	para	el dolor de garganta.
Quiero		contra	el dolor de oídos.
			la fiebre.

Si queremos comprar un medicamento y no sabemos cómo se llama en español, podemos explicar para qué lo necesitamos.

5

a) Escuche. ¿De qué enfermedad se trata? ¿Cuáles son los síntomas?

b) ¿Qué hace usted normalmente cuando tiene una gripe?

Ejercicios: 13-14

a) Lea los anuncios. ¿Puede encontrar las palabras españolas que corresponden a...?

•• Massage •• Chirurgie •• gesund und glücklich •• Schönheit

b) Un amigo le ha regalado un vale (Gutschein) **para ir 10 veces a uno de estos centros. ¿Cuál le interesa más? ¿Por qué?**

DEPORTES ATOCHA
- Especialidad en FITNESS.
- Bicicletas estáticas.
- Aerobic.

¡Venga y empiece hoy mismo!
C/Atocha, 98. Tel.: 527 15 96
28012 MADRID

LA SALUD
ES LO MÁS IMPORTANTE Y ESTÁ MUY CERCA DE USTED
• QUÍTESE EL ESTRÉS •
• MEJORE LAS RELACIONES FAMILIARES Y SOCIALES •
• TRIUNFE EN SU TRABAJO •
• SIÉNTASE SANO Y FELIZ •
PRACTIQUE YOGA
UN SINÓNIMO DE SALUD
Instituto Central de Yoga
Av. Belgrano 315, Gran Buenos Aires

MASAJE TERAPÉUTICO
- Dolores de espalda y cabeza.
- Problemas musculares y reumáticos.

Tfnos. 36 68 20 – 21 50 32
Avda. Añorga, 26–2.° C
Añorga Txiki – San Sebastián

Pierda kilos
Gane salud y belleza
Bajo el control de nuestra doctora
En la 1ª sesión Ud. puede perder ¡hasta 7 cm!
- Cabinas individuales.
- Pagos según presupuesto.

SVELT: Clínica de Salud y Estética
Avda. de Xíle, 28, Barcelona
Información: 93/333 71 80

NARIZ PERFECTA EN UN MINUTO
• SIN CIRUGÍA •
Costos: $ 1.100
Para fotos • T.V. • Fiestas • Modelos
Carrera 9a. No. 61-29, Bogotá
Tel.: 2552895

c) Cerca de su casa van a abrir un nuevo gimnasio y necesitan un buen anuncio. Preparen anuncios en grupos de tres y después preséntenlos y coméntenlos.

Epidemias de hoy

1

En grupos. Hablen sobre los siguientes puntos. También puede ser en alemán.

¿Sabe usted algo sobre el cólera?
¿Hay una vacuna contra esta enfermedad?
¿En qué países ha existido o cree que existe esa epidemia?

El cólera

El cólera es una enfermedad que se controla fácilmente en los países donde se desinfecta el agua con cloro y donde existen instalaciones sanitarias modernas; pero cuando faltan, el cólera es una catástrofe. El paciente puede perder hasta un litro de líquido por hora y el 25% de su peso en 24 horas. Sin atención médica pueden morir hasta el 50% de las víctimas.

En muchos lugares faltan instalaciones sanitarias modernas.

2

a) ¿Puede ordenar las partes de este artículo?

Guerra contra el cólera

Poco después tuvieron que llevar a otras personas del mismo barrio al hospital. Casi al mismo tiempo aparecieron más casos de cólera en las ciudades de toda la costa peruana. Cuando murió la primera víctima, el doctor J. Uribe, director del hospital, informó al Ministerio de Salud en Lima sobre los casos de cólera en el país.

En todo el país se instaló un sistema de servicios de salud. Se crearon muchísimos comités para ayudar a los enfermos y para distribuir medicinas. Para evitar la infección, se distribuyeron también agua clorada y gas para hervir el agua. En abril se pudo controlar la epidemia, pero no desapareció completamente. Todavía hoy es necesario continuar la guerra contra el cólera.

Inmediatamente los medios de comunicación – radio, prensa, televisión – empezaron a dar consejos para controlar esta enfermedad.
Una costumbre muy peligrosa es la de comer cebiche, un plato muy popular, preparado con pescado crudo. Para tranquilizar a la gente, algunos políticos comieron cebiche ante las cámaras de televisión y dieron así un ejemplo terrible. Muy pronto el cólera aumentó de una manera alarmante: del 17 de febrero al 4 de marzo, el número de casos pasó de 20.580 a casi 55.000.

El día 26 de enero de 1991, Hugo M. se despertó temprano en su pequeña choza en Chimbote, un barrio pobre a 25 kms. al norte de Lima, la capital de Perú. Cuando quiso salir para ir a trabajar, empezó a sentirse mal, con vómitos y diarrea. Por suerte, un vecino llegó a su casa y lo vio tan mal que lo llevó al hospital.

Adaptado de "Selecciones de Readers Digest"

Ejercicios: 15

b) Conteste a estas preguntas.

¿Cuáles son los síntomas del cólera?
¿Qué comida es especialmente peligrosa?
¿Qué hicieron los políticos cuando apareció el cólera?
¿Qué hay que hacer para evitar esta enfermedad?

c) Escriba dos frases sobre el texto, una con información correcta y otra con información falsa. Su compañero/-a dice cuál es la falsa.

3

a) Usted ya conoce las formas del indefinido. Márquelas en el artículo sobre el cólera. Algunas formas son irregulares. ¿Puede encontrarlas?

b) Las formas irregulares se forman así:

Indefinido de poder	
yo	pud**e**
tú	pud**iste**
usted, él, ella	pud**o**
nosotros/-as	pud**imos**
vosotros/-as	pud**isteis**
ustedes, ellos, ellas	pud**ieron**

Infinitivo		Indefinido		
poder	→	**pud-**		-e
poner	→	**pus-**		-iste
tener	→	**tuv-**		-o
estar	→	**estuv-**	+	-imos
querer	→	**quis-**		-isteis
hacer	→	**hic-**		-ieron

OJO hacer → yo hi**c**e, él hi**z**o

Ejercicios: 16-17-18

4

Complete con las formas del indefinido.

aparecer aumentar comer
controlar instalar ir llevar poder
querer ser

1. Hugo M. _______________ una de las primeras víctimas del cólera en Perú.
2. Un día no _______________ a trabajar.
3. Un vecino lo _______________ inmediatamente al hospital.
4. Por suerte, los médicos _______________ curarlo.
5. Pronto _______________ más casos de cólera en el barrio.
6. En poco tiempo, los casos de cólera _______________ de una manera alarmante.
7. Algunos políticos _______________ tranquilizar a la gente.
8. Dieron un ejemplo terrible cuando _______________ cebiche ante las cámaras de televisión.
9. El Ministerio de Salud _______________ un sistema de servicios.
10. Por fin los peruanos _______________ la epidemia en su país.

5

a) Lea este texto.

El autor colombiano Gabriel García Márquez recibió en 1982 el Premio Nobel de Literatura. En la ceremonia en Estocolmo dio un mensaje de optimismo. Para él, a pesar de las epidemias, las guerras y todos los demás problemas que ha sufrido la humanidad, la vida ha triunfado siempre sobre la muerte.

b) ¿Usted es tan optimista como García Márquez?

6

a) Lea este anuncio. ¿Qué hay que hacer para evitar el cólera? Complete estas recomendaciones con los imperativos de los verbos siguientes:

- comer
- desinfectar
- escuchar
- ~~ir~~
- lavar
- lavarse
- pelar
- poner
- sacar
- usar

1. _________ bien las manos con jabón antes de preparar los alimentos y de comer y después de ir al baño.
2. No _________ alimentos crudos ni alimentos preparados en la calle.
3. _________ y _________ las frutas y las verduras.
4. _________ sólo alimentos bien cocidos o fritos.
5. _________ los alimentos inmediatamente en la nevera.
6. _________ desinfectantes en su vivienda.
7. _________ pronto la basura.
8. _________ la cocina y el baño con cloro.
9. _Vaya_ al médico enseguida si tiene diarrea.
10. _________ en la radio los consejos del Ministerio de Salud.

Hervir el agua es amor en los tiempos del cólera

b) Cuando viaja, ¿toma usted precauciones? Hablen en la clase de sus experiencias.

Ejercicios: 19-20-21

Chac-Mool está enfermo. ¿Qué pasó? ¿Qué le duele? Déle algunos consejos.

Figura de Chac-Mool de Yucatán, México.

Vivir, antes y hoy

En esta unidad aprendemos

- cómo describir viviendas
- cómo comentar diferentes modos de vivir
- cómo hablar de tiempos pasados
- cómo contar sucesos del pasado

In dieser Lektion lernen wir

- wie man Wohnungen beschreibt
- wie man über unterschiedliche Lebensformen spricht
- wie man über vergangene Zeiten spricht
- wie man vergangene Ereignisse erzählt

1. Todavía hoy hay personas en España que viven en cuevas. En la región de Granada se construyeron en el siglo XIX las cuevas de Guadix. No tienen ventanas, las únicas entradas para la luz y el aire son las chimeneas y las puertas. Por eso la temperatura interior es agradable durante todo el año.

2. Las casas de Andalucía son blancas con techos rojos. Tienen un patio interior y están decoradas con muchas plantas, flores y cerámica.

3. El famoso arquitecto Antoni Gaudí construyó esta casa para la familia Milá a principios del siglo XX. Es una casa modernista con una gran variedad de ornamentos en las fachadas y en el interior. Hoy las personas que quieren vivir dentro de esta obra de arte tienen que pagar un altísimo alquiler.

4. Como en otras ciudades grandes de Europa, la mayoría de la gente vive en bloques de muchos pisos. Forman barrios que están lejos de los centros urbanos, pero que tienen sus propios colegios, bares y tiendas.

¿Puede relacionar las fotos con los textos?
¿Le gustaría vivir en una de estas casas?

Se alquila piso

1

a) La familia Romero va a pasar un año en Barcelona. Por eso han pedido informaciones sobre pisos amueblados y han recibido varios planos. Mire éste y complételo.

entrada cama cocina baño ducha
sofá mesa teléfono aire acondicionado balcón
antena parabólica terraza

b) Margarita Romero ha visitado este piso. Luego llama por teléfono a su hermana. Escuche la conversación y marque en el plano las palabras que ha entendido.

c) Ordene las palabras relacionadas con la casa.

partes de la casa

muebles/aparatos

Ejercicios: 1-2-3

2

a) **José Moyano busca también un piso. Hoy va a ver uno en el centro de Madrid. Escuche la conversación con la portera. ¿Alquila el piso o no?**

b) **Ahora lea el texto original. Es de una novela.**

– Buenos días – dice un hombre joven y guapo.
– Buenos días – contesta la portera.
– ¿Qué piso alquilan?
– El quinto derecha.
– ¿Es exterior?
– Sí, tiene dos balcones y tres ventanas que dan a la calle.
– ¿Y puedo verlo ahora?
– Sí, claro, ahora mismo.

Entran los dos en el ascensor. La escalera es antigua, pero bonita.

– Pase, pase.
– Gracias.

...

"Todos los días – piensa –. Tengo que ver esto todos los días." Y le gusta la idea. Le gusta vivir en el centro de las ciudades, en casas con sol y pisos de techos altos, le gusta tener portera y saludarla al salir y al entrar, y también le gusta subir en ascensor y bajar a pie.

Cuando la portera abre la puerta, José ve un enorme salón con mucha luz. Y piensa: "Lo alquilo." Pero no dice nada todavía. Lo va mirando todo tranquilamente. El piso tiene cuatro dormitorios grandes, un comedor, una cocina y dos baños, además del salón.

– ¿Vive usted solo? – pregunta la portera.
– Sí.
– Pues es un poco grande para una persona sola.

"Portera pesada y curiosa," piensa José, pero dice:

– Me gustan los pisos muy grandes.

Lourdes Miquel y Neus Sans: El vecino del quinto.

c) **Describa el piso. Si quiere, puede dibujar un plano.**

d) **Usted quiere alquilar un piso. Escriba tres preguntas que quiere hacer al propietario.**

e) **¿Es difícil encontrar un piso en su ciudad? ¿Qué experiencias tiene usted?**

3

a) **¿Cómo es su casa o su piso? Haga un plano en su cuaderno.**

b) **En parejas. Comparen sus planos sin mirar el de su compañero/-a.**

MODELO
- ● Mi piso tiene dos dormitorios.
- ○ El mío, uno.

el mío el tuyo el suyo el nuestro el vuestro el suyo	● Mi cocina tiene mucha luz. ○ **La mía** no. ● Nuestros vecinos hacen mucho ruido. ○ **Los nuestros** también.

Wenn eine Person oder Sache gerade erwähnt wurde, wiederholt man sie nicht. Um Besitz oder Zugehörigkeit anzugeben, verwendet man in diesem Fall **el mío, la tuya, los suyos...**

Ejercicios: 4-5-6

4

a) Hay gustos diferentes. Aquí tiene algunas opiniones sobre diferentes maneras de vivir. Imagine a una de estas personas y haga una pequeña descripción (profesión, edad, gustos...). Sus compañeros/-as adivinan a qué comentario se refiere.

1. Nosotros compartimos un piso con dos chicas. Es más barato y naturalmente más divertido.

2. Yo no quiero pagar mucho alquiler, porque prefiero gastar mi dinero en viajes. Por eso vivo en un piso muy pequeñito.

3. A mí me encantan las casas antiguas. Tienen mucho carácter, mucha personalidad.

4. Yo vivo en una casa con jardín porque tengo tres hijos y un perro que necesitan lugar para moverse.

5. Yo prefiero vivir tranquilamente, en el campo, lejos de la ciudad. No me importa tener un camino más largo hasta el trabajo.

> Yo vivo en un piso tranquilo.
> Yo prefiero vivir tranquilamente.

Adverbien bildet man durch Anhängen von **-mente** an die weibliche Form des Adjektivs:
cómodo/-a – cómodamente
natural – naturalmente

Ejercicios: 7-8

b) ¿Y usted, cómo vive?

c) Aquí tiene algunos anuncios. Busque las palabras que corresponden a:

•• vermieten •• Privatperson •• Grundstück •• Immobilien

> Pisos amueblados de 2/3 dormitorios. Residencia Santa Eugenia. Cerca Universidad. **Información: 234445. Excepto domingos y miércoles.**

> Se alquila apartamento económico. Zona Florida. 25 m². Cocina amueblada, agua caliente, servicio. **Inmobiliaria Paraíso.**

> Particular vende chalet o casa de campo. Parcela con árboles frutales. 3 habitaciones, garaje, servicio. A 40 kilómetros del centro. Tranquilo. Precio interesante. **Escribir: apartado 179, Zaragoza.**

> Se vende casa zona Las Rozas. 6 dormitorios, salón, cocina. 2 baños. Agua y calefacción central. Garaje. Magníficas vistas. Jardín grande con piscina. Cerca metro San Luciano. **Llamar teléfono 228675**

> Piso céntrico. 2 baños, cocina, 4 habitaciones, calefacción, terraza. Plaza de garaje. Zona San Andrés. Hermosa casa antigua. Renovada hace 4 años. **Tel 563492.**

d) ¿Qué anuncios pueden interesar a las personas del ejercicio 4 a)? ¿Y a usted?

e) Escriba un anuncio para ofrecer el piso de la novela (pág. 133).

5

Escuche a algunas personas de diferentes países que hablan sobre las viviendas. Anote algunas cosas que le parecen interesantes.

Ejercicios: 9

¿Cómo era antes?

1

a) En Cataluña hay un pueblo antiguo, reconstruido para ver cómo vivía la gente en el pasado. Se llama Pals. Mire la foto. ¿Le gusta este tipo de pueblo? ¿Conoce otros pueblos antiguos?

b) Lea ahora este texto.

Cerca de Gerona, a unos 40 kms, se encuentra Pals, un pueblo con casas medievales muy bien restauradas y una hermosa iglesia de origen románico. Está rodeado de antiguas murallas y nos muestra cómo vivía la gente en la Edad Media.
En esa época, las casas eran muy pequeñas y oscuras. Tenían puertas y ventanas muy estrechas. Naturalmente, no había calefacción. Toda la familia dormía en la misma habitación. Tenían pocos muebles, y todo era muy sencillo. Se cocinaba sobre el fuego. Como no había agua corriente, las mujeres sacaban el agua de un pozo y lavaban la ropa en el río. Muchos habitantes de Pals trabajaban en el campo, se levantaban con el sol y se acostaban muy pronto, porque no había luz eléctrica.
Hoy en día mucha gente de Barcelona pasa sus fines de semana en estas casas restauradas, que conservan todavía intacto su carácter medieval.

c) Compare con la vida de hoy. ¿Qué diferencias hay?

MODELO Hoy tenemos calefacción...

d) ¿Le gustaría vivir en una casa antigua? ¿Por qué (no)?

**e) En el texto hay un nuevo tiempo verbal. Es el imperfecto.
Marque los verbos en imperfecto en el texto.**

verbos en **-ar**	verbos en **-er/-ir**
cont**aba**	viv**ía**
cont**abas**	viv**ías**
cont**aba**	viv**ía**
cont**ábamos**	viv**íamos**
cont**abais**	viv**íais**
cont**aban**	viv**ían**

Nur drei Verben haben ein unregelmäßiges Imperfekt:

ser: era, eras, era, éramos, erais, eran
ir: iba, ibas, iba, íbamos, ibais, iban
ver: veía, veías, veía, veíamos, veíais, veían

hay: había

Man verwendet das Imperfekt, um Zustände und gewohnheitsmäßige Handlungen in der Vergangenheit zu beschreiben.

Ejercicios: 10-11

2

Éste es un retrato del famoso escritor Miguel de Cervantes (1547-1616). Mire el dibujo y diga qué cosas no son de esa época.

MODELO • En esa época la gente no llevaba vaqueros.

3

a) Escuche a estas personas que recuerdan su niñez.

b) Escuche otra vez y anote algunas cosas que les gustaban o no.

recuerdos agradables	recuerdos desagradables

c) ¿Qué recuerda usted de su niñez y de sus abuelos?

4

a) En parejas. Usted quiere saber cómo era su compañero/-a hace diez años. Estas preguntas le pueden ayudar para conocerlo/-la mejor.

1. ¿Dónde y con quién vivía?
2. ¿Trabajaba o estudiaba?
3. ¿Qué le gustaba y qué le molestaba?
4. ¿De qué tenía miedo?
5. ¿Se interesaba por la política?
6. ¿Qué música escuchaba?
7. ¿Tenía películas o libros preferidos?
8. ¿Cómo se vestía?
9. ¿Qué hacía en su tiempo libre?
10. ¿Viajaba al extranjero en las vacaciones?

b) Escriba un pequeño texto sobre cómo era su compañero/-a antes, pero sin mencionar su nombre. Su profesor/a recoge los textos y los redistribuye entre el grupo. Lea el texto que le dan en voz alta. Los otros adivinan quién es.

5

a) La gente cambia con los años. ¿Qué le parece típico de la juventud? Aquí tiene algunas ideas. Marque y compare con su compañero/-a.

- hacer auto-stop
- tener coche
- tener muchos amores
- comer a veces sí y a veces no
- llevar una vida dura
- llevar una vida feliz
- no pensar en el futuro
- tener miedo al futuro
- irse sin pagar algunas veces
- tener problemas con la policía
- pagar impuestos
- trabajar mucho
- salir mucho por las noches
- fumar los cigarrillos de los amigos
- dejar de fumar
- dormir bien
- dormir poco

b) En esta canción Joaquín Sabina, un cantante español, compara su vida de joven con la de hoy. Escuche y complete.

Cuando era más joven viajé en sucios ____________ que iban hacia el norte
y dormí con ____________ que lo hacían con hombres por primera vez.
Compraba salchichas y olvidaba luego pagar el importe.
Cuando era más joven me he visto esposado delante de un juez.

Cuando era más joven cambiaba de nombre en cada aduana,
____________ de casa, cambiaba de oficio, cambiaba de ____________ .
____________ era nunca y nunca llegaba pasado mañana.
Cuando era más joven buscaba el placer engañando al dolor.

Dormía de un tirón cada vez que encontraba una ____________ ,
había días que tocaba comer, había ____________ que no.
Fumaba de gorra y sacaba la lengua a las damas
que andaban del brazo de un ____________ que nunca era yo.

Pasaron los ____________ , terminé la mili, me metí en un ____________ ,
hice algunos discos, senté la cabeza, me instalé en ____________ .
Tuve dos mujeres, pero quise más a la que más me quiso.
Una vez le dije: "¿Te vienes ____________ ?" y contestó que sí.

Hoy como caliente, pago mis impuestos, tengo ____________ ,
pero algunas veces pierdo el ____________ y no puedo dormir,
y sueño que viajo en uno de esos trenes que iban hacia el ____________ .
Cuando era más joven la ____________ era dura, distinta y feliz.

c) Mire otra vez la lista del ejercicio 5 a) y diga qué hacía Joaquín Sabina antes y qué hace hoy.

MODELO • Antes, Joaquín Sabina viajaba en trenes sucios. Hoy...

d) ¿Y usted? ¿Ha cambiado mucho? ¿Qué hacía antes y qué hace hoy?

e) "Cuando era más joven la vida era dura, distinta y feliz", dice Joaquín Sabina. ¿Es verdad? ¿Qué piensa usted?

Ejercicios: 12-13-14

Érase una vez...

1

a) ¿Conoce este cuento? ¿Hay diferencias con la versión que conoce usted?

Érase una vez una niña muy bonita que se llamaba Caperucita Roja porque siempre llevaba un sombrerito rojo en la cabeza. Un día, cuando estaba jugando en la cocina, su madre le dijo:

▲ Caperucita, tu abuela tiene fiebre y está en la cama. Llévale una cesta con pan fresco, mermelada y vino. Pero, ¡ten mucho cuidado con el lobo!

Enseguida, Caperucita tomó las cosas, le dijo adiós a su mamá y salió de la casa.

Conocía muy bien el camino, porque todos los días pasaba por ahí. Así iba muy tranquila y pensaba en su pobre abuela enferma. De repente encontró al lobo, que le preguntó:

• ¿Adónde vas, Caperucita?

○ Voy a casa de mi abuelita a llevarle esta cesta con pan, mermelada y vino. Es que está enferma.

• ¿Por qué no le llevas unas flores?

○ Sí, buena idea.

Mientras Caperucita recogía margaritas por el camino, el lobo corrió rápidamente a la casa de la abuela y llegó antes que la niña.

Toc, toc, toc – tocó a la puerta y dijo:

• Abre, abuelita, soy yo, tu nieta Caperucita.

La abuela no notó la diferencia de voz, porque ya no oía muy bien, y entonces abrió la puerta. Inmediatamente el lobo se la comió toda entera. Luego se puso su ropa – también sus gafas – y se acostó en su cama.

Unos minutos después llegó Caperucita. Entró sin tocar porque la puerta estaba abierta. Ya desde lejos la abuela le pareció un poco rara, pero cuando se acercó más, vio que era el lobo, porque, aun con gafas, lo pudo reconocer. Entonces la niña sacó un revólver calibre 7,65 que tenía en el fondo de la cesta, disparó tres veces y mató al lobo.

Y la moral del cuento: Las niñas de hoy ya no son como eran antes.

Y colorín colorado, este cuento se ha acabado.

(adaptado de James Thurber: The little girl and the wolf.)

b) ¿Le puede dar un título a esta versión del cuento?

c) ¿Recuerda cómo empiezan y terminan los cuentos en alemán? ¿Y en español?

d) Busque en el cuento estas expresiones y escriba los verbos que siguen. ¿En qué tiempo están?

siempre
todos los días
mientras

un día — *dijo*
enseguida
de repente
entonces
inmediatamente
luego
unos minutos después

Como todos los días, ***iba*** *por el camino y* ***pensaba*** *en su abuela. De repente,* ***vio*** *al lobo.*

Innerhalb einer Erzählung wird der Rahmen oder Hintergrund im __________ beschrieben.
Die neu einsetzende Handlung wird im __________ ausgedrückt.
Ausdrücke wie **todos los días**, **mientras**... weisen oft auf den Rahmen hin, während Ausdrücke wie **un día**, **de repente**... die neu einsetzende Handlung hervorheben.

2

a) El comisario Zorro está investigando el caso del lobo asesinado. Las declaraciones de los testigos están incompletas. Ayude al comisario a completarlas y ponga la forma adecuada de los verbos.

1) Yo __________ (*ir*) por el bosque como siempre y __________ (*pensar*) en mi abuela. De repente, __________ (*llegar*) este "señor" y me __________ (*preguntar*): "¿Adónde vas?"

2) La abuela __________ (*estar*) enferma. Por eso puse unas cosas en una cesta y __________ (*mandar*) a la niña a visitarla, porque yo no __________ (*tener*) tiempo.

3) Yo __________ (*estar*) en cama porque __________ (*tener*) fiebre y __________ (*estar*) esperando a mi nieta, cuando de repente alguien __________ (*tocar*) a la puerta y __________ (*decir*): "Soy Caperucita." Entonces __________ (*abrir*) la puerta y el lobo me __________ (*comer*).

4) ¡Mentira! Mi hermano __________ (*ser*) un lobo pacífico y __________ (*tener*) buen carácter. Siempre __________ (*visitar*) a las personas enfermas. Esta niña lo __________ (*matar*) sin razón.

b) ¿Ha identificado a los testigos? ¿Quiénes son?

3

a) Seguro que conoce estos cuentos. ¿Cómo se llaman en alemán?

b) Lea este poema y escuche la casete. ¿Reconoce a algunas figuras?

El lobo y los siete cabritos
La Bella Durmiente del bosque
La Cenicienta
Alí Babá y los 40 ladrones
Aladino y la lámpara maravillosa
Blancanieves y los siete enanitos

Érase una vez
un lobito bueno
al que maltrataban
todos los corderos.

Había también
un príncipe malo,
una bruja hermosa
y un pirata honrado.

Todas estas cosas
había una vez,
cuando yo soñaba
el mundo al revés.

Cantante: Paco Ibáñez.
Autor: José Agustín Goytisolo.

Ejercicios: 15-16-17

4

a) Hable con sus compañeros/-as.
¿Usted leía o escuchaba cuentos cuando era niño/-a? ¿Cuál le gustaba especialmente?
¿Tenía miedo de algunas figuras de los cuentos?

b) Ésta es la transcripción de un debate sobre los cuentos, publicado en una revista. Subraye los adjetivos que se usan aquí para describir los cuentos.

Moderador: Todos hemos leído o escuchado cuentos como Caperucita o Blancanieves. *Sin embargo*, en los años 80 algunas bibliotecas norteamericanas los prohibieron porque muchos pedagogos pensaban que eran demasiado agresivos y violentos. ¿Y ustedes, qué piensan?

Psicóloga: Bueno, es verdad que algunos cuentos tradicionales son violentos. *Pero* es una violencia simbólica, no se describe ni sangre ni dolor.

Madre: Quizás para usted la violencia es simbólica. Los niños, *en cambio*, la toman como una posibilidad para solucionar conflictos. *Por eso* los cuentos son muy peligrosos.

Pedagogo: Usted tiene razón. *Además*, los cuentos clasifican a las personas en buenas y malas. *Sin embargo*, la realidad nunca es tan simple.

Psicóloga: Claro, *pero* los niños necesitan esos ejemplos extremos. *Por un lado* aprenden a diferenciar entre el bien y el mal. *Por otro lado*, los malos pierden siempre en los cuentos, y eso ayuda a los niños a perder sus miedos.

Pedagogo: No estoy de acuerdo. Ningún niño cree hoy en día en brujas y dragones, tampoco en reyes y princesas. El mundo de los cuentos es absurdo y anticuado.

Psicóloga: No, señor, *al contrario*, es un mundo de fantasía donde todo es posible. Y la hora de leer cuentos crea un ambiente familiar muy íntimo. Es una experiencia que se recuerda toda la vida.

Moderador: *Además*, nadie se puede imaginar una cultura sin cuentos. A pesar de las críticas, los cuentos tradicionales existen en todas las culturas y siempre han existido.

c) Busque en el texto las palabras que corresponden a:

jemand	*alguien*	einige	______	weder ... noch	______	immer	______
niemand	______	kein/e	______	auch nicht	______	nie	______

OJO ningún niño
ninguna niña

Ejercicios: 18-19

d) Apunte los argumentos a favor y en contra de los cuentos.

a favor	en contra

e) La clase se divide en dos grupos para hacer un debate. Para presentar los argumentos, usted puede usar las palabras que aparecen *en cursiva* en el texto.

Ejercicios: 20-21

Mire la casa Milá en la pág. 131. Imagine cómo vivía la gente en esta casa a principios de este siglo y cómo era el interior. Escriba un pequeño texto.

¡Vamos de fiesta!

En esta unidad hablamos sobre

- fiestas en España y Latinoamérica
- felicitaciones y regalos
- tiempos pasados y sucesos en el pasado

In dieser Lektion sprechen wir über

- Feste in Spanien und Lateinamerika
- Glückwünsche und Geschenke
- vergangene Zeiten und Ereignisse in der Vergangenheit

a) ¿Sabe usted cuándo se celebran estas fiestas?

- Navidad
- Reyes Magos
- Año Nuevo
- Nochevieja
- La fiesta nacional de su país
- ¿Y su cumpleaños, cuándo es?

b) ¿Conoce alguna de estas fiestas? Escuche la casete y relacione los textos con las fotos.

Fiesta de cumpleaños

Una boda

La fiesta de San Fermín en Pamplona

La fiesta de "Moros y Cristianos" en Alicante

La Romería del Rocío en Andalucía

c) Escuche otra vez y anote algunas informaciones sobre cada fiesta.

¡Feliz cumpleaños!

1

a) La abuela Catalina cumple hoy 80 años y celebra una fiesta con toda la familia. Escuche y relacione los diálogos con las personas.

1. • Feliz cumpleaños, abuela. ¡Que cumplas muchos más! Toma, esto es para ti.
○ Gracias, hijita. ¡Qué detalle! Pero no era necesario.

2. • Felicidades, Catalina. Mira, te he traído una cosita.
○ Gracias. ¿Pero por qué te has molestado?
• Vamos, vamos, ábrelo.
○ ¡Qué collar más bonito! ¡Es precioso!
• ¿Y qué más te han regalado?
○ Mira, esta blusa me la ha regalado Tere. ¿No es preciosa?
• Sí, sí, además el azul te sienta muy bien. ¿Y las rosas? ¿Quién te las ha regalado?
○ Es un secreto...

3. • Mira, te presento a Enrique, mi novio. Enrique, ésta es mi tía Adelina.
○ Encantado.
▲ Mucho gusto. – Oye, Susana, ¿tu novio no se llamaba Ramón?
• No, no, ése era otro.

4. • Hombre, Julio, ¿qué te ha pasado?
○ Pues nada, el miércoles iba por la Gran Vía, un tipo se pasó un semáforo en rojo y... ¡paf!
• ¡Qué mala suerte, chico!

5. • ¿Y este pastel? ¿De dónde lo habéis sacado?
○ Nos lo ha dado la tía Adelina.

b) Lea los diálogos y apunte las expresiones que se dicen...

para felicitar:	cuando se da un regalo:	cuando se recibe un regalo:
______	______	______
______	______	______

2

a) Una cadena. Aquí tiene los regalos que ha recibido la abuela Catalina. Pregunten a la abuela quién le ha regalado estas cosas y contesten.

•• blusa •• perfume •• bombones •• rosas

MODELO
- ¿Quién te ha regalado la blusa?
- ○ Me la ha regalado Tere.

¿Y el champán?	**Me**		
¿Y la blusa?	**Te**	**lo**	
¿Y los bombones?	~~**Le**~~ **Se**	**la**	ha regalado Tere.
¿Y las rosas?	**Nos**	**los**	
	Os	**las**	
	~~**Les**~~ **Se**		

OJO Beachten Sie die Stellung der Pronomen:
- ¿Quién te ha regalado la blusa?
- ○ Mi nieta Tere **me la** ha regalado.

*Meine Enkelin Tere hat **sie mir** geschenkt.*

b) En parejas. Mire los regalos que ha recibido la abuela y pregunte a su compañero/-a quién se los ha regalado. Él/Ella mira la pág. 161 y contesta. Luego, al revés.

MODELO
- ¿Quién le ha regalado las botas?
- ○ Se las ha regalado...

Ejercicios: 1-2

3

a) Es la semana de los regalos en unos grandes almacenes. Decida a quién de su familia o de sus compañeros/-as le va a regalar estas cosas.

Semana de los regalos

- una raqueta de tenis *Rosa*
- una botella de Rioja ____
- juegos para el ordenador ____
- una biografía de Goya ____
- un bolso de cuero ____
- un álbum de fotos ____
- un libro de cocina española ____
- un CD de música flamenca ____
- una entrada para el teatro ____
- un póster de arte moderno ____
- un perfume ____
- una toalla de playa ____

b) Pregunte ahora a su vecino/-a qué va a hacer con los regalos.

MODELO
- ¿Qué vas a hacer con la raqueta de tenis?
- ○ Se la voy a regalar a mi hermana Rosa. ¿Y tú, qué vas a hacer con...?

Ejercicios: 3-4-5-6

4

a) Después de la fiesta de cumpleaños pasaron algunas cosas desagradables. Mire qué les pasó a estas personas. ¿En qué orden piensa que ocurrieron los hechos?

LUISITO
- ☐ volver a casa
- ☑ 1 tener mucha hambre
- ☐ empezar a sentirse mal
- ☐ vomitar
- ☐ comer otros trozos más
- ☐ comer un trozo de pastel
- ☐ tener dolor de estómago
- ☐ correr al baño
- ☐ pasar una noche horrible

JULIO
- ☐ salir de la fiesta
- ☐ no ver el banco
- ☐ ir por el parque
- ☐ haber un banco
- ☐ estar un poco borracho
- ☐ caerse
- ☐ romperse la otra pierna
- ☐ ahora llevar dos escayolas

SUSANA y ENRIQUE
- ☐ ir al aparcamiento
- ☐ robar también el reloj
- ☐ llevar gafas de sol
- ☐ robar todo el dinero
- ☐ sacar una pistola
- ☐ ver a dos hombres
- ☐ estar detrás del coche

b) Las personas que sufrieron estas desgracias cuentan qué les pasó. Escuche lo que dicen y compare con el orden que usted ha apuntado.

c) Mire la transcripción y marque los imperfectos y los indefinidos.

Con estas expresiones se usa en general el indefinido:

de pronto / **de repente**	plötzlich	**así** / **así que**	so (Ergebnis)

d) Cuéntele en una carta a un amigo lo que le pasó a una de las personas después de la fiesta.

Um eine Erzählung zu strukturieren, können Sie auch "primero, luego, después, cuando..." verwenden.

5

¿Y usted? ¿Ha tenido algún accidente? ¿Le han robado algo alguna vez? ¿Le ha pasado algo curioso? Cuéntelo a su compañero/-a.

MODELO
- ¿Sabes? Hace dos meses me robaron el coche.
- ○ ¿Ah sí? ¿Cómo fue?
- Pues...

Ejercicios: 7

¡Felices fiestas!

1

a) ¿Qué dice usted en estas ocasiones?

Enhorabuena (se dice cuando ha pasado algo bueno: pasar un examen, conseguir un trabajo)	**Felicidades** (se dice en fiestas y cuando ha pasado algo bueno)
Feliz cumpleaños	**Feliz Navidad y próspero Año Nuevo**

b) Lea este texto. ¿Qué se hace en su país para felicitar?

En España mandamos anuncios de boda solamente a los amigos que invitamos a la ceremonia y al banquete. Lo mismo pasa cuando nace un niño o una niña: sólo las personas invitadas al bautizo reciben un anuncio del nacimiento.
Como en casi todos los países, en Navidad es cuando se envían más tarjetas. Pero la costumbre de enviar tarjetas para felicitar por Pascua, por ejemplo, no existe en España. Para los cumpleaños, normalmente sólo se envían tarjetas cuando la persona que cumple años vive en otra ciudad. Si no, simplemente llamamos por teléfono.

Ejercicios: 8-9-10

2

a) ¿Puede contestar a estas preguntas con la ayuda de las tarjetas (pag. 145)?

•• ¿Cuándo nació Alonso Iván?
•• ¿Cuándo se casaron Antonio y Mª Teresa?

b) ¿Y usted? Apunte...

•• cuándo empezó a estudiar español.
•• cuándo empezó a estudiar/trabajar.
•• cuándo compró su coche/bicicleta.
•• cuándo se fue de la casa de sus padres.
•• cuándo conoció a su novio/-a.

c) Y ahora pregunte a su compañero/-a...

•• desde cuándo estudia español.
•• desde cuándo estudia/trabaja.
•• desde cuándo tiene coche/bicicleta.
•• desde cuándo vive en esta ciudad.
•• desde cuándo conoce a su novio/-a.
•• ...

MODELO ● ¿Desde cuándo conoces a tu novio?
○ Desde 1990. / Desde hace 6 años.

d) Traduzca estas frases.

Antonio y Mª Teresa se casaron hace un año.
Antonio y Mª Teresa están casados desde 1995.
Antonio y Mª Teresa están casados desde hace un año.

vor — hace	5 años, 3 meses, 2 días	seit	desde	– 1990, el mes pasado, abril
			desde hace	– 5 años, 3 meses, 2 días

Ejercicios: 11

3

¿Qué fiesta es? Relacione.

Nochevieja
Navidad
nacimiento
cumpleaños
Nochebuena
boda

• Ceremonia y fiesta con que se celebra el acto de casarse
• Aniversario del nacimiento de una persona
• Noche del 24 de diciembre
• Fiesta del 25 de diciembre, cuando se celebra el nacimiento de Jesucristo
• Acto de nacer
• Noche del 31 de diciembre al 1 de enero, en la que se celebra el principio de un nuevo año

4

En el mundo del español la mayoría de las fiestas tienen carácter religioso. Una de las más importantes es la Navidad. ¿Qué asocia usted con la Navidad?

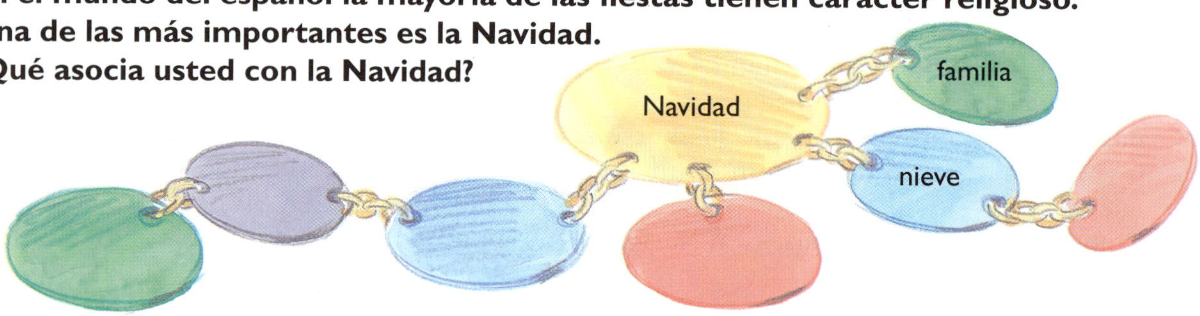

5

a) Ahora va a ver qué asocian los españoles con la Navidad. ¿Conoce algunas de estas cosas?

b) Lea las definiciones y relaciónelas con las fotos correspondientes.

A. El turrón es un dulce típico de Navidad. Se hace con huevo, azúcar y almendras.

B. Casi todos los españoles compran billetes de lotería en Navidad. El 22 están esperando con ilusión el resultado de este sorteo. Esperan ser millonarios. El 5 de enero hay otro sorteo, pero con menos millones.

C. El 6 de enero se come el roscón de Reyes, un pastel con frutas confitadas. Dentro hay una sorpresa, por ejemplo una pequeña figura de plástico. Si tienes el trozo con la sorpresa, eres "rey" o "reina" y vas a tener suerte todo el año.

D. El belén es un adorno típico navideño que se pone en el salón de la casa. Representa el nacimiento del Niño Jesús: San José, la Virgen María, el Niño. A veces es muy grande y representa todo un pueblo con sus casas, personas y animales.

c) ¿Qué asocian estas personas con la Navidad? Escuche y relacione con las fotos.

d) Escriba una definición de un objeto que usted asocia con la Navidad. Los otros adivinan qué es.

6

Escuche un villancico español y marque después qué impresión le ha producido.

Es una canción

optimista – pesimista – triste – alegre – solemne – fácil de entender – difícil de entender – rápida – lenta – simple – complicada – melancólica – religiosa – divertida – crítica – de niños – de protesta

7

¿Cómo celebra usted la Navidad y la Nochevieja?
¿La celebraba igual cuando era niño/-a?

- decorar el árbol de Navidad
- hacer regalos
- festejar con amigos
- ir a bailar
- fundir plomo para ver el futuro
- ir a la misa de Gallo
- preparar una buena cena
- tomar champán
- hacer fuegos artificiales
- poner un belén
- pasar la fiesta con la familia
- cantar villancicos
- leer textos de la Biblia

8

a) Lea estos textos que describen cómo se celebran la Navidad y Nochevieja en diferentes países. Luego, escriba al lado de cada dibujo el país que le corresponde.

En Alemania, el 6 de diciembre aparecen ya delante de las puertas los primeros zapatos llenos de dulces. En Finlandia, el primero de diciembre empiezan a encender velas. Los niños de media Europa escriben sus cartas a Santa Claus, también llamado Papá Noel, aunque en España todavía nos gustan más los Reyes Magos, en Italia la bruja Befana y en Grecia, San Basilio.

Los japoneses reciben el año nuevo con 108 campanadas, 108 son los pecados del catecismo budista. En Brasil se comen 12 uvas, como en España, pero encima de una silla. En Estados Unidos, Inglaterra o Irlanda cantan la misma canción de despedida, y en Alemania o Finlandia se funde plomo para ver el futuro.

En una cosa estamos todos de acuerdo: buena mesa, buena reunión familiar, buenos ritos religiosos y la voluntad común de ser felices... por unos días. Para ello ningún gasto es exagerado.

Carlos Santos, Cambio 16, diciembre 1994

Con las "posadas", que empiezan nueve días antes de la Navidad, los mexicanos recuerdan a José y María en busca de un albergue.

Un grupo de invitados con velas y figuras de la Virgen, San José y del burro se queda delante de la casa de sus amigos y canta: "En nombre del cielo, os pido posada".

Desde dentro otro grupo contesta que no hay lugar, representando así a las personas que no ayudaron a José y María. Pero al final abren la puerta.

Después se rompe una piñata. Es una figura llena de dulces y frutas que en general tiene forma de estrella. La piñata está colgada por encima de la cabeza de los invitados, que tienen que romperla con un palo.

Eso no es fácil, porque la piñata se mueve y ellos no la pueden ver, ya que tienen los ojos vendados. Los demás cantan y gritan para ayudar o para confundirles.

La "posada" termina con una fiesta: siempre hay buena comida y música para bailar.

b) ¿Cuáles de estas costumbres son nuevas para usted?

c) En la última parte de su texto, Carlos Santos presenta una visión crítica de la Navidad. ¿Qué dice? ¿Está usted de acuerdo con él?

Ejercicios: 12

Fiestas populares

1

a) ¿Entiende estas palabras? Relacione.

•• máscara	•• carros	•• diablo
•• escultura	•• peregrinos	•• lucha
•• cementerio	•• toros	•• calavera
•• baile	•• disfraz	•• esqueleto

Pilger Stiere Skulptur
Maske Teufel Verkleidung
Totenkopf Friedhof Tanz
Wagen Skelett Kampf

b) ¿A qué fiesta se refieren las palabras? Mire estas fotos y las de la pág. 141.

c) Lea la descripción de estas fiestas.

El carnaval de Oruro

El carnaval de Oruro, un pueblo minero, es el más importante de los famosos carnavales de Bolivia. Allí, los elementos clásicos de los carnavales, como máscaras, bailes y disfraces se combinan con tradiciones indígenas. Los mineros piensan que el diablo vive en las minas y es el dueño de los minerales. En la "Diablada", un antiguo baile que simboliza la lucha entre el Bien y el Mal, los mineros, disfrazados de diablos, piden ayuda a la Virgen.

Las Fallas de Valencia

El 19 de marzo, los valencianos celebran el día de San José y la llegada de la primavera. La ciudad está llena de grandes esculturas de cartón piedra, que representan de forma satírica temas y personajes de actualidad. Desde Lady Di a Felipe González, desde Gorbachev a Julio Iglesias, todos pueden convertirse en estas figuras enormes, que al final se queman en el fuego de una gran hoguera.

El Día de los Muertos

El 2 de noviembre es el Día de los Muertos. En México es también una gran fiesta para los vivos porque les da la oportunidad de reunirse otra vez con sus familiares muertos. Los mexicanos van al cementerio y les llevan comida, tequila y cigarrillos. Los niños juegan con pequeños esqueletos y comen dulces en forma de calaveras de azúcar.

d) ¿Existen estas fiestas también en su país? ¿Hay costumbres o elementos parecidos?

Ejercicios: 13-14

2

De las fiestas que ha conocido en esta unidad, ¿a cuál le gustaría ir?

MODELO
- Me gustaría visitar el carnaval de Oruro porque...

	visitar
yo	visitar**ía**
tu	visitar**ías**
usted, él, ella	visitar**ía**
nosotros/-as	visitar**íamos**
vosotros/-as	visitar**íais**
ustedes, ellos, ellas	visitar**ían**

verbos irregulares		
decir	⟶	diría
hacer	⟶	haría
poder	⟶	podría
poner	⟶	pondría
tener	⟶	tendría
venir	⟶	vendría

3

El carnaval de Oruro le ha fascinado tanto que usted ha olvidado su vuelo para Alemania y ha llegado tarde al aeropuerto. El próximo avión sale en una semana. ¿Qué haría usted?

MODELO
- Yo llamaría por teléfono a mi familia.
- Yo...

Ejercicios: 15-16-17-18-19

4

Conteste a esta postal que ha recibido de unos amigos españoles.

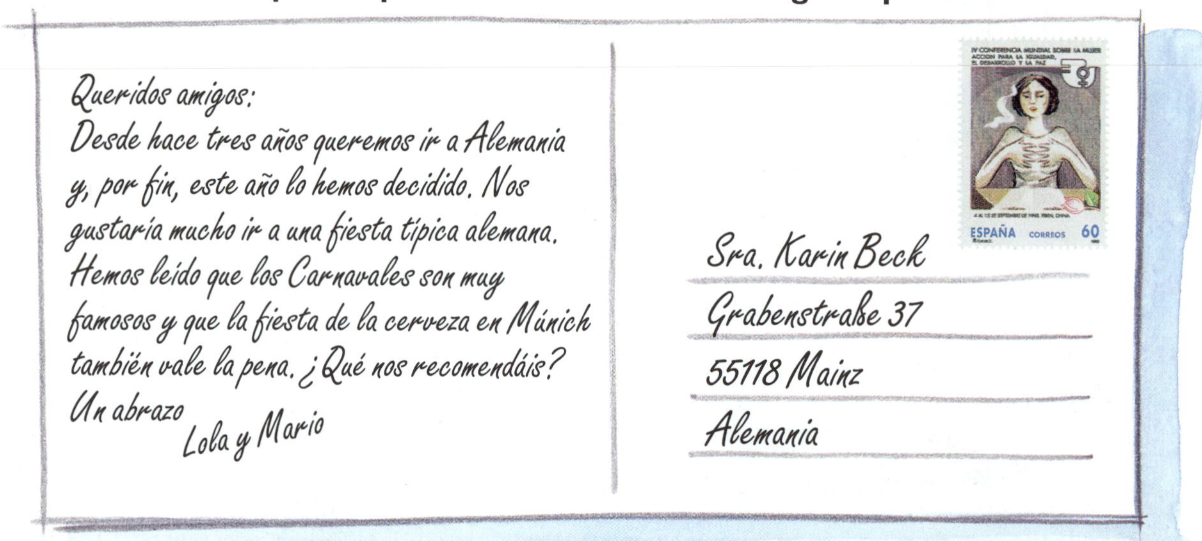
Queridos amigos:
Desde hace tres años queremos ir a Alemania y, por fin, este año lo hemos decidido. Nos gustaría mucho ir a una fiesta típica alemana. Hemos leído que los Carnavales son muy famosos y que la fiesta de la cerveza en Múnich también vale la pena. ¿Qué nos recomendáis?
Un abrazo
Lola y Mario

Sra. Karin Beck
Grabenstraße 37
55118 Mainz
Alemania

5

a) En la próxima página va a leer un texto sobre las fiestas en Guatemala. Lo escribió Rigoberta Menchú. ¿Sabe algo de ella?

b) Lea esta pequeña nota biográfica.

Rigoberta Menchú nació en 1959 en un pueblo en el norte de Guatemala. Después de la muerte violenta de su padre y de su hermano empezó a luchar por los derechos de los indígenas. En 1992 recibió el Premio Nobel de la Paz por sus esfuerzos en favor de la democracia y la libertad de los indígenas.

c) Lea este texto y busque un título.

Todo empezó con la Misión Católica. El pueblo se identificó mucho con la Biblia y con la religión católica. Así, hoy día existen en nuestros pueblos las fiestas de santos o patrones.

Mi pueblo se llama San Miguel Uspantán. La fiesta dedicada a San Miguel se celebra junto con la fiesta de la Virgen. Empieza la fiesta el cinco o seis de mayo y no se acaba hasta el 9 de mayo. Todos esos días va a estar la gente en pie. Baja al pueblo la gente de los lugares más lejanos y es como un encuentro entre todos los que viven fuera del pueblo. Bajan y venden todas sus cositas. Por ejemplo, si hay un animal que hay que vender, se vende en la fiesta porque llegan también muchos comerciantes. Hay también loterías y ahí se pierde todo. Hay comerciantes grandes, también hay misas, hay primeras comuniones. También hay cantinas. Al salir de la misa, van a la cantina. Las mujeres toman también alcohol. Es algo increíble en estos pueblos porque no sólo el hombre quiere descansar y olvidar un rato los problemas sino también la mujer. Muchas veces las madres no han tenido ni un respiro, entonces en las fiestas, aprovechan para descansar un rato.

Elisabeth Burgos: Me llamo Rigoberta Menchú y así me nació la conciencia (texto adaptado)

d) Conteste a las preguntas.

- ¿Cuál es el origen de muchas fiestas guatemaltecas?
- ¿Cómo se celebra a San Miguel Uspantán?
- ¿Por qué son importantes las fiestas para los guatemaltecos?

6

a) Lea estas citas del escritor mexicano Octavio Paz, que recibió el Premio Nobel de Literatura en 1990.

"Las fiestas son nuestro único lujo; ellas sustituyen al teatro y a las vacaciones, al "week end" y al "cocktail party" y al café de los mediterráneos."

"Los países ricos tienen pocas fiestas: no hay tiempo ni humor. Y no son necesarias; la gente tiene otras cosas que hacer y cuando se divierte lo hace en grupos pequeños."

De: El Laberinto de soledad

b) ¿Es verdad que los países ricos no tienen tiempo ni humor para festejar? ¿Qué piensa usted?

Ejercicios: 20-21-22

a) ¿Qué fiesta es importante para usted? ¿Cómo la celebra?
b) Describa una fiesta que le ha impresionado.
c) ¿Cómo celebraría usted una fiesta de fin de curso?

Revuelto

1

a) ¡Enhorabuena! Casi ha terminado este libro. Ahora puede ser un buen momento para hacer una valoración. Conteste a las preguntas del cuestionario.

1. ¿Qué unidad le ha parecido la más interesante?
2. ¿Las unidades del «Revuelto» le han parecido útiles? ¿Qué aspectos de estas unidades le han gustado más? (revisión de verbos, reflexión sobre el aprendizaje, textos para leer, juegos)
3. ¿Hay algo en «Caminos» que le ha gustado especialmente – o que no le ha gustado?
4. ¿Ha encontrado textos que le han parecido especialmente interesantes? ¿Cuáles?
5. ¿Ha usado mucho el Libro de Ejercicios? ¿Le ha parecido útil?
6. ¿Qué aspecto gramatical le ha resultado más difícil?
7. ¿Ha consultado a veces el anexo gramatical?
8. ¿Qué piensa que sabe hacer mejor ahora?
   a) leer y entender textos
   b) escuchar y entender a los hispanohablantes
   c) hablar
   d) escribir textos o cartas
   e) hacer ejercicios de gramática
9. ¿Qué costumbres del mundo del español le han parecido interesantes?
10. Usted, como autor/a de «Caminos», ¿qué cambiaría y qué otros aspectos o temas pondría en el libro?
11. ¿Se ha divertido estudiando español? ¿Quiere seguir?

b) Compare con sus compañeros/-as.

c) Si quieren, pueden resumir los resultados en una carta y mandarla a la redacción de *Caminos*:

```
Ernst Klett Verlag
Redaktion IIIs
Postfach 10 60 16
70049 Stuttgart
```

2

a) Aquí tiene un anuncio de unos grandes almacenes españoles. También se puede usar para practicar vocabulario.

Como ve, las letras "k" y "w" aparecen sólo en palabras extranjeras. Además, hay muy pocas palabras que empiezan con "x". Formen grupos de 4 personas, elijan entre todos 5 letras del alfabeto y escriban juntos en 10 minutos el mayor número posible de palabras.

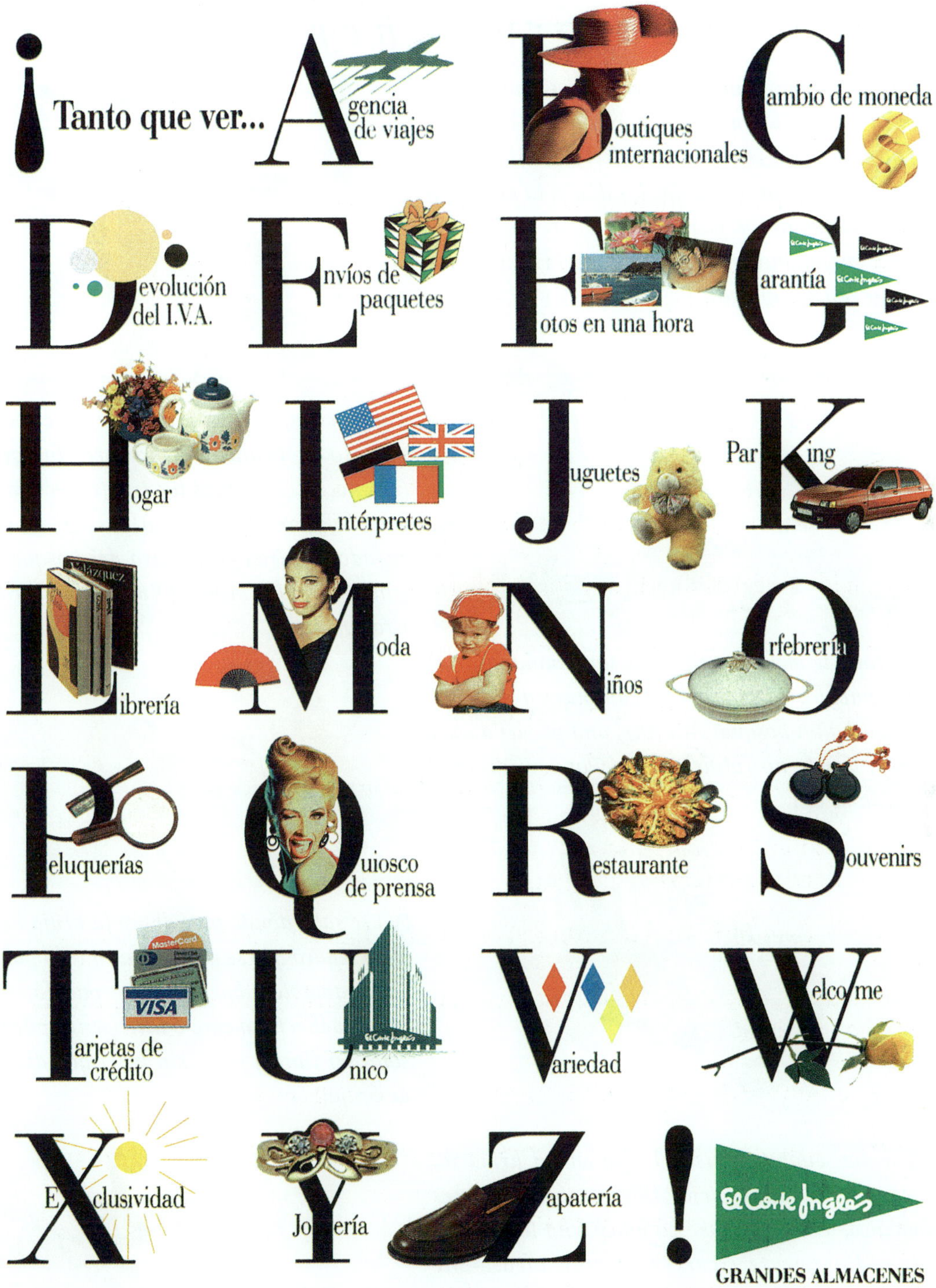

Y ahora se comparan los resultados de los grupos. Si una palabra aparece sólo una vez, son 10 puntos; si está repetida, son sólo 5 puntos. ¿Qué grupo tiene más puntos?

b) Elija 5 de sus palabras y escríbalas en un papel. Su profesor/a recoge los papeles y los reparte. Después, cada estudiante trata de escribir una pequeña historia con las palabras que le han dado.

3

a) En parejas. Aquí tiene algunas partes del cuento de "La bruja hermosa" de José Agustín Goytisolo. Su compañero/-a tiene las partes que faltan en la pág. 162. Usted empieza a contar el cuento con las formas del imperfecto y del indefinido, su compañero/-a sigue, etc.

La bruja hermosa

1. *Érase una vez una bruja hermosa. Cuando (ser) muy pequeña (morir) sus padres, y la niña (quedarse) sola en el mundo. (Ser) una niña alegre e inteligente que (ir) todos los días a la escuela y (ganar) dinero con pequeños trabajos que (hacer) para sus vecinos. Y todavía (tener) tiempo para jugar con sus amigos.*

2. 

3. *Al final le molestó tanto que una mañana (irse) del pueblo. (Caminar) y (caminar) y al final (llegar) a un bosque. Allí (ver) una pequeña casa vieja donde no (vivir) nadie. Por eso (decidir) quedarse allí.*

4. 

5. *Un día, cuando (buscar) algo en un armario, (encontrar) unos viejos libros sobre las artes mágicas de las brujas. La muchacha los (leer) e inmediatamente (tener) una gran idea: –Me disfrazo de bruja y aprendo a volar en una escoba. Así puedo ir a mi pueblo y la mala gente de mi pueblo no va a saber quién soy.*

6. 

7. *Pero un día, mientras (bañarse) en el río, sin su vestido de bruja, tres hombres la (ver) y la (reconocer). Entonces los tres (volver) al pueblo y se lo (contar) a los otros. Y ellos, muy enfadados, (irse) a la casa del bosque porque (saber) donde (vivir). (Empezar) a gritar y a tirar piedras.*

8. 

9. *No se sabe dónde vive ahora la bruja hermosa. Pero seguro que se encuentra en otro país, entre gente amable y buena, en un pueblo en el que una muchacha alegre e inteligente puede vivir sola, ser libre y feliz, sin tener que disfrazarse de bruja.*

b) Escuche ahora el cuento y compruebe.

c) ¿Puede resumir toda la historia? Los dibujos le van a ayudar.

4

a) Además de las clases, ¿ha hecho algo para mejorar su español? Cuéntelo.

MODELO • El año pasado estuve cuatro semanas en Venezuela.

b) Aquí tiene algunos consejos para mejorar su español fuera de clase:

- leer en español (periódicos/revistas/libros/tebeos)
- escuchar la radio
- ver películas en español
- hablar con hispanohablantes
- ir a comer a un restaurante español o latinoamericano y hablar con el camarero
- practicar español con los compañeros fuera de clase
- hablar español y grabarlo en casete
- escribir cartas a hispanohablantes
- ir de vacaciones a países hispanohablantes
- hacer un curso de español en España o Latinoamérica
- hacer un curso intensivo en la Universidad Popular
- buscar un/a amigo/-a español/a o latinoamericano/-a

¿Sabe usted que hay lecturas especiales para estudiantes de español?

En muchas ciudades hay bares con tertulias entre hispanohablantes y personas que se interesan por el español.

Algunas películas de la televisión se pueden ver en versión original. Además, si tiene antena parabólica, puede ver algunos canales de la televisión española.

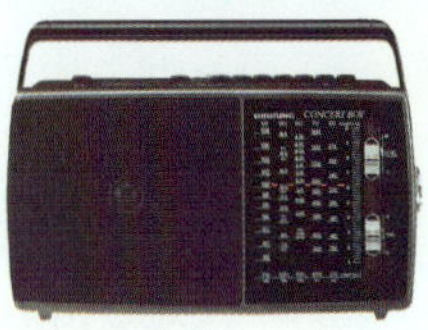

Cada día puede escuchar en la radio las noticias para los españoles que viven fuera de su país.

EL PAIS – Cambio16

En los quioscos de las grandes ciudades se pueden comprar revistas y periódicos españoles y latinoamericanos. Además, hay revistas adaptadas para estudiantes de español con explicaciones de palabras.

c) ¿Cuáles de los consejos le parecen útiles? ¿Qué consejos podría dar a una persona que empieza ahora a estudiar español?

MODELO • Yo, en tu lugar, compraría un buen diccionario.

¿Por qué no compra de vez en cuando un periódico español? ¿O escucha las noticias de la radio en español? Si lo hace, concéntrese en lo que ya sabe. Si además elige temas que ya conoce, seguro que va a entender mucho. No se preocupe por lo que no entiende... todavía hay camino que recorrer y le estamos esperando en el segundo tomo de *Caminos* para seguir descubriendo juntos/-as el mundo del español. En la próxima página puede viajar con Olivia por Latinoamérica y España y comprobar lo que ha aprendido.

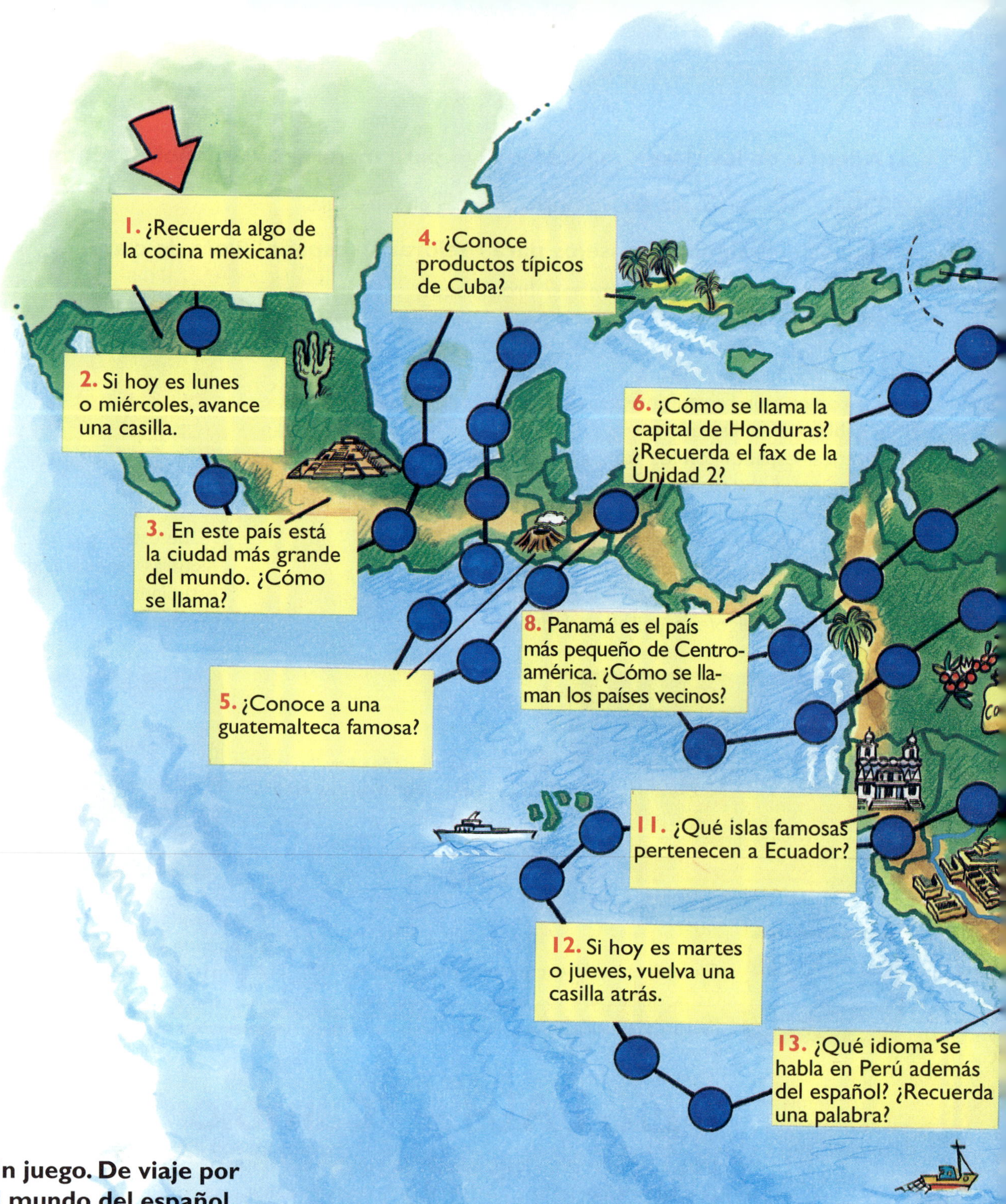

5

Un juego. De viaje por el mundo del español.

Vamos a recorrer algunos países de habla española.
Juegan cuatro personas por grupo.
Cada jugador/a tira el dado, avanza el número de casillas que indica y contesta la pregunta. El grupo comprueba la respuesta.
Si quiere, un "experto" de cada grupo mira la pág. 162 donde está la solución.
Si el/la jugador/a no sabe la respuesta o si no es correcta, tiene que retroceder una casilla.
¿Listos para partir?

7. ¿Cómo se llama
esta isla?
9. Ha decidido quedarse unos días en Caracas. Reserve un hotel por teléfono.
10. ¿Cómo se llama
el pintor colombiano que pinta figuras muy gordas?
14. Si su cumpleaños es en abril, agosto o diciembre, avance una casilla.
15. ¿Recuerda lugares interesantes de Chile?
16. ¿Qué fiesta boliviana conoce?
17. ¿Cómo se llaman las cataratas famosas entre Argentina y Brasil?
18. Si su cumpleaños es en enero, marzo u octubre, vuelva una casilla atrás.
19. Si está lloviendo hoy, un turno sin jugar.
20. Si hace sol, avance dos casillas.
21. ¿Qué estación es aquí en agosto?
22. *Jaguar* y *tapir* son palabras de la lengua indígena que se habla en Paraguay. ¿Cómo se llama?
23. Su tren lleva 20 minutos de retraso: un turno sin jugar.
24. Le han robado su pasaporte: dos turnos sin jugar.
25. Elija una fiesta española y hable sobre ella.
26. ¿Recuerda cuántos idiomas se hablan en España?

Partnerarbeit

Einige Übungen enthalten einen Verweis auf diesen Anhang. Hier finden Sie die Informationen, die Sie benötigen, um eine Aufgabe gemeinsam mit Ihrem Partner/Ihrer Partnerin zu lösen.

Unidad 2 C 8

Ambulancia

84 25 53

Policía

091

Bomberos

____

Cruz Roja

____

Taxis

____

Información Meteorológica

(91) 532 69 40

Estación de Autobuses

29 22 11

Unidad 2 C 10

Unidad 3 C 8

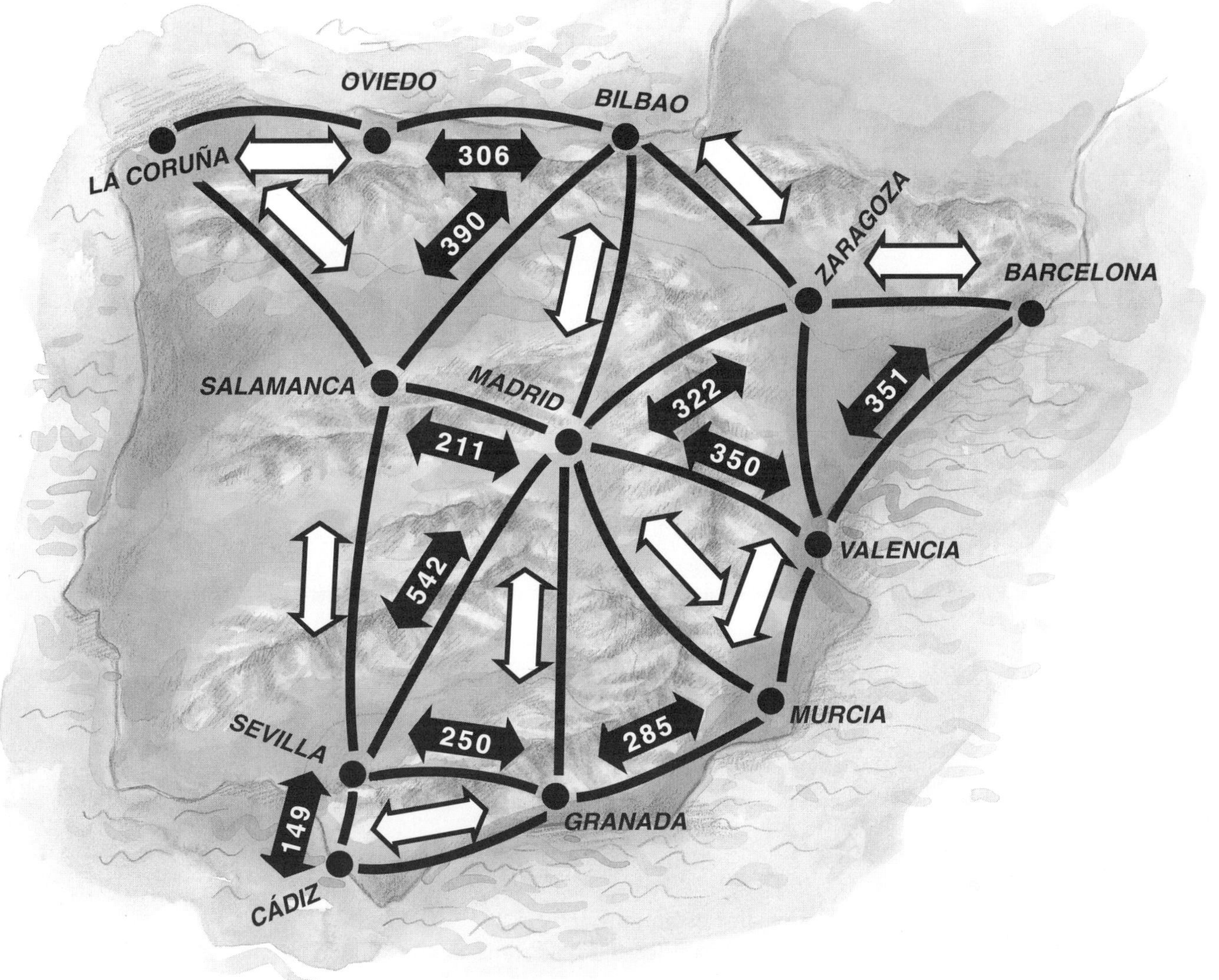

Unidad 8 6

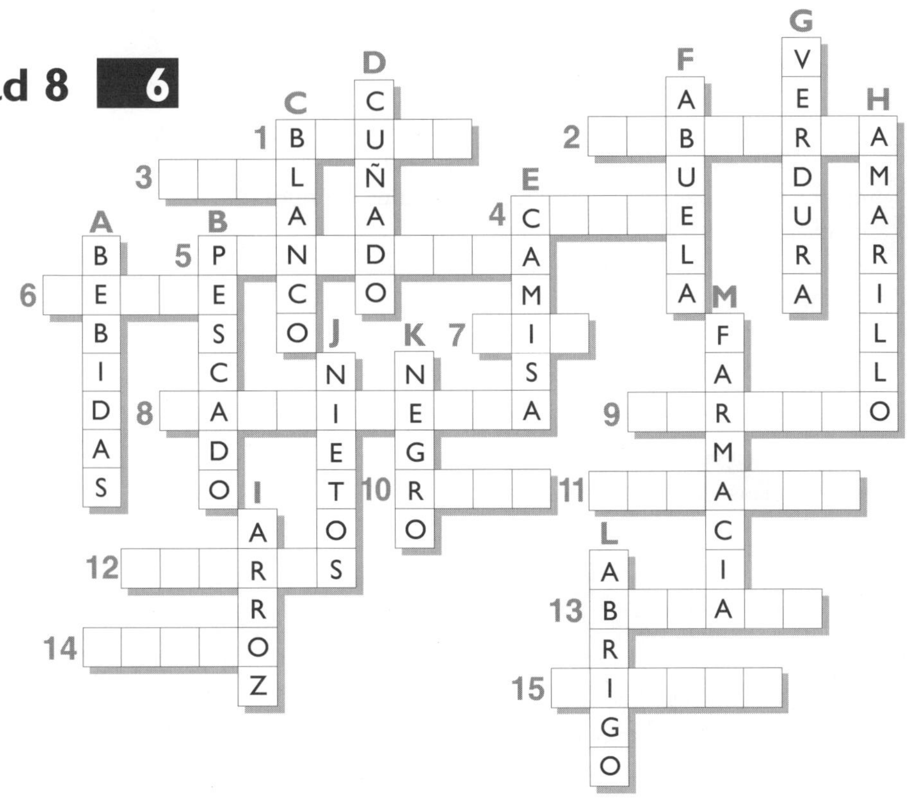

Unidad 9 A 8

Unidad 9 A 9

De 7 a 9	las hormonas sexuales están muy activas.
De 8 a 10	tenemos más resistencia física. Si usted tiene que ir al dentista, ahora es el momento.
De 9 a 10	es la hora ideal para concentrarse.
De 9 a 12	son horas buenas para solucionar problemas difíciles.
De 10 a 12	es la hora para reuniones de trabajo.
De 13 a 15	usted necesita una siesta.
De 15 a 16	la memoria funciona muy bien. Es un buen momento para aprender vocabulario.
De 16 a 17	es una hora crítica. Cuidado con las discusiones.
De 16 a 18	es el tiempo para hacer trabajos manuales o deporte.
De 18 a 20	es el tiempo ideal para relajarse.
De 19 a 21	es el tiempo ideal para cenar.
De 23 a 1	puede tener una fase creativa con buenas ideas.

Unidad 10 A 4

Unidad 11 B 4

Temperaturas en el mundo

Amsterdam		Ginebra	5	Moscú	
Barcelona	18	La Habana		Nueva York	
Bogotá	18	Lima		París	12
Bruselas		Londres	6	Roma	19
Caracas	30	Madrid		Tokio	
Francfort		México D.F.	26	Viena	8

Unidad 12 5

Las Batuecas

Habitaciones dobles desde 6.500 a 8.500 ptas. La pensión completa por persona sale a 2.700 ptas. y la media a 1.500 ptas.

Recuerde que el hotel Las Batuecas es muy famoso y siempre vienen muchos viajeros. Para el mes de julio ya no quedan habitaciones.

Unidad 15 A 2

Unidad 16 3

1.

2. *Con el tiempo, la niña creció. Era una muchacha muy hermosa que siempre (estar) contenta y (ayudar) a los demás. Pero algunos hombres del pueblo le (decir) cosas feas porque (vivir) sola. También algunas mujeres (hablar) mal de ella, porque (ser) más guapa que ellas.*

3.

4. *En seguida (limpiar) la cocina y las habitaciones, luego (empezar) a trabajar en el jardín y a cultivar verduras y frutas. Allí (sentirse) libre y feliz, (poder) comer bien, pero le (faltar) sus amigas y amigos del pueblo y (tener) ganas de verlos.*

5.

6. *Entonces (hacerse) un vestido de bruja y (fabricarse) una máscara. Eso no fue tan difícil como aprender a volar en una escoba. Primero (caerse) muchas veces, pero por fin (empezar) a volar con toda naturalidad, como una auténtica bruja. (Visitar) regularmente a sus amigos en el pueblo y (jugar) con ellos, y la mala gente no la (poder) reconocer. (Ser) feliz y ya no (sentirse) sola.*

7.

8. *La muchacha (conocer) muy bien a esa gente y por eso (tomar) una rápida decisión: mientras la gente (gritar) y (tirar) piedras, ella (tomar) su escoba y (irse) para siempre, volando sobre sus cabezas.*

Unidad 16 5

Solución del juego

1. Tequila, tortillas, tacos, quesadillas, frijoles, chile (ver pág. 80)
3. México D. F. (pág. 28)
4. Ron, frutas, tabaco (pág. 105)
5. Rigoberta Menchú (pág. 150)
6. Tegucigalpa (pág. 13)
7. Puerto Rico (pág. 7 y 44)
8. Costa Rica y Colombia (pág. 7 y 44)
9. (comparar con pág. 108)
10. Fernando Botero (pág. 124)
11. Las Islas Galápagos (pág. 108)
13. El quechua, p. ej. coca, puma, papa (pág. 44)
15. Antofagasta, Santiago de Chile, Viña del Mar, Puerto Montt (pág. 111)
16. El carnaval de Oruro (pág. 149)
17. Las cataratas del Iguazú (pág. 23)
21. Invierno (pág. 109)
22. El guaraní (pág. 44)
25. La fiesta de "Moros y Cristianos", la fiesta de San Fermín en Pamplona, la Romería del Rocío en Andalucía (pág. 141), las Fallas de Valencia (pág. 149)
26. En España se hablan cuatro idiomas: el español o castellano, el catalán, el gallego y el vasco o euskera (pág. 44)

Grammatik nach Lektionen

Dieser Grammatikanhang liefert Ihnen eine Zusammenfassung des Stoffs jeder Lektion. Er enthält nicht nur die Grammatikregeln im engeren Sinn, sondern auch die wichtigsten Redemittel zu jedem Thema – kurz, alles was innerhalb der Lektionen durch Kästchen hervorgehoben ist. Die Erklärungen sind ausführlicher als in den Lektionen selber.

Sie können diesen Grammatikanhang benutzen, wenn Sie sich einen Überblick über den Lernstoff einer Lektion verschaffen wollen oder wenn Sie eine ausführlichere Erklärung suchen. Sie finden hier die vollständigen Kästchen und Regeln, die innerhalb der Lektion zum Ausfüllen gedacht sind, und können damit die Lösung nachschlagen, wenn Sie mal eine Stunde versäumt haben.

Da dieser Grammatikanhang zum Lernen gedacht ist, sind die Phänome in der Reihenfolge aufgeführt, in der sie in **Caminos** auftreten. Als Ergänzung dazu finden Sie im Arbeitsbuch einen Grammatikanhang, der nach systematischen Gesichtspunkten geordnet ist; dort stehen z. B. alle Informationen über das Verb an einer Stelle, die über das Adjektiv an einer anderen Stelle usw. Die Hinweispfeile zeigen Ihnen, wo Sie die hier aufgeführten Phänomene innerhalb der systematischen Grammatik finden können.

Erläuterung der grammatischen Bezeichnungen

Adjektiv	*Eigenschaftswort*
Adverb	*Umstandswort*
Akkusativ	*Wenfall, 4. Fall*
Akkusativobjekt	*direktes Objekt*
Artikel	*Geschlechtswort*
Dativ	*Wemfall, 3. Fall*
Dativobjekt	*indirektes Objekt*
Demonstrativpronomen	*hinweisendes Fürwort*
Diphthong	*Doppellaut*
feminin	*weiblich*
Gerundium	*(bildet mit estar die Verlaufsform)*
Imperativ	*Befehlsform*
Imperfekt	*unvollendete Vergangenheit*
Indefinido	*historische Vergangenheit*
Indefinitpronomen	*unbestimmtes Fürwort*
Indikativ	*Wirklichkeitsform*
Infinitiv	*Grundform des Verbs*
Komparativ	*Vergleichsform, 1. Steigerungsstufe*
Konditional	*Bedingungsform*
Konjugation	*Beugung des Verbs*
Konsonant	*Mitlaut*
maskulin	*männlich*
Neutrum	*sächliches Geschlecht*
Objektpronomen	*Fürwort, das ein Objekt ersetzt*
Partizip Perfekt	*Mittelwort der Vergangenheit*
Perfekt	*vollendete Gegenwart*
Personalpronomen	*persönliches Fürwort*
Plural	*Mehrzahl*
Possessivpronomen	*besitzanzeigendes Fürwort*
Präposition	*Verhältniswort*
Präsens	*Gegenwart*
Pronomen	*Fürwort*
reflexives Verb	*rückbezügliches Zeitwort*
Reflexivpronomen	*rückbezügliches Fürwort*
Relativpronomen	*bezügliches Fürwort*
Relativsatz	*durch ein Relativpronomen eingeleiteter Nebensatz*
Singular	*Einzahl*
Subjekt	*Satzgegenstand*
Subjektpronomen	*Fürwort, das ein Subjekt ersetzt*
Substantiv	*Hauptwort, Nomen*
Superlativ	*Höchststufe bei der Steigerung, 2. Steigerungsstufe*
Verb	*Zeitwort, Tätigkeitswort*
Vokal	*Selbstlaut*

Unidad 1

Das Verb "llamarse" im Singular ☞ 4.2

Yo		**me**	**llamo**	Margarita.	*Ich heiße Margarita.*
Y tú,	¿cómo	**te**	**llamas**?		*Und du, wie heißt du?*
Y usted,	¿cómo	**se**	**llama**	usted?	*Und Sie, wie heißen Sie?*

Im Spanischen wird das Verb gewöhnlich ohne Subjektpronomen (yo, tú usw.) gebraucht: **Me llamo Margarita**. Bei der höflichen Anrede einer einzelnen Person (usted) verwendet man das Verb in der 3. Person Singular. Beachten Sie: **llamarse** (wörtlich: *sich nennen*) ist ein reflexives Verb. Die reflexiven Verben werden in Unidad 9 behandelt.

Aussprache

	Stellung	Aussprache		Beispiel
b, v	am Wortanfang	[b]	wie **b** in *Baum*	**B**arcelona, **b**anco
	in der Wortmitte	[ß]	weicher, zwischen **b** un **v**	Cu**b**a
c	vor e, i	[θ]	gelispelt wie im Englischen *think*	**C**ecilia, **c**erveza
	sonst	[k]	wie **k** in *Kuchen*	**C**armen, **C**uba
ch		[tʃ]	wie **tsch** in *Tschüs*	**Ch**ile, **ch**oque
g	vor e, i	[x]	wie **ch** in *Sache*	**G**ibraltar
	sonst	[g]	wie **g** in *Gans*	**G**ranada, **g**ambas
h		–	wird nicht ausgesprochen	**h**otel
j		[x]	wie **ch** in *Sache*	**J**uan
ll		[j]	wie **j** in *Ja*	Ma**ll**orca, me **ll**amo
ñ		[ɲ]	wie **gn** in *Cognac*	Espa**ñ**a
qu		[k]	wie **k** in *Kuchen*	**Qu**ito
r		[r]	gerollt (mit der Zungenspitze)	Pe**r**ú, pinto**r**
	am Wortanfang und nach l, n, s	[rr]	stark gerollt	**R**oma, En**r**ique
rr		[rr]	stark gerollt	sie**rr**a
v	am Wortanfang	[b]	wie **b** in *Baum*	**V**alencia
	in der Wortmitte	[ß]	weicher, zwischen **b** und **v**	a**v**ión
x		[(k)s]	wie **ks** oder **s** außer bei México [mexiko]	ta**x**i, e**x**amen
z		[θ]	gelispelt wie im Englischen *think*	**Z**arago**z**a

Der Vokal **u** wird nicht ausgesprochen in Wörtern mit **qu** und in der Verbindung **gui** [gi] und **gue** [ge], vgl. *guitarra, guerrilla.* Soll das **u** in dieser Verbindung doch gesprochen werden, so erhält es zwei Pünktchen (diéresis): *pingüino, lingüística.*
Natürlich gibt es Varianten in der Aussprache innerhalb Spaniens und auch in den anderen spanischsprachigen Ländern. In Lateinamerika, aber auch in Südspanien und auf den Kanarischen Inseln, wird beispielsweise anstelle des Lispellauts [θ] wie in *cerveza* ein scharfes **s** gesprochen.

Diphthonge ☞ 2

Diphthonge sind Verbindungen der Vokale **i** oder **u** mit einem anderen Vokal, die in der Aussprache nur eine Silbe bilden *(fa-mi-**lia**)*. Steht ein Akzent auf **i** oder **u**, handelt es sich nicht um einen Diphthong *(María, Buenos días)*, sondern um zwei Silben.

Betonung ☞ 2

Für die Betonung aller spanischen Wörter gelten drei einfache Grundregeln:

1. Wörter, die mit **Vokal, n** oder **s** enden, werden normalerweise auf der **vorletzten** Silbe betont, z. B. *debate, momentos, examen, familia* (*lia* zählt als eine Silbe).
2. Wörter, die mit einem **Konsonanten** (außer **n** und **s**) enden, werden normalerweise auf der **letzten** Silbe betont, z. B. *señor, ciudad, hospital.*
3. Alle Wörter, deren Betonung von diesen Regeln abweicht, erhalten einen Akzent, z. B. *café, túnel, música,* also auch alle Wörter, die auf der drittletzten Silbe betont werden, z. B. *teléfono, América.*

Fragewörter ☞ 16.2

Fragewörter tragen im Spanischen immer einen Akzent:

¿**Qué** significa "hospital"?	*Was bedeutet "hospital"?*
¿**Cómo** se pronuncia "difícil"?	*Wie spricht man "difícil" aus?*

Im Spanischen gibt es zwei Wörter für **wer**?, je nachdem ob man nach einer oder mehreren Personen fragt:

¿**Quién** es Pablo Picasso?	*Wer ist Pablo Picasso?*
¿**Quiénes** son Don Quijote y Sancho Panza?	*Wer sind Don Quijote und Sancho Panza?*

Die Zahlen von 0 bis 10 ☞ 11.1

0	cero	2	dos	4	cuatro	6	seis	8	ocho	10	diez
1	uno	3	tres	5	cinco	7	siete	9	nueve		

Der bestimmte Artikel ☞ 5.1

	maskulin	feminin
Singular	**el** ministro	**la** autora
Plural	**los** ministros	**las** autoras

Der bestimmte Artikel richtet sich in Geschlecht und Zahl nach dem Substantiv, auf das er sich bezieht.

Das Geschlecht der Substantive ☞ 6.1

Die spanischen Substantive sind entweder männlich oder weiblich, es gibt kein Neutrum.
Das spanische Geschlecht kann vom deutschen abweichen: z. B. **la** oficina – *das Büro.*

maskulin	feminin
el teléfono el reportero	la semana la reportera
el reportaje el hospital	la noche la ciudad

Substantive, die auf **-o** enden, sind meistens männlich, Substantive, die auf **-a** enden, meistens weiblich.
Substantive, die auf **-e** oder auf **Konsonant** enden, können weiblich oder männlich sein.
Substantive, die auf **-ión** enden, sind meistens weiblich, z. B. *la información.*

Beachten Sie: Es gibt auch einige
- weibliche Substantive auf **-o**, z. B. la foto, la radio, la mano *(Hand)*, la moto *(Motorrad).*
- männliche Substantive auf **-a**, z. B. el día, el tema, el problema.

Substantive im Singular und Plural 6.2

	maskulin		feminin	
Singular	el banco	el hotel	la familia	la ciudad
Plural	los banco**s**	los hotel**es**	las familia**s**	las ciudad**es**

Um den Plural zu bilden, hängt man an Wörter, die mit einem Vokal enden, ein **-s** an; bei Wörtern, die mit einem Konsonanten enden, hängt man **-es** an.
Wörter, die im Singular auf der letzten Silbe einen Akzent tragen, verlieren ihn im Plural: *la información – las informaciones* (vgl. Betonungsregeln).

Unidad 2

Personalpronomen 9.1

Singular	1. Person:	**yo**	*ich*
	2. Person:	**tú**	*du*
	3. Person:	**él**	*er*
		ella	*sie*
		usted	*Sie*
Plural	1. Person:	**nosotros**	*wir* (männlich)
		nosotras	*wir* (weiblich)
	2. Person:	**vosotros**	*ihr* (männlich)
		vosotras	*ihr* (weiblich)
	3. Person:	**ellos**	*sie* (männlich)
		ellas	*sie* (weiblich)
		ustedes	*Sie*

Im Spanischen gibt es für die Personen im Plural eine männliche und eine weibliche Form:
María y Carmen: Nosotr**as** somos de Sevilla.
José y Alberto: Nosotr**os** somos de Madrid.

•• Im Gegensatz zum Deutschen werden die Personalpronomen **yo**, **tú**, **él** usw. gewöhnlich weggelassen:
Hola, **soy** Alberto. *Hallo, ich bin Alberto.*

Man gebraucht sie nur, wenn man die Person besonders hervorheben will, oder um Mißverständnisse zu vermeiden:
- ● ¿Qué hacen Nacho y Luisa? *Was machen Nacho und Luisa?*
- ○ **Él** es médico y **ella** es ingeniera. *Er ist Arzt und sie ist Ingenieurin.*

•• Personalpronomen können auch nach dem Verb stehen:
- ● ¿Es **usted** la señora Pérez? *Sind Sie Frau Pérez?*
- ○ Sí, soy **yo**. *Ja, das bin ich.*

Das Verb "ser" 4.1

ser		
yo	**soy**	*ich bin*
tú	**eres**	*du bist*
usted, él, ella	**es**	*Sie sind, er/sie ist*
nosotros/-as	**somos**	*wir sind*
vosotros/-as	**sois**	*ihr seid*
ustedes, ellos, ellas	**son**	*Sie/sie sind*

Die Anredeform beim Verb

Zu einer Person:	¿(Tú) **eres** Ana?	*Bist du ...?*	(2. Pers. Sing.)
	¿**Es** usted la señora Pérez?	*Sind Sie ...?*	(3. Pers. Sing.)
Zu mehreren Personen:	¿(Vosotros) **sois** estudiantes?	*Seid ihr ...?*	(2. Pers. Plural)
	¿**Son** ustedes de Granada?	*Sind Sie ...?*	(3. Pers. Plural)

In Lateinamerika wird die zweite Person Plural (vosotros/-as) nicht verwendet. Stattdessen benutzt man **ustedes** auch für die vertrauliche Anrede.

Encantado/-a

Der Ausdruck **encantado** *(sehr erfreut)*, den man verwendet, wenn einem jemand vorgestellt wird, hat eine männliche und eine weibliche Form. Wenn Sie eine Frau sind, müssen Sie daher **encantada** sagen. Sie können aber auch einfach **mucho gusto** *(angenehm)* sagen, das ist unveränderlich.

Das Verb "estar" 4.1

Estar *(sich befinden)* ist unregelmäßig. Man verwendet es, um sich zu erkundigen, wie es jemandem geht:

	estar
yo	**estoy**
tú	**estás**
usted, él, ella	**está**
nosotros/-as	**estamos**
vosotros/-as	**estáis**
ustedes, ellos, ellas	**están**

- ● ¿Cómo estás? *Wie geht es dir?*
- ○ Muy bien, gracias. *Sehr gut, danke.*

- ● ¿Cómo está usted? *Wie geht es Ihnen?*
- ○ Bien, gracias. ¿Y usted? *Danke, gut. Und Ihnen?*

"Señor, señora, señorita" mit und ohne Artikel 5.1

¿Cómo está usted, **señor Alonso**? Adiós, **señora Ramos**.	Man verwendet **señor**, **señora**, **señorita** ohne Artikel, wenn man eine Person direkt anspricht.
La señora Pérez es arquitecta. ¿Cómo está **el señor Padilla**?	Man verwendet den bestimmten Artikel, wenn man über eine Person spricht.

Beachten Sie:
¿Es usted la señora Sánchez? *Sind Sie Frau Sánchez?*
Los señores Ramos. *Herr und Frau Ramos.*

Wie man die Herkunft angibt

- ● ¿De dónde eres?
- ○ Soy de Hamburgo.

- ● ¿Es usted de Múnich?
- ○ Sí, soy de Múnich.

- ● ¿Eres de Múnich?
- ○ No, soy de Bonn.

Die Verneinung mit "no" 16.4

No kann *nein*, *nicht* oder *kein/e* heißen. Es steht immer vor dem Verb.

¿Eres de Madrid? – **No**, soy de Barcelona. *Bist du aus Madrid? – Nein, ich bin aus Barcelona.*
Yo **no soy** Roberto. Me llamo Carlos. *Ich bin nicht Roberto. Ich heiße Carlos.*
El alemán **no es** una lengua románica. *Deutsch ist keine romanische Sprache.*

Das Alphabet 1

a	*a*	**j**	*jota*	**r**	*erre*	**é**	e con acento
b	*be*	**k**	*ka*	**rr**	*erre doble*	**ü**	u con diéresis
c	*ce*	**l**	*ele*	**s**	*ese*	**M**	eme mayúscula
ch	*che*	**ll**	*elle*	**t**	*te*	**m**	eme minúscula
d	*de*	**m**	*eme*	**u**	*u*		
e	*e*	**n**	*ene*	**v**	*uve*		
f	*efe*	**ñ**	*eñe*	**w**	*uve doble*		
g	*ge*	**o**	*o*	**x**	*equis*		
h	*hache*	**p**	*pe*	**y**	*i griega*		
i	*i*	**q**	*cu*	**z**	*zeta*		

En Latinoamérica:
b be larga
v be corta

Berufsbezeichnungen

maskulin	feminin	maskulin und feminin	
el profesor	la profesora	el cantante	la cantante
el médico	la médica	el dentista	la dentista
el dependiente	la dependienta	el taxista	la taxista

Einige Berufsbezeichnungen haben eine männliche und eine weibliche Form, andere nur eine Form für beide Geschlechter, z. B. Wörter auf **-ista**.

Verben auf -ar 4.1

	trabaj**ar**
yo	trabaj**o**
tú	trabaj**as**
usted, él, ella	trabaj**a**
nosotros/-as	trabaj**amos**
vosotros/-as	trabaj**áis**
ustedes, ellos, ellas	trabaj**an**

Alle regelmäßigen Verben, die auf **-ar** enden, folgen diesem Modell. An den Wortstamm (z. B. trabaj-) werden die Endungen **-o**, **-as**, **-a**, **-amos**, **-áis**, **-an** angehängt.
Ebenso:
hablar, estudiar, pronunciar.

Der unbestimmte Artikel 5.2

Der unbestimmte Artikel richtet sich wie der bestimmte nach dem Geschlecht des zugehörigen Substantivs.

	maskulin	feminin
Singular	**un** supermercado	**una** fábrica
Plural	**unos** supermercados	**unas** fábricas

Normalerweise haben spanische Substantive keinen unbestimmten Artikel im Plural.
Unos/unas hat die Bedeutung "einige", vor Zahlen "ungefähr":
unos días – *einige Tage* unas tres horas – *ungefähr drei Stunden*

Wie man nach dem Beruf fragt

- ¿Qué haces?
- ○ Soy enfermera.

- ¿Qué hace usted?
- ○ Trabajo en un banco.

- ¿Qué hacen ustedes?
- ○ Yo estudio Medicina y ella Geografía.

Um nach dem Beruf zu fragen, verwendet man das Verb **hacer** *(machen, tun)*. Es ist unregelmäßig. Die anderen Formen lernen Sie in Unidad 9.

Verben auf -ir ⇨ 4.1

	vivir
yo	viv**o**
tú	viv**es**
usted, él, ella	viv**e**
nosotros/-as	viv**imos**
vosotros/-as	viv**ís**
ustedes, ellos, ellas	viv**en**

Alle regelmäßigen Verben, die auf **-ir** enden, folgen diesem Modell, z. B. escribir.

Orts- und Richtungsangaben ⇨ 15

Woher?	Wo?	Wohin?
Somos **de** Berlín.	Vivimos **en** Colonia.	Vamos **a** las cataratas del Iguazú. *(zu)*
Soy **de** Posadas.	Trabajo **en** un hotel.	Vamos **a** Buenos Aires. *(nach)*

Die Zahlen von 11 bis 100 ⇨ 11.1

11	once	19	diecinueve	27	veintisiete	40	cuarenta
12	doce	20	veinte	28	veintiocho	50	cincuenta
13	trece	21	veintiuno	29	veintinueve	60	sesenta
14	catorce	22	veintidós	30	treinta	70	setenta
15	quince	23	veintitrés	31	treinta y uno	80	ochenta
16	dieciséis	24	veinticuatro	32	treinta y dos	90	noventa
17	diecisiete	25	veinticinco	33	treinta y tres	100	cien
18	dieciocho	26	veintiséis	34	treinta y cuatro	101	ciento uno

- Die Zahl 100 heißt **cien**. Ab 101 heißt es beim Zählen **ciento uno**, **ciento dos** usw.
  Vor einem Substantiv heißt 100 immer **cien**: cien pesetas.
- **Uno** wird vor männlichen Substantiven zu **un**, vor weiblichen zu **una**:
  treinta y un marcos – veintiuna pesetas.

Unidad 3

Das Adjektiv ⇨ 7.1; 7.3

Adjektive richten sich in Geschlecht und Zahl nach dem Substantiv, auf das sie sich beziehen.
En México D.F. hay fábricas modern**as**. *In Mexiko-Stadt gibt es moderne Fabriken.*
Im Gegensatz zum Deutschen gilt dies auch für die Stellung beim Verb. Vergleichen Sie:
Las fábricas son modern**as**. *Die Fabriken sind modern.*

	Singular	Plural
maskulin feminin	un pueblo modern**o** una ciudad modern**a**	pueblos modern**os** ciudades modern**as**
maskulin feminin	un museo / una persona > interesant**e**	museos / personas > interesant**es**

- Adjektive, die auf **-o** enden, bilden die weibliche Form auf **-a**.
  Adjektive, die auf **-e** oder **Konsonant** enden, haben für männlich und weiblich nur eine Form.
  Ausnahme: Nationalitätsadjektive, z. B. alemán, alemana; alemanes, alemanas (vgl. Unidad 9).
- Für die Pluralbildung gelten dieselben Regeln wie für Substantive.
- Bezieht sich ein Adjektiv auf mehrere Substantive oder Personen verschiedenen Geschlechts, so wird die männliche Pluralform verwendet: El teatro y la ópera son fantástic**os**.
- Die Adjektive stehen meist hinter dem Substantiv. Davor stehen **mucho**, **poco** und einige andere.

Wie man jemanden anspricht

- **Oiga**, ¿dónde está el Hotel Central?
- **Por favor**, ¿hay un banco por aquí?
- **Perdone**, ¿dónde está la estación?
- **¿Sabe usted si** hay una farmacia por aquí?

Hay – está/n ⇨ 4.9

Hay ist unveränderlich. Der Infinitiv heißt **haber** (vgl. Unidad 7).

Das Verb **estar** kennen Sie schon aus Unidad 2. Man verwendet es auch, um anzugeben, wo sich etwas befindet.

Der Sprecher meint keine bestimmte Sache:	Der Sprecher meint eine bestimmte Sache:
• ¿**Hay un** banco por aquí? *Gibt es eine Bank hier in der Nähe?*	• **El** Banco de Santander **está** justo enfrente. *Die Bank von Santander ist genau gegenüber.*
• ¿Dónde **hay una** farmacia? *Wo gibt es eine Apotheke?* ○ **Hay una** en la Calle Mayor. *Es gibt eine in der Calle Mayor.*	• ¿Dónde **está el** museo de arte? *Wo befindet sich das Kunstmuseum?* ○ **Está** cerca de la catedral. *Es befindet sich in der Nähe der Kathedrale.*
• En Barcelona **hay** teatros interesantes. *In Barcelona gibt es interessante Theater.*	• **Están** en el centro de la ciudad. *Sie befinden sich im Zentrum der Stadt.*

Hay wird außerdem in Verbindung mit Zahlen verwendet: En España **hay** 5.062 bibliotecas.

Präpositionen und Adverbien des Ortes ⇨ 15

Bei vielen Präpositionen wird das nachfolgende Substantiv mit **de** angeschlossen.

Adverb		Präposition	
a la derecha	*rechts*	a la derecha de la catedral	*rechts von der Kathedrale*
a la izquierda	*links*	a la izquierda del museo	*links vom Museum*
delante	*davor*	delante del cine	*vor dem Kino*
detrás	*dahinter*	detrás de la casa	*hinter dem Haus*
cerca	*in der Nähe*	cerca de la estación	*in der Nähe des Bahnhofs*
lejos	*weit weg*	lejos de la ciudad	*weit weg von der Stadt*
al lado	*daneben*	al lado del hotel	*neben dem Hotel*
enfrente	*gegenüber*	enfrente de Correos	*gegenüber von der Post*
		entre el hotel y el banco	*zwischen dem Hotel und der Bank*
		en la plaza	*auf dem Platz*

Wie man einen Weg beschreibt

Hay que tomar la primera calle a la derecha. **Tienes que** torcer a la izquierda. **Tiene que** seguir todo recto.	*Man muß die erste Straße rechts nehmen.* *Du mußt links abbiegen.* *Sie müssen geradeaus weitergehen.*

Um jemandem den Weg wie in den Beispielsätzen zu beschreiben, brauchen Sie die Verben **torcer** (*abbiegen*) und **seguir** (*weitergehen*) vorerst nur im Infinitiv zu kennen. In Unidad 6 bzw. 8 werden Sie lernen, wie man **torcer** und **seguir** konjugiert.

Das Verb "ir" und seine Präpositionen 4.1

Das Verb **ir** (*gehen, fahren*) ist unregelmäßig.

	ir
yo	**voy**
tú	**vas**
usted, él, ella	**va**
nosotros/-as	**vamos**
vosotros/-as	**vais**
ustedes, ellos, ellas	**van**

Voy	**a** España. **a la** playa. **al** museo.
Voy	**en** tren. **en** coche. **en** avión.
Aber:	**a** pie – *zu Fuß*

Das Verb **ir** in Verbindung mit **a** und einem nachfolgenden Infinitiv kann auch verwendet werden, um ein Vorhaben in der Zukunft auszudrücken (vgl. Unidad 10):

Vamos a pasar tres días en Buenos Aires. *Wir werden drei Tage in Buenos Aires verbringen.*

"De" und "a" in Verbindung mit dem bestimmten Artikel 5.1

Die Präpositionen **a** und **de** verbinden sich mit dem männlichen Artikel im Singular:

a + el ⟶ **al**: Voy **al** museo. ansonsten: ¿Vamos **a los** Pirineos o **a la** playa?
de + el ⟶ **del**: Está detrás **del** parque. Llegamos **de la** estación.

Wie man Gefallen und Mißfallen äußert

Me gusta la música clásica. **Me gusta** vivir en la ciudad.	**Me gusta** steht in Verbindung mit Substantiven im Singular und mit Verben.
Me gustan las zonas verdes de Madrid. No **me gustan** los museos modernos.	**Me gustan** steht in Verbindung mit Substantiven im Plural.

Im Gegensatz zum Deutschen steht im Spanischen der Artikel: Me gusta **el** jazz. – *Mir gefällt Jazz.*
Ebenso: me encanta/n (*mich begeistert/begeistern*), me interesa/n (*mich interessiert/interessieren*), vgl. Unidad 6.

Die Zahlen ab 100 11.1

100	cien	1.000	mil
101	ciento uno	1.100	mil cien
110	ciento diez	1.999	mil novecientos/-as noventa **y** nueve
200	doscientos/-as	5.000	cinco mil
300	trescientos/-as	6.001	seis mil uno
400	cuatrocientos/-as	63.527	sesenta **y** tres mil quinientos/-as veintisiete
500	**quinientos/-as**	1.000.000	un millón
600	seiscientos/-as	3.000.000	tres millones
700	setecientos/-as	10.576.039	diez millones quinientos/-as setenta **y** seis mil treinta **y** nueve
800	ochocientos/-as		
900	novecientos/-as	1.000.000.000	mil millones

- Nur die Hunderter haben eine männliche und weibliche Endung und richten sich nach dem folgenden Substantiv: 250 kms = doscient**os** cincuenta kilómetros; 390 Pts. = trescient**as** noventa pesetas.
- **Y** steht immer nur zwischen Zehnern und Einern.
- Beachten Sie: 101 DM = ciento **un** marcos; 101 Pts. = ciento **una** pesetas.
- **Mil** ist unveränderlich.
- Ein auf **millón/millones** folgendes Substantiv wird mit **de** angeschlossen: tres millones **de** habitantes.
- Eine Milliarde heißt **mil millones**.

Unidad 4

Die Verben "tener" und "venir" 4.1

Einzelne Formen dieser beiden unregelmäßigen Verben haben Sie schon kennengelernt, hier finden Sie die Verben **tener** *(haben)* und **venir** *(kommen)* komplett:

	tener	venir
yo	**tengo**	**vengo**
tú	**tie**nes	**vie**nes
usted, él, ella	**tie**ne	**vie**ne
nosotros/-as	tenemos	venimos
vosotros/-as	tenéis	venís
ustedes, ellos, ellas	**tie**nen	**vie**nen

Das Alter wird mit **tener... años** *(Jahre)* angegeben:

La hija de Carmen ya tiene 15 años. — *Die Tochter von Carmen ist schon 15 Jahre alt.*
¿Cuántos años tienes? – Veinte. — *Wie alt bist du? – Zwanzig.*

Fragewörter 16.2

¿**Dónde** está el restaurante Arzak? — *Wo ist das Restaurant Arzak?*
En San Sebastián, en el centro de la ciudad. — *In San Sebastián, im Zentrum der Stadt.*
¿**Por qué** es famoso? — *Warum ist es berühmt?*
Porque la cocina es excelente. — *Weil die Küche hervorragend ist.*

Unidad 5

Verben der Gruppe e>ie 4.1

	querer
yo	qu**ie**ro
tú	qu**ie**res
usted, él, ella	qu**ie**re
nosotros/-as	queremos
vosotros/-as	queréis
ustedes, ellos, ellas	qu**ie**ren

Bei einigen Verben, wie z. B. **querer** wird das **e** zu **ie**, wenn die Betonung auf den Wortstamm fällt.
Für diese Verben gelten (je nach Infinitivendung -ar, -er oder -ir) die normalen Endungen im Präsens (vgl. trabajar S. 168; vivir S. 169, comer S. 174).

Wie man im Geschäft etwas verlangt

¿**Tiene** queso manchego? — *Haben Sie Käse aus der Mancha?*
Quiero un kilo de mandarinas. — *Ich möchte ein Kilo Mandarinen.*
¿**Me pone** dos kilos de tomates? — *Geben Sie mir zwei Kilo Tomaten?*
Déme un melón, por favor. — *Geben Sie mir bitte eine Honigmelone.*

Wie man nach dem Preis fragt

Nach dem Preis einer bestimmten Ware fragt man mit **¿Cuánto cuesta/n?**:
¿Cuánto cuestan los bombones? **¿Cuánto cuesta** la botella grande?

Wenn man etwas gekauft oder verzehrt hat, fragt man nach der Gesamtsumme mit:
¿Cuánto es? – *Was macht das?*

Cuánto/-a/-os/-as ⇨ 16.2

Das Fragewort **¿cuánto?** ist veränderlich; wenn es sich auf ein Substantiv bezieht, stimmt es in Geschlecht und Zahl mit ihm überein:

¿**Cuánto** tiempo tienes?	*Wieviel Zeit hast du?*
¿**Cuánta** gente vive en Madrid?	*Wieviel Leute leben in Madrid?*
¿**Cuántos** paquetes de arroz compramos?	*Wie viele Päckchen Reis kaufen wir?*
¿**Cuántas** mandarinas quiere?	*Wie viele Mandarinen möchten Sie?*

Das Objektpronomen ⇨ 9.1

Wenn man eine Person oder Sache gerade erwähnt hat, wiederholt man sie nicht, sondern bezieht sich darauf mit einem Pronomen:

- • Un kilo de tomates, por favor.
- ○ ¿Cómo quiere ~~los tomates~~?
- ○ ¿Cómo **los** quiere?

• ¿Quién compra	el vino? la mantequilla? los tomates? las sardinas?	○ **Lo** ○ **La** ○ **Los** ○ **Las**	compro yo.

Das Objektpronomen ersetzt ein zuvor erwähntes direktes Objekt (Akkusativobjekt), mit dem es in Geschlecht und Zahl übereinstimmt. Es steht immer unmittelbar vor dem Verb:

• ¿Quién compra las cebollas?	*Wer kauft die Zwiebeln?*
○ **Las** compro yo.	*Ich kaufe sie.*
• ¿Tienes el vino?	*Hast du den Wein?*
○ No, no **lo** tengo.	*Nein, ich habe ihn nicht.*

Lo kann auch für einen ganzen Satz stehen:

¿Hay una farmacia por aquí? – No **lo** sé. *Ich weiß es nicht.*

Uno/una als Pronomen

Man verwendet **uno/una** als Pronomen, um die Wiederholung eines Substantivs zu vermeiden.

• Tengo dos botellas de vino.	*Ich habe zwei Flaschen Wein.*
○ Yo tengo **una**.	*Ich habe eine.*
• ¿Hay hoteles en Casares?	*Gibt es Hotels in Casares?*
○ Sí, hay **uno** en el centro.	*Ja, es gibt eins im Zentrum.*

Ist die Antwort negativ, verwendet man ninguno/ninguna (vgl. Unidad 14).

Mengenangaben ⇨ 14.3

1 L	un litro de leche
1/2 L	medio litro de aceite
1 1/2 L	un litro y medio de agua mineral
1 kg	un kilo de tomates
1/2 kg	medio kilo de queso
1 1/2 kg	un kilo y medio de mandarinas
1/4 kg	un cuarto de sardinas
100 g	cien gramos de jamón

Zwischen Mengenangaben und Produkten steht immer **de**.

Vor **medio** steht nie der unbestimmte Artikel:
Quiero ~~un~~ medio kilo de tomates.
Déme ~~un~~ medio litro de aceite.

Wie man im Restaurant etwas bestellt

Yo quiero una ensalada mixta.	*Ich möchte einen gemischten Salat.*
Tomamos una botella de agua mineral.	*Wir nehmen eine Flasche Mineralwasser.*
Para mí un helado.	*Für mich ein Eis.*
Una botella de vino, **por favor**.	*Eine Flasche Wein, bitte.*
¿**Me trae** un poco más de pan?	*Bringen Sie mir noch etwas Brot?*

Otro/otra 9.4

	maskulin	feminin
Singular	**otro** café	**otra** botella de vino
Plural	**otros** dos helados	**otras** tres cervezas

Vor **otro/otra** steht nie der unbestimmte Artikel: Para mí ~~un~~ otro café, por favor.

Otro bedeutet *ein anderer* oder *noch ein*. Durch den Kontext ist immer klar, um welche der beiden Bedeutungen es sich jeweils handelt.

La sopa está fría. ¿Nos trae otra, por favor? — *Die Suppe ist kalt. Bringen Sie uns bitte eine andere?*
Otra botella de agua, por favor. — *Noch eine Flasche Wasser, bitte.*

Wie man das Essen bewertet 4.8

Um das Essen zu bewerten, verwendet man das Verb **estar**.

- ¿Qué tal el pollo? — *Wie ist (schmeckt) das Hähnchen?*
- ○ Está muy rico. — *Es ist sehr lecker.*
- ¿Te gustan las sardinas? — *Schmecken dir die Sardinen?*
- ○ Están un poco saladas. — *Sie sind ein bißchen salzig.*

Beachten Sie:

El gazpacho **es** una sopa fría. — *Gazpacho ist eine kalte Suppe.* — (Definition, gilt generell.)
Camarero, la sopa **está** fría. — *Herr Ober, die Suppe ist kalt.* — (Bewertung, gilt für diese Suppe.)

Verben auf -er 4.1

	comer
yo	com**o**
tú	com**es**
usted, él, ella	com**e**
nosotros/-as	com**emos**
vosotros/-as	com**éis**
ustedes, ellos, ellas	com**en**

Alle regelmäßigen Verben auf **-er** folgen diesem Modell, z. B. beber.

Auch **leer** *(lesen)* ist regelmäßig: leo, lees, lee, leemos, leéis, leen.

Die Relativpronomen "que" und "donde" 9.5

Man verwendet Relativsätze, um ein Substantiv näher zu bestimmen.
Den deutschen Relativpronomen *der, die, das* entspricht im Spanischen **que**.

José Carreras es un cantante **que** me encanta.
Sevilla es una ciudad **que** me gusta mucho.
Aquí hay cosas **que** no tenemos en Alemania.

Es el bar **donde** comemos normalmente.
En la ciudad **donde** vivimos hay mucho tráfico.

Que kann sich auf Personen oder Sachen, männliche oder weibliche Substantive, Singular oder Plural beziehen.

Man verwendet **donde**, wenn das Substantiv, auf das man sich bezieht, einen Ort bezeichnet.

Das deutsche "man" 4.11

Dem deutschen *man* entspricht **se + Verb** in der 3. Person. Ist das Bezugswort ein Substantiv im Plural, so steht (anders als im Deutschen) auch das Verb im Plural.

En España **se come** muy tarde. — *In Spanien ißt man sehr spät.*
Normalmente **se toman** dos platos. — *Normalerweise nimmt man zwei Gänge.*

Vergleiche (más/menos + Substantiv + que) 7.2; 14.2

Hoy comemos **más** carne que antes. — *Heute essen wir mehr Fleisch als früher.*
Hoy comemos **menos** verduras que antes. — *Heute essen wir weniger Gemüse als früher.*
Los españoles beben **más** cerveza que vino. — *Die Spanier trinken mehr Bier als Wein.*

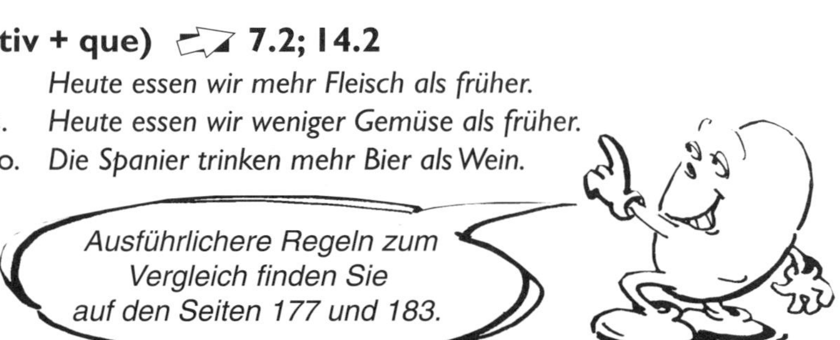

Wie man Prozente angibt

18,5 % de los españoles... – El dieciocho coma cinco **por ciento** de los españoles...

Das Verb "saber" 4.1

	saber
yo	**sé**
tú	sabes
usted, él, ella	sabe
nosotros/-as	sabemos
vosotros/-as	sabéis
ustedes, ellos, ellas	saben

Aus der ersten Unidad kennen Sie schon die erste Person des Verbs **saber**: **No sé.** – *Ich weiß nicht.* Die anderen Formen im Präsens entsprechen den regelmäßigen Verben auf **-er**.

Unidad 6

Muy – mucho 14.1

En Madrid hay **mucho** tráfico. Los alemanes beben **mucha** cerveza. Tengo **muchos** amigos. Javier tiene **muchas** gafas de sol.	Als Adjektiv ist **mucho** *(viel/e)* veränderlich und richtet sich nach dem zugehörigen Substantiv.
¿Te gusta este jersey? – Sí, **mucho**. *(sehr)* Teresa trabaja **mucho**. *(viel)*	Als Adverb ist **mucho** *(sehr, viel)* unveränderlich und steht bei Verben oder allein.
Tengo un jersey **muy** cómodo. En España se come **muy** tarde.	**Muy** *(sehr)* ist Adverb und steht vor Adjektiven oder Adverbien.

Wie man nach Vorlieben fragt und darauf reagiert

• ¿Te gustan los pantalones lila?	○ Sí,	**muchísimo.** **mucho.** **bastante.**
	○ No,	**no mucho.** **nada.**

Material und Muster

una blusa	**de** seda	*(aus Seide)*	una camisa	**a** rayas	*(gestreift)*
una cazadora	**de** cuero	*(aus Leder)*	un vestido	**a** cuadros	*(kariert)*
un jersey	**de** lana	*(aus Wolle)*	una falda	**con** lunares	*(gepunktet)*

Die Farbadjektive rosa, lila, violeta, naranja sind unveränderlich.

Das Demonstrativpronomen 9.3

	Singular	Plural	Singular	Plural
maskulin feminin	**este** jersey **esta** falda	**estos** jerseys **estas** faldas	**ese** jersey **esa** falda	**esos** jerseys **esas** faldas
	Man verwendet diese Formen für Dinge und Personen in unmittelbarer Nähe des Sprechers.		Man verwendet diese Formen für Dinge und Personen, die etwas weiter entfernt sind.	

Das Demonstrativpronomen kann in Verbindung mit einen Substantiv oder allein stehen. Wenn es allein steht, erhält es einen Akzent.

- ¿Le gusta **esta** falda?
- ○ **¿Ésa?** No, no mucho.

Esto, **eso** bezieht sich auf etwas, das nicht konkret benannt wird:
Eso no me gusta. – *Das gefällt mir nicht.* ¿Qué es esto? – *Was ist das?*

Das indirekte Pronomen 9.1

betont	unbetont		
A mí	**me**	*(mir)*	gusta el teatro.
A ti	**te**	*(dir)*	
A usted, él, ella	**le**	*(Ihnen, ihm, ihr)*	
A nosotros/-as	**nos**	*(uns)*	
A vosotros/-as	**os**	*(euch)*	
A ustedes, ellos, ellas	**les**	*(Ihnen, ihnen)*	

Anders als im Deutschen kann ein spanischer Satz zwei indirekte Objekte (Dativobjekte) enthalten. Die betonten Pronomen können zusätzlich zu den unbetonten verwendet werden, um die Person besonders hervorzuheben: ¿Te gustan los Rolling Stones? Pues, **a mí** no me gustan nada.
Aber ein betontes Pronomen (oder ein Dativobjekt) kann das unbetonte nicht ersetzen, es steht immer in Verbindung mit ihm.

¿**A vosotros os** interesa la política? — *Interessiert euch Politik?*
Creo que **a Oliver le** gusta el sombrero. — *Ich glaube, Oliver gefällt der Hut.*

Die betonten Pronomen werden auch in Verbindung mit anderen Präpositionen verwendet:
para mí – *für mich*; sin ti – *ohne dich*; de usted – *von Ihnen*, etc. (vgl. Unidad 10)

Wie man Kleidung beurteilt

Esta falda me queda	un poco estrecha.	*(ein bißchen eng)*
	bastante larga.	*(ziemlich lang)*
	muy ancha.	*(sehr weit)*
	demasiado grande.	*(zu groß)*

Verben der Gruppe o>ue 4.1

Bei einigen Verben ändert sich der Vokal, wenn die Betonung auf den Wortstamm fällt; Sie kennen schon Verben, bei denen das **e** zu **ie** wird (querer, preferir...). Bei einer anderen Gruppe von Verben ändert sich das **o** zu **ue**. Für all diese Verben gelten (je nach Infinitivendung -ar, -er oder -ir) die normalen Endungen im Präsens.

	encontrar	poder
yo	enc**ue**ntro	p**ue**do
tú	enc**ue**ntras	p**ue**des
usted, él, ella	enc**ue**ntra	p**ue**de
nosotros/-as	encontramos	podemos
vosotros/-as	encontráis	podéis
ustedes, ellos, ellas	enc**ue**ntran	p**ue**den

Ebenso: costar, torcer.
OJO: Um die Aussprache beizubehalten, ergeben sich manchmal Veränderungen in der Rechtschreibung, z. B. bei torcer: tuer**z**o, tuerces, tuerce...

Einverständnis und Widerspruch

	Aussage:	Zustimmung:	Widerspruch:
positive Aussage	• A mí me gustan las minifaldas. *Mir gefallen Miniröcke.*	○ A mí también. *Mir auch.*	▲ A mí no. *Mir nicht.*
negative Aussage	• A mí no me gusta el negro. *Mir gefällt Schwarz nicht.*	○ A mí tampoco. *Mir auch nicht.*	▲ A mí sí. *Mir wohl.*

Vergleiche 7.2; 14.2

Komparativ bei Verschiedenheit:

Paco es **más** grande **que** Carlos. — *Paco ist größer als Carlos.*
María es **menos** grande **que** Isabel. — *María ist kleiner als Isabel.* (Adjektiv)

Ana gana **más que** Julia. — *Ana verdient mehr als Julia.*
Roberto trabaja **menos que** Enrique. — *Roberto arbeitet weniger als Enrique.* (Verb)

Beachten Sie: In Verbindung mit Zahlen und Mengenangaben verwendet man **más de/menos de**:
México tiene **más de** 20 millones de habitantes.

Komparativ bei Gleichheit:

Este coche es **tan** caro **como** el otro. — *Dieses Auto ist so teuer wie das andere.* (Adjektiv)
Gasta **tanto como** el otro. — *Es verbraucht genausoviel wie das andere.* (Verb)

Superlativ

De todos los estudiantes Ernesto es **el más** inteligente. (Adjektiv)
Von allen Studenten ist Ernesto der intelligenteste.

De todos los estudiantes Ernesto trabaja **más**. (Verb)
Von allen Studenten arbeitet Ernesto am meisten.

Unidad 7

Verben der Gruppe c>zc 4.1

	conocer
yo	cono**zc**o
tú	conoces
usted, él, ella	conoce
nosotros/-as	conocemos
vosotros/-as	conocéis
ustedes, ellos, ellas	conocen

Verben, die auf **-acer** (außer hacer), **-ecer**, **-ocer**, **-ucir** enden, haben in der ersten Person ein **zc**; ansonsten sind sie regelmäßig.

Ebenso:
traducir, ofrecer, parecer, conducir.

Akkusativ mit "a" bei Personen 6.3

Das direkte Objekt steht mit der Präposition **a**, wenn es sich um Personen handelt. Vergleichen Sie:

¿Conoces **a** Roberto Sánchez? — ¿Conoces el museo del Prado?
¿Entiendes **al** profesor? — Ya entendemos muchas palabras españolas.
¿Esperamos **a** Isabel? — ¿Esperamos el autobús?

Ausnahme: Nach **tener** entfällt **a**: Tengo una hermana.
Ebenso nach **buscar/necesitar** + Berufsbezeichnung: Empresa busca secretaria con experiencia.

Das Possessivpronomen ⇨ 9.2

Singular		Plural	
maskulin	feminin	maskulin	feminin
mi padre	**mi** madre	**mis** hijos	**mis** hijas
tu nieto	**tu** nieta	**tus** nietos	**tus** nietas
su primo	**su** prima	**sus** primos	**sus** primas
nuestro hermano	**nuestra** hermana	**nuestros** hermanos	**nuestras** hermanas
vuestro tío	**vuestra** tía	**vuestros** tíos	**vuestras** tías
su abuelo	**su** abuela	**sus** sobrinos	**sus** sobrinas

Das Possessivpronomen richtet sich in Geschlecht und Zahl nach dem Besitztum.
Vergleichen Sie:

Rosa y **su** hermano. *Rosa und ihr Bruder.*
Paco y **su** hermano. *Paco und sein Bruder.*
Su café, señor. *Ihr Kaffee, mein Herr.*

Rosa y **su** hermana. *Rosa und ihre Schwester.*
Paco y **su** hermana. *Paco und seine Schwester.*
Su sopa, señor. *Ihre Suppe, mein Herr.*

Los abuelos y **sus** nietos. *Die Großeltern und ihre Enkel.*
Señores Sánchez, aquí están **sus** abrigos. *Herr und Frau Sánchez, hier sind Ihre Mäntel.*

OJO: hermanos < Brüder / Geschwister

- ¿Tienes hermanos?
- Sí, un hermano y una hermana.

Wie man Personen beschreibt

Charakteristische Merkmale				Veränderliche Merkmale	
Es	gordo/delgado. rubio/moreno. alto/bajo. joven/mayor.	**Tiene**	el pelo corto/largo. los ojos azules. el pelo rubio.	**Lleva**	barba. bigote. gafas. vaqueros.

Vergleichen Sie:

Eva es alta, rubia, tiene el pelo corto. *Eva ist groß, blond, hat kurze Haare. (Charakterisierung)*
Eva lleva el pelo corto. *Eva trägt die Haare (jetzt) kurz.*

Lourdes es rubia. Tiene el pelo rubio.
Carmen es morena. Tiene el pelo ~~moreno~~ castaño.

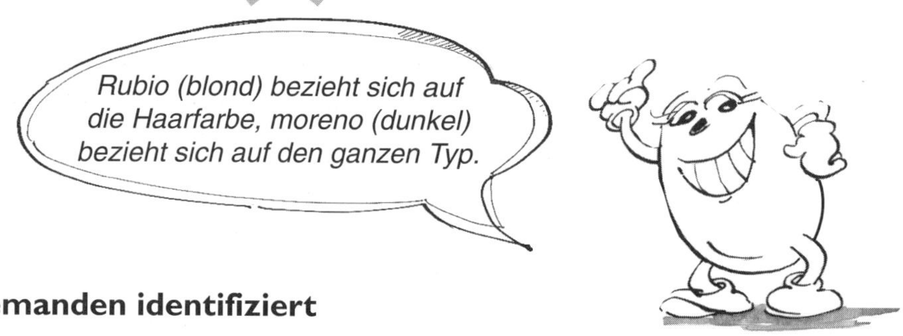

Wie man jemanden identifiziert

Um eine Person oder Sache aufgrund des Aussehens oder bestimmter Merkmale zu identifizieren, verwendet man wie im Deutschen den bestimmten Artikel.

OJO: Der Herr mit dem schwarzen Anzug: El señor ~~con el~~ **del** traje negro.

El moreno. *Der dunkle.*
El calvo. *Der mit der Glatze.*
El de las gafas. *Der mit der Brille.*
El de los vaqueros. *Der mit den Jeans.*

La alta. *Die große.*
La de la izquierda. *Die auf der linken Seite.*
La del papagayo. *Die mit dem Papagei.*
La de la blusa roja. *Die mit der roten Bluse.*

bueno – malo; bien – mal 8.2; 7.3

Adjektive (bueno, malo) dienen zur näheren Bestimmung eines Substantivs, sie stehen beim Substantiv oder nach **ser** bzw. **estar**. Adverbien (bien, mal) dienen zur näheren Bestimmung eines Verbs, Adjektivs oder ganzen Satzes; sie sind unveränderlich. Vergleichen Sie:

Adjektiv		Adverb	
Es una **buena** idea.	*Das ist eine gute Idee.*	La idea me parece **bien**.	*Die Idee scheint mir gut.*
Es un vino muy **bueno**.	*Das ist ein sehr guter Wein.*	Se vende muy **bien**.	*Er verkauft sich sehr gut.*
Es un **buen** cocinero.	*Er ist ein guter Koch.*	Felipe cocina **bien**.	*Felipe kocht gut.*
Este trabajo es **malo**.	*Diese Arbeit ist schlecht.*	Trabajas muy **mal**.	*Du arbeitest sehr schlecht.*

Bueno wird vor männlichen Substantiven im Singular verkürzt zu **buen**: Es un **buen** cocinero.
Grande wird vor allen Substantiven im Singular verkürzt zu **gran**: Es una **gran** sorpresa.

Ser – estar 4.8

Um Personen oder Dinge zu definieren oder zu beschreiben, verwendet man normalerweise **ser**. Vorübergehende/veränderliche Merkmale gibt man jedoch mit **estar** an.

ser		**estar**	
Nationalität:	Eva es alemana.	Wo sich jmd. befindet:	Roberto está en Lima.
Beruf:	Carmen es profesora.	Wie sich jmd. befindet:	¿Cómo está usted?
Aussehen:	Alfredo es rubio.	Zustand:	Estoy enamorado.
Familienstand:	Felipe es viudo.	Vor Partizip:	Están divorciados.
Definition:	El gazpacho es una sopa.	Bewertung (Essen):	¡El café está frío!
Beschreibung:	Isabel es muy guapa.	Bewertung:	¡Qué guapa está Isabel!

Das Perfekt 4.4

Man bildet das Perfekt aus dem Präsens von **haber + Partizip Perfekt**.

haber	Partizip	Bildung des Partizips	
		Verben auf **-ar**	Verben auf **-er** und **-ir**
he **has** **ha** **hemos** **habéis** **han**	hablado comido vivido	hablar → habl**ado** estar → est**ado** costar → cost**ado**	conocer → conoc**ido** tener → ten**ido** vivir → viv**ido**

Einige Verben haben unregelmäßige Partizipien. Sie lernen sie in Unidad 9 kennen.

Im Unterschied zum Deutschen bilden alle Verben das Perfekt mit **haber**:
Hemos ido al teatro. — *Wir sind ins Theater gegangen.*
¿Has estado alguna vez en Perú? — *Bist du schon einmal in Peru gewesen?*

Das Partizip ist unveränderlich.
Die Formen von **haber** stehen immer direkt vor dem Partizip: No lo hemos entendido.
Haber kann nicht allein gebraucht werden. Das deutsche *haben* heißt **tener**: Tenemos dos hijos.

Man verwendet das Perfekt:

- für Ereignisse, die vom Sprecher in einem engen Bezug zum Sprechzeitpunkt gesehen werden.
  ¿Qué has comido **hoy**?
  Este año he viajado mucho.
  Nos hemos casado **hace poco**.
- für Ereignisse, deren Zeitpunkt nicht näher bestimmt wird bzw. keine Rolle spielt.
  ¿Has estado **alguna vez** en Chile?
  No hemos ido **nunca** a Mallorca.

Folglich steht das Perfekt häufig in Verbindung mit Zeitangaben, die einen Bezug zur Gegenwart ausdrücken, z. B. **este año, esta semana, hoy, hasta ahora.** Oder es steht mit Angaben, die darauf hinweisen, daß der Zeitpunkt keine Rolle spielt, z. B. **alguna vez, todavía no, muchas veces, nunca.**

Wie man Häufigkeit ausdrückt 13

siempre – *immer*
normalmente – *normalerweise*
regularmente – *regelmäßig*
muchas veces – *oft*
varias veces – *mehrmals*
algunas veces – *einige Male*
a veces – *gelegentlich*
pocas veces – *selten*
una vez – *einmal*
nunca – *nie*

Wie man zustimmt oder widerspricht

Zustimmung

Sí, es verdad.	*Ja, das stimmt.*
Estoy de acuerdo.	*Ich bin einverstanden.*
Yo creo que sí.	*Ich glaube ja.*

Widerspruch

No, no es verdad.	*Nein, das stimmt nicht.*
No estoy de acuerdo.	*Ich bin nicht einverstanden.*
Yo creo que no.	*Ich glaube nicht.*

Unidad 8

Verbgruppen 4.1

Sie haben das Präsens aller Verbgruppen und eine Reihe von Verben kennengelernt:

- Regelmäßige Verben auf **-ar**:
  anotar, apoyar, ayudar, buscar, casarse, cenar, comparar, completar, comprar, comprobar, consultar, contestar, controlar, desayunar, desear, enseñar, escapar, escuchar, esperar, estudiar, faltar, gastar, hablar, inventar, llegar, llevar, mirar, necesitar, pasar, preguntar, preparar, quedar, relacionar, representar, tocar, tomar, trabajar, viajar
- Regelmäßige Verben auf **-er**:
  aprender, beber, comer, creer, entender, escoger (escojo, escoges...), leer, vender
- Regelmäßige Verben auf **-ir**:
  abrir, consumir, describir, discutir, escribir, recibir, vivir
- Verben mit Änderung des Stammvokals **e>ie**:
  entender, pensar, perder, preferir, querer, referirse
- Verben mit Änderung des Stammvokals **o>ue**:
  acordarse, comprobar, costar, encontrar, poder, probar, torcer (tuerzo, tuerces...), volver
- Verben der Gruppe **c>zc**:
  conducir, conocer, ofrecer, parecer, traducir
- Verben mit besonderer Konstruktion:
  encantar, gustar, impresionar, interesar

Verben der Gruppe e>i 4.1

	pedir
yo	p**i**do
tú	p**i**des
usted, él, ella	p**i**de
nosotros/-as	pedimos
vosotros/-as	pedís
ustedes, ellos, ellas	p**i**den

Bei einigen Verben auf **-ir** ändert sich der Stammvokal von **e** zu **i**, wenn die Betonung auf den Wortstamm fällt.
Ebenso: elegir, repetir, seguir, servir, vestirse.
Um die Aussprache beizubehalten, ergeben sich manchmal Veränderungen in der Rechtschreibung:
elegir: eli**j**o, eliges...; seguir: si**g**o, sigues...

Unidad 9

Wochentage

lunes	*Montag*
martes	*Dienstag*
miércoles	*Mittwoch*
jueves	*Donnerstag*
viernes	*Freitag*
sábado	*Samstag*
domingo	*Sonntag*

Wochentage stehen mit Artikel:
- im Singular für ein einmaliges Ereignis:
  El lunes vamos al cine (*am Montag*).
- im Plural für ein sich wiederholendes Ereignis:
  Los lunes tenemos clase de español (*montags*).

Reflexive Verben ☞ 4.2

Wie im Deutschen gibt es auch im Spanischen reflexive Verben, manche sind identisch (z. B. **ducharse** *sich duschen*), andere aber nicht (z. B. **llamarse** *heißen*). Reflexive Verben erkennt man an der Infinitivendung **-se**. Sie bestehen aus Reflexivpronomen und Verbform für die jeweilige Person.

yo	**me**	ducho	*ich dusche mich*
tú	**te**	duchas	*du duschst dich*
usted, él, ella	**se**	ducha	*Sie duschen sich, er/sie duscht sich*
nosotros/-as	**nos**	duchamos	*wir duschen uns*
vosotros/-as	**os**	ducháis	*ihr duscht euch*
ustedes, ellos, ellas	**se**	duchan	*Sie/sie duschen sich*

Die Reflexivpronomen stehen normalerweise vor dem Verb:	**Me ducho** todos los días.
Im Perfekt stehen sie unmittelbar vor haber + Partizip:	Hoy no **me he duchado**.
Beim Infinitiv werden sie meistens angehängt:	Ya puedes **ducharte**.
Das ist aber nicht obligatorisch, man kann auch sagen:	Ya **te** puedes **duchar**.

Abgesehen vom Reflexivpronomen verhalten sich reflexive Verben genauso wie andere, d. h. die Endungen entsprechen denen der drei Gruppen (-ar, -er, -ir), und es gibt auch welche, die ihren Stammvokal verändern, z. B.

despertarse: me desp**ie**rto, te desp**ie**rtas, se desp**ie**rta, nos despertamos...
acostarse: me ac**ue**sto, te ac**ue**stas, se ac**ue**sta, nos acostamos...

Die Uhrzeit ☞ 12.1

Von der vollen Stunde bis zu einer halben Stunde "nach" wird die Zeit mit **y** addiert; danach werden die Minuten von der folgenden Stunde abgezogen.

13.00	Es la una.		
14.00	Son las dos.		
14.05	Son las dos **y** cinco.	14.35	Son las tres **menos** veinticinco.
14.15	Son las dos **y** cuarto.	14.45	Son las tres **menos** cuarto.
14.25	Son las dos **y** veinticinco.	14.55	Son las tres **menos** cinco.
14.30	Son las dos **y** media.	15.00	Son las tres en punto.

Wie man die Uhrzeit erfragt und angibt:

Vertraut	Förmlich
● ¿Qué hora es? ○ (Es) la una.	● ¿Tiene hora? ○ Son las diez y media.

Wie man einen Zeitpunkt erfragt und angibt:

● ¿A qué hora abren el museo?
○ A las cuatro y media de la tarde.

● ¿A qué hora te has levantado hoy?
○ A las siete.

Las tiendas abren a las diez **de la mañana**. El banco cierra a las seis **de la tarde**.
Wenn man Tageszeiten nicht in Verbindung mit einer Uhrzeit nennt, verwendet man **por**:
por la mañana, por la tarde, por la noche: El banco no abre **por la tarde**.

Bei offiziellen Zeitangaben (z. B. Radioansage, Bahnhof) werden 24 Stunden gezählt.

14.40 Son las catorce horas y cuarenta minutos.
El tren sale a las catorce cuarenta.

Wie man Überraschung ausdrückt

¡Qué pronto!	*Wie früh!*	¿Ah, sí?	*Ach ja?*
¡Qué temprano!	*Wie früh!*	¿De verdad?	*Wirklich?*
¡Qué tarde!	*Wie spät!*	No me diga(s).	*Sagen Sie bloß./Sag bloß.*

Unregelmäßige Partizipien 4.4

Wie Sie wissen, bildet man das Perfekt mit **haber** + **Partizip Perfekt**.
Einige häufige Verben haben ein unregelmäßiges Partizip Perfekt.

abrir	decir	escribir	hacer	ir	poner	ser	ver	volver
abierto	**dicho**	**escrito**	**hecho**	**ido**	**puesto**	**sido**	**visto**	**vuelto**

Unregelmäßige Verben 4.1

Diese vier häufig gebrauchten Verben, die Sie zum Teil schon kennen, sind in der ersten Person Singular unregelmäßig. **Decir** verändert außerdem den Stammvokal (vgl. pedir, Unidad 8).

	hacer	poner	salir	decir
yo	**hago**	**pongo**	**salgo**	**digo**
tú	haces	pones	sales	dices
usted, él, ella	hace	pone	sale	dice
nosotros/-as	hacemos	ponemos	salimos	decimos
vosotros/-as	hacéis	ponéis	salís	decís
ustedes, ellos, ellas	hacen	ponen	salen	dicen

Antes de – depués de 12.3

Beide Ausdrücke können mit Substantiv + Artikel oder mit Infinitiv verbunden werden. Die Verbindung mit Infinitiv wird im Deutschen durch einen Nebensatz wiedergegeben. Das Subjekt ist in beiden Teilsätzen identisch.

¿Qué haces antes del trabajo?	*Was machst du vor der Arbeit?*
Felipe cena antes de salir.	*Felipe ißt zu Abend, bevor er ausgeht.*
Después del trabajo hago las compras.	*Nach der Arbeit gehe ich einkaufen.*
Después de ducharme voy al trabajo.	*Nachdem ich (mich) geduscht habe, gehe ich zur Arbeit.*

Nationalitätsbezeichnungen 7.1

Nationalitätsbezeichnungen sind, anders als im Deutschen, immer Adjektive. Vergleichen Sie:

La comida italiana es fantástica.	*Das italienische Essen ist ausgezeichnet.*
Giovanna es italiana.	*Giovanna ist Italienerin (= italienisch).*

	Singular	Plural
maskulin	un libro italian**o**	libros italian**os**
feminin	una pizza italian**a**	pizzas italian**as**
maskulin	un coche español	coches español**es**
feminin	una casa español**a**	casas español**as**

Die meisten Nationalitätsadjektive bilden, unabhängig von ihrer Endung, die weibliche Form auf **-a**. Beachten Sie: alemán – alemana.

OJO: Die Pluralformen werden normal gebildet: ~~español**os**~~ > español**es**, ~~aleman**os**~~ > aleman**es**
Nationalitätsadjektive lassen sich nach ihrer Endung klassifizieren, doch es gibt auch viele, die nicht in das folgende Schema passen:

-ano/-ana	-és/-esa	-o/-a	andere
italiano	danés	suizo	belga
peruano	holandés	austríaco	iraquí
venezolano	francés	sueco	
mexicano	inglés	noruego	

Wie man Zeitpunkte vergleicht

Los italianos se levantan **más temprano que** los españoles.	*früher als*
Los españoles desayunan **más tarde que** los austríacos.	*später als*
Los alemanes cenan **a la misma hora que** los suizos.	*zur selben Zeit wie*

Die Steigerung 7.2

Sie haben die Steigerung teilweise schon in Unidad 6 kennengelernt und wissen, daß man den Komparativ mit **más/menos... que** bildet. Den Superlativ bildet man mit **el más..., la más..., los más..., las más...**

Komparativ:	Madrid es **más** grande **que** Barcelona.	*größer als*	(Adjektiv)
	Los alemanes duermen **más que** los españoles.	*mehr als*	(Verb)
	Madrid tiene **más** museos **que** Barcelona.	*mehr als*	(Substantiv)
Superlativ:	París es **la** ciudad **más** bonita de Francia	*die schönste*	(Adjektiv)
	y también es **la más** cara.	*die teuerste*	
	De todos los europeos los checos trabajan **más**.	*am meisten*	(Verb)
	En nuestra familia Roberto tiene **más** dinero.	*am meisten*	(Substantiv)
	De todos los invitados Eva es la que ha llegado **más** tarde.	*am spätesten*	(Adverb)

Einige Steigerungsformen sind unregelmäßig:

Unregelmäßige Formen	Alter	Größe
bueno/bien > mejor *besser* malo/mal > peor *schlechter*	grande > mayor *älter* pequeño > menor *jünger*	grande > más grande/mayor *größer* pequeño > más pequeño/menor *kleiner*

Diese unregelmäßigen Formen gelten auch für den Superlativ: Rita es **la menor** de mis hermanos.
Mejor und **peor** können auch Adverb sein: Elvira canta mucho **mejor** que Roberta.

Unidad 10

Mengenbezeichnungen 9.4

todos, todas – *alle*
casi todos/-as – *fast alle*
la mayoría – *die Mehrheit*
algunos, algunas – *einige*
casi nadie – *fast niemand*
nadie – *niemand*

Nach **la mayoría** und **Prozentzahlen** steht das Verb normalerweise im Singular:
La mayoría de los españoles cena entre las nueve y las diez.
Man kann auch folgenden Satz finden:
La mayoría de los españoles cenan entre las nueve y las diez.
In diesem Fall bezieht sich "cenar" stärker auf "los españoles", obwohl es nicht das eigentliche Bezugswort ist.

Das Gerundium (Verlaufsform) 4.3

Man bildet das Gerundium durch Anhängen der Endung **-ando** bzw. **-iendo** an den Stamm.

Verben auf **-ar**	Verben auf **-er/-ir**
toc**ar** > toc**ando** habl**ar** > habl**ando**	beb**er** > beb**iendo** viv**ir** > viv**iendo**

OJO:

dormir → **durmiendo**   ir → **yendo**
decir → **diciendo**   leer → **leyendo**

Trifft die Endung **-iendo** mit einem Vokal zusammen, so schreibt man stattdessen **-yendo**.

- Man verwendet **estar** + **Gerundium**, um eine Handlung, die gerade stattfindet, zu beschreiben:
  Estamos escuchando música y bailando salsa. *Wir hören gerade Musik und tanzen Salsa.*

- Das Gerundium kann auch ohne **estar** gebraucht werden; dann wird es durch einen Nebensatz wiedergegeben:
  Jugando al tenis descanso mejor. *Wenn ich Tennis spiele ...*
  Olvido mis problemas **jugando** con el ordenador. *... indem ich am Computer spiele.*
  Saliendo de la estación es la primera calle a la derecha. *Wenn Sie aus dem Bahnhof kommen ...*

- Das Gerundium kann auch in Verbindung mit anderen Verben gebraucht werden:
  Llevar, **pasar** + **Gerundium** drückt Dauer aus:
  Llevamos dos años **estudiando** español. *Wir lernen seit zwei Jahren Spanisch.*
  Paso varias horas **jugando**. *Ich verbringe mehrere Stunden mit Spielen.*

  Seguir + **Gerundium** drückt die Fortsetzung einer Handlung aus:
  Seguimos estudiando español. *Wir lernen weiterhin Spanisch.*

Wenn der Satz ein Pronomen enthält, steht es entweder vor **estar**, **llevar**..., oder es wird an das Gerundium angehängt. In diesem Fall ist ein Akzent erforderlich, damit die Betonung erhalten bleibt:
Me estoy duchando. – Estoy duchándo**me**. **Lo** está mirando. – Está mirándo**lo**.

Ordnungszahlen 11.2

1°	primero	6°	sexto
2°	segundo	7°	séptimo
3°	tercero	8°	octavo
4°	cuarto	9°	noveno
5°	quinto	10°	décimo

Ordnungszahlen über 10 sind ungebräuchlich. Man verwendet stattdessen die entsprechenden Grundzahlen.

Ordnungszahlen werden wie Adjektive verändert: La segunda calle a la izquierda.
Primero und **tercero** werden vor männlichen Substantiven verkürzt: Vivimos en el **primer** piso.
Nach Ordnungszahlen steht kein Punkt, sondern die Endung der Ordnungszahl:
el **3**^{er} piso (el tercer piso), la **2**^{a} calle (la segunda calle), el **1**^{er} capítulo (el primer capítulo).

Wie man telefoniert

Díga(me).	*Hallo./Ja, bitte?*
¿Está el señor Ramos, por favor?	*Ist Herr Ramos da/zu sprechen?*
¿Puedo hablar con Martina?	*Kann ich Martina sprechen?*
¿De parte de quién?	*Wer ist am Apparat?*
La señora López no está.	*Frau López ist nicht da.*
El jefe está hablando por otra línea.	*Der Chef spricht gerade auf einer anderen Leitung.*
¿Quiere dejar(le) algún recado?	*Möchten Sie (ihm/ihr) eine Nachricht hinterlassen?*
Se ha equivocado de número.	*Sie haben sich verwählt.*
Ahora se pone.	*Er/Sie kommt sofort an den Apparat.*
Éste es el contestador automático de...	*Hier ist der automatische Anrufbeantworter von ...*

Wie man Zugauskünfte einholt und Fahrkarten kauft

¿A qué hora sale el tren para...?	*Um wieviel Uhr fährt der Zug nach ... ab?*
¿Hay un tren directo para...?	*Gibt es einen durchgehenden Zug nach ...?*
¿A qué hora llega el tren de...?	*Um wieviel Uhr kommt der Zug aus ... an?*
Un billete de ida y vuelta.	*Eine Hin- und Rückfahrkarte.*
Sólo ida, por favor.	*Nur Hinfahrt, bitte.*

Wie man sich verabredet

•• Wie man einen Vorschlag macht:

¿Por qué no vienes al cine con nosotros?	*Warum kommst du nicht mit uns ins Kino?*
¿Vamos al Rastro el domingo?	*Gehen wir am Sonntag auf den Flohmarkt?*
¿Cenamos juntos mañana?	*Essen wir morgen zusammen zu Abend?*
¿Vamos a tomar una copa?	*Wollen wir etwas trinken gehen?*

•• Wie man zustimmt:

Vale, de acuerdo.
Muy bien.
Sí, perfecto.

•• Wie man ablehnt:

Lo siento, mañana no puedo, es que...
A las ocho no puedo, tengo clase de inglés.
Mejor el lunes. /Mejor a las nueve.

•• Wie man einen Ort oder Termin vereinbart:

- ● ¿Dónde quedamos?
- ○ En el Mesón del Cid.

- ● ¿A qué hora (quedamos)?
- ○ ¿Qué tal a las nueve?

Wie man ein Vorhaben in der Zukunft äußert 4.12

Man verwendet das Verb **ir a + Infinitiv**, um ein bestimmtes Vorhaben in der Zukunft auszudrücken.
¿**Vas a trabajar** mañana?
¿**Vamos a bailar** el viernes?

Betonte Personalpronomen 9.1

Sie kennen schon die betonten Personalpronomen aus Unidad 6; sie werden zur Hervorhebung oder in Verbindung mit Präpositionen gebraucht. In Verbindung mit der Präposition **con** bilden die ersten beiden Personen eine Ausnahme:

Subjekt (wer?)			Objekt (wen, wem?)		
yo	*ich*		mí	*mich, mir*	**conmigo**
tú	*du*		ti	*dich, dir*	**contigo**
usted	*Sie*		usted	*Sie, Ihnen*	con usted
él	*er*	**a**	él	*ihn, ihm*	con él
ella	*sie*	**sin**	ella	*sie, ihr*	con ella
nosotros/-as	*wir*	**para**	nosotros/-as	*uns*	con nosotros/-as
vosotros/-as	*ihr*		vosotros/-as	*euch*	con vosotros/-as
ustedes	*Sie*		ustedes	*Sie, Ihnen*	con ustedes
ellos	*sie*		ellos	*sie, ihnen*	con ellos
ellas	*sie*		ellas	*sie, ihnen*	con ellas

Poder – saber 4.10

Dem deutschen "können" entsprechen die spanischen Verben **poder** und **saber**, je nachdem ob es sich um eine Möglichkeit oder um eine Fähigkeit/etwas Gelerntes handelt:

Möglichkeit	Fähigkeit/Gelerntes
● ¿**Puedes** venir mañana? ○ No, tengo mucho trabajo.	● ¿**Sabes** tocar la guitarra? ○ Sí, un poco.

poder — können
saber < wissen / können

Der Imperativ (bejaht) 4.13

	Verben auf **-ar**:		Verben auf **-er** und **-ir**:	
	invit**ar**	pens**ar**	com**er**	escrib**ir**
(tú) (usted) (ustedes)	invit**a** invit**e** invit**en**	piens**a** piens**e** piens**en**	com**e** com**a** com**an**	escrib**e** escrib**a** escrib**an**

Der Imperativ der 2. Person Plural (vosotros) wird selten gebraucht; man bildet ihn, indem man das **-r** des Infinitivs durch ein **-d** ersetzt: invit**ad**, pens**ad**, com**ed**, escrib**id**.
Häufig wird aber stattdessen auch der Infinitiv verwendet: Niños, ¡**cerrar** la puerta!

Verben, die ihren Stammvokal in den Präsensformen verändern, tun das auch beim Imperativ. Um die Aussprache beizubehalten, ergeben sich manchmal Veränderungen in der Rechtschreibung, z. B.:

buscar → bus**que** (aber: busca)
organizar → organi**ce** (aber: organiza)
elegir → eli**j**a (aber: elige)

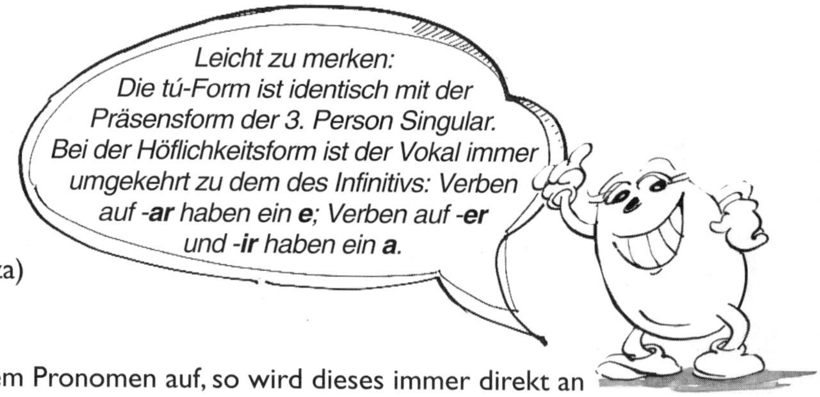

Tritt der Imperativ in Verbindung mit einem Pronomen auf, so wird dieses immer direkt an den Imperativ angehängt: Cóme**lo**. – *Iß es.* Escríba**me**. – *Schreiben Sie mir.* Dúcha**te**. – *Dusch dich.*

Man verwendet den Imperativ

- als Aufforderung, wenn man etwas anbietet: **Tome** un poco más de tarta, señora.
- als Antwort auf eine Bitte um Erlaubnis: ¿Puedo fumar? – Sí, claro, **fume**.
- um Ratschläge oder Anweisungen zu erteilen: **Lee** este libro. Es muy interesante.

Den Imperativ der wichtigsten unregelmäßigen Verben werden Sie in Unidad 11 kennenlernen.

Unidad 11

Monatsnamen und Jahreszeiten 12.2

enero	mayo	septiembre
febrero	junio	octubre
marzo	julio	noviembre
abril	agosto	diciembre

primavera	*Frühling*
verano	*Sommer*
otoño	*Herbst*
invierno	*Winter*

Wie man Absichten äußert

Ir a...		Vamos a pasar las vacaciones en Holanda.	*Wir werden ...*
Pensar...	+ Infinitiv	Pensamos hacer excursiones en bicicleta.	*Wir haben vor ...*
Querer...		Queremos también visitar Amsterdam.	*Wir wollen ...*

Wie man Vermutungen äußert

Me parece que Creo que Pienso que	la foto número 5 es Cuba porque es una playa típica.

Der Imperativ (unregelmäßige Formen) 4.13

Einige häufig gebrauchte Verben haben einen unregelmäßigen Imperativ. Die erste Person Singular Präsens der unregelmäßigen Verben kann häufig ein Anhaltspunkt für die Bildung des Imperativs der Höflichkeitsform sein: tengo – tenga

	venir	poner	tener	hacer	decir	ir
(tú)	ven	pon	ten	haz	di	ve
(usted)	venga	ponga	tenga	haga	diga	vaya
(ustedes)	vengan	pongan	tengan	hagan	digan	vayan

Die Imperativformen der vosotros-Form sind regelmäßig: venir > venid, poner > poned, ir > id, ...

Ya – todavía no 12.3

ya – *schon*
todavía no – *noch nicht*

- ¿Has cambiado el dinero ya?
- ○ No, todavía no.

- Tenemos que reservar los billetes.
- ○ Ya los he reservado.

Wie man Informationen einholt

Queríamos informarnos sobre un viaje a... – *Wir möchten uns informieren über eine Reise nach ...*
¿Puede recomendarnos un hotel? – *Können Sie uns ein Hotel empfehlen?*
Puede reservarnos una habitación? – *Können Sie uns ein Zimmer reservieren?*
¿Sabe usted a qué hora sale el avión? – *Wissen Sie, um wieviel Uhr das Flugzeug abfliegt?*

Das Wetter

¿Qué tiempo hace?
Viele Angaben zum Wetter macht man mit **hacer**: Hace frío. – *Es ist kalt. (wörtlich: Es macht Kälte.)*

Hace	buen tiempo.	*Das Wetter ist schön.*	Está nublado.	*Es ist bewölkt.*
	sol.	*Die Sonne scheint.*	Hay niebla.	*Es ist neblig.*
	calor.	*Es ist heiß.*	Llueve.	*Es regnet.*
	frío.	*Es ist kalt.*	Nieva.	*Es schneit.*
	viento.	*Es ist windig.*		
	mal tiempo.	*Das Wetter ist schlecht.*		
	15 grados.	*Es sind 15 Grad.*		

Das Indefinido 4.5

	Verben auf **-ar**:	Verben auf **-er/-ir**:	
	pas**ar**	com**er**	viv**ir**
yo	pas**é**	com**í**	viv**í**
tú	pas**aste**	com**iste**	viv**iste**
usted, él, ella	pas**ó**	com**ió**	viv**ió**
nosotros/-as	pas**amos**	com**imos**	viv**imos**
vosotros/-as	pas**asteis**	com**isteis**	viv**isteis**
ustedes, ellos, ellas	pas**aron**	com**ieron**	viv**ieron**

ser/ir
fui
fuiste
fue
fuimos
fuisteis
fueron

Bei den Verben auf **-ar** und **-ir** ist die erste Person Plural identisch mit der Präsensform (pasamos, vivimos). Durch den Kontext wird aber immer klar, um welche Zeit es sich handelt.

Orthographische Besonderheiten:
Bei Verben, deren Stamm auf **-z**, **-c** oder **-g** endet, ändert sich – wie Sie es schon beim Imperativ kennengelernt haben – in einigen Formen die Rechtschreibung, damit die Aussprache erhalten bleibt:

empezar → empe**c**é (aber: empezaste, empezó...)
buscar → bus**qu**é (aber: buscaste, buscó...)
llegar → lle**gu**é (aber: llegaste, llegó...)

Ein unbetontes **i** zwischen zwei Vokalen wird zu **y**: leer → le**y**ó, le**y**eron (aber: leí, leíste...)
Die wichtigsten unregelmäßigen Formen des Indefinido lernen Sie in Unidad 13 kennen.

Man verwendet das Indefinido für Ereignisse der Vergangenheit, die zu einem bestimmten Zeitpunkt stattgefunden haben und vom Sprecher als abgeschlossen betrachtet werden. Daher steht es häufig in Verbindung mit Zeitangaben wie z. B. **ayer, el año pasado, en 1995**.
Es hängt von der Sichtweise des Sprechers – nicht von der objektiv vergangenen Zeit – ab, ob ein vergangenes Ereignis einen Bezug zur Gegenwart hat (Perfekt) oder ob es um seiner selbst willen erzählt wird (Indefinido). Vergleichen Sie:
Este año hemos pasado las vacaciones en Mallorca. **La semana pasada** estuvimos en Mallorca.
Zum Zeitpunkt des Sprechens liegt der Mallorca-Aufenthalt im ersten Satz objektiv gesehen länger zurück als im zweiten; durch die Wahl der Zeitbestimmung **este año** rückt der Sprecher das Ereignis aber näher an seine Gegenwart heran.

Unidad 12

Die Stellung des Pronomens ➩ 9.1

¿**Me** puede decir dónde están los servicios? ¿Puede decir**me** dónde están los servicios?	Beim Infinitiv (nach Hilfsverben wie poder, querer, tener que...) oder beim Gerundium können die Pronomen angehängt oder vorangestellt werden.
La señora **se** está probando un sombrero. La señora está probándo**se** un sombrero.	
Mamá, ¡cómpra**me** una coca-cola! Siénte**se**, por favor, señora Serales.	Beim Imperativ werden die Pronomen immer angehängt.

Verben mit unregelmäßiger erster Person

Einige dieser Verben haben Sie schon gelernt. Hier noch einmal ein Überblick über die Präsensformen.

hacer	poner	salir	decir	estar	dar	saber
hago	**pongo**	**salgo**	**digo**	**estoy**	**doy**	**sé**
haces	pones	sales	d**i**ces	estás	das	sabes
hace	pone	sale	d**i**ce	está	da	sabe
hacemos	ponemos	salimos	decimos	estamos	damos	sabemos
hacéis	ponéis	salís	decís	estáis	dais	sabéis
hacen	ponen	salen	d**i**cen	están	dan	saben

Unidad 13

Wie man einer Äußerung Nachdruck verleiht ➩ 16.3

Außer zu Vergleich und Steigerung können **más** und **tan** auch dazu dienen, einer Äußerung Nachdruck zu verleihen.

¡Qué ejercicio más difícil!	*Was für eine schwierige Übung!*
¡Qué fiesta más divertida!	*Was für ein unterhaltsames Fest!*
¡Qué vecinos tan simpáticos!	*Was für nette Nachbarn!*
¡Qué difícil!	*Wie schwierig!*
¡Cómo nieva!	*Wie es schneit!*

Die Endung -ísimo 7.2

Die Endung **-ísimo** wird an Adjektive angehängt und drückt den sehr hohen Grad einer Eigenschaft aus. Sie ist veränderlich wie andere Adjektive auf **-o**. Im Deutschen entspricht dies "sehr/äußerst" + Adjektiv.

muy difícil	dificil**ísimo**	Adjektive auf Konsonant: difícil + ísimo
muy cara	car**ísima**	Adjektive auf Vokal: car~~a~~ + ísimo
muy grandes	grand**ísimos**	grand~~e~~ + ísimo
muy simpáticas	simpatiqu**ísimas**	

Besonders ausdrucksvolle Adjektive, z. B. fantástico, enorme, können keine Form auf **-ísimo** bilden.

Wie man über Schmerzen spricht und Medikamente verlangt

Me siento mal/fatal.	*Ich fühle mich schlecht/sehr schlecht.*
Estoy mejor.	*Es geht mir besser.*
Estoy resfriado/-a.	*Ich bin erkältet.*
Me duele el estómago.	*Ich habe Magenschmerzen. (wörtl. Mich schmerzt der Magen.)*
Me duelen las piernas.	*Mir tun die Beine weh.*
Tengo dolor de cabeza.	*Ich habe Kopfschmerzen.*
Tengo tos.	*Ich habe Husten.*

Das Verb **doler** *(weh tun)* wird wie **gustar** konstruiert: **me duele** + Singular, **me duelen** + Plural.

Quiero algo	para la garganta.	*für den Hals*
	contra/para la fiebre.	*gegen Fieber*
	contra/para la diarrea.	*gegen Durchfall*
	para dormir.	*zum Schlafen*

Der verneinte Imperativ 4.13

Den bejahten Imperativ kennen Sie schon aus Unidad 10. Vergleichen Sie mit den verneinten Formen:

	bejahter Imperativ		verneinter Imperativ	
	-ar	**-er** und **-ir**	**-ar**	**-er** und **-ir**
(tú)	tom**a**	com**e**	no tom**es**	no com**as**
(usted)	tom**e**	com**a**	no tom**e**	no com**a**
(ustedes)	tom**en**	com**an**	no tom**en**	no com**an**

Alle verneinten Imperativformen haben die umgekehrten Vokale im Vergleich zu ihren Infinitivendungen.
Die Höflichkeitsformen sind beim bejahten und verneinten Imperativ identisch.
Beim verneinten Imperativ werden die Pronomen vorangestellt: No **lo** comas.

Das Indefinido der wichtigsten unregelmäßigen Verben 4.5

Die unregelmäßigen Verben im Indefinido haben einen unregelmäßigen Stamm. Für alle gelten aber die gleichen Endungen.

tener	hacer
tuve	hice
tuviste	hiciste
tuvo	hi**z**o
tuvimos	hicimos
tuvisteis	hicisteis
tuvieron	hicieron

Infinitiv	Indefinido
poder	pud – **e**
poner	pus – **iste**
estar	estuv – **o**
querer	quis – **imos**
decir	dij – **isteis**
venir	vin – **ieron**

OJO: decir ——▸ ~~dijieron~~ dijeron

pedir	dormir
pedí pediste pidió pedimos pedisteis pidieron	dormí dormiste durmió dormimos dormisteis durmieron

Die Verben auf **-ir**, bei denen sich im Präsens der Stammvokal **e** zu **i** oder **ie** ändert, haben im Indefinido in der 3. Pers. Singular und Plural ein **i** anstelle des **e**: preferir: preferí, preferiste, prefirió... Analog dazu steht bei dormir und morir an dieser Stelle ein **u** anstelle des **o**.

Unidad 14

Das betonte Possessivpronomen 9.2

Singular		Plural	
el mío	la mía	los míos	las mías
el tuyo	la tuya	los tuyos	las tuyas
el suyo	la suya	los suyos	las suyas
el nuestro	la nuestra	los nuestros	las nuestras
el vuestro	la vuestra	los vuestros	las vuestras
el suyo	la suya	los suyos	las suyas

Man verwendet die betonten Possessivpronomen

- mit Artikel, wenn das Substantiv schon genannt wurde und man es nicht wiederholen will:
  - ● Nuestra cocina tiene mucha luz.
  - ○ **La nuestra** no.
- ohne Artikel, wenn man über den Besitzer Auskunft gibt:
  - ● ¿De quién es esta chaqueta?
  - ○ Es **mía**. *(Das ist meine.)*
- mit unbestimmtem Artikel, wenn eine/r von mehreren gemeint ist:
  - ● Marisela es una amiga **mía**. *(Marisela ist eine Freundin von mir.)*

Adverbien auf -mente 8.1

Adverbien können von Adjektiven abgeleitet werden, indem man die Endung **-mente** an die weibliche Form des Adjektivs anhängt:

Adjektiv:	Vivo en un piso **tranquilo**.	Es un ejercicio **fácil**.
Adverb:	Preferimos vivir **tranquilamente**.	Lo hacemos **fácilmente**.

Das Imperfekt 4.6

	Verben auf **-ar**	Verben auf **-er**	Verben auf **-ir**
yo	trabaj**aba**	com**ía**	viv**ía**
tú	trabaj**abas**	com**ías**	viv**ías**
usted, él, ella	trabaj**aba**	com**ía**	viv**ía**
nosotros/-as	trabaj**ábamos**	com**íamos**	viv**íamos**
vosotros/-as	trabaj**abais**	com**íais**	viv**íais**
ustedes, ellos, ellas	trabaj**aban**	com**ían**	viv**ían**

Die Imperfektendungen sind für die Verben auf **-er** und **-ir** gleich.
Das Imperfekt von **hay** heißt **había**.

Nur drei Verben haben ein unregelmäßiges Imperfekt, alle anderen sind regelmäßig.

	ser	ir	ver
yo	era	iba	veía
tú	eras	ibas	veías
usted, él, ella	era	iba	veía
nosotros/-as	éramos	íbamos	veíamos
vosotros/-as	erais	ibais	veíais
ustedes, ellos, ellas	eran	iban	veían

Man verwendet das Imperfekt,

- um Zustände und Gewohnheiten in der Vergangenheit zu beschreiben. — En esa época, las casas eran pequeñas y no tenían mucha luz.
- um eine Situation in der Vergangenheit zu beschreiben, die den Hintergrund für ein anderes, wichtigeres Ereignis bildet. — Estábamos en el aeropuerto, hacía mucho calor y todos estaban nerviosos, pero el avión no llegó.
- um einen Wunsch höflich zu formulieren. — Quería reservar una habitación individual.

Innerhalb einer Erzählung wird der Rahmen oder Hintergrund im Imperfekt beschrieben. Daher steht das Imperfekt häufig mit Angaben wie **antes, siempre, mientras, todos los días...**

Die neu einsetzende Handlung wird im Indefinido ausgedrückt, daher steht das Indefinido häufig mit Angaben wie **de repente, pronto, entonces, enseguida...**

Hilfreich für den richtigen Gebrauch der Zeiten ist folgende Fragestellung:

Was war (schon)?	Was geschah (neu)?
Cuando estaba jugando en la cocina...	... su madre le dijo: "Tu abuela tiene fiebre."
Iba por el bosque y pensaba en su abuela.	De repente encontró al lobo.
Mientras recogía margaritas...	... el lobo corrió a la casa de la abuela.
La abuela no oía muy bien...	... así que no notó la diferencia de voz y abrió la puerta.

Indefinitpronomen 9.4

• ¿Ha llamado **alguien**? ○ No, **no** ha llamado **nadie**.	*Hat jemand angerufen?* *Nein, es hat niemand angerufen.*	Diese Pronomen stehen allein. Sie sind unveränderlich.
• ¿Has comprado **algo**? ○ No, **no** he comprado **nada**.	*Hast du etwas gekauft?* *Nein, ich habe nichts gekauft.*	**Alguien/nadie** steht für Personen, **algo/nada** für Sachen.

• ¿Hay **algún** banco por aquí? ○ No, **no** hay **ninguno**.	*Gibt es hier (irgend)eine Bank?* *Nein, es gibt keine.*	Diese Pronomen können wie Adjektive vor einem Substantiv stehen oder allein. Sie beziehen sich aber immer auf ein Substantiv und verändern sich entsprechend.
• ¿Tienes **alguna** idea? ○ No, **ninguna**.	*Hast du (irgend)eine Idee?* *Nein, keine (einzige).*	
• ¿Vienen tus amigos? ○ Sí, **algunos**.	*Kommen deine Freunde?* *Ja, einige.*	

Alguno und **ninguno** werden vor männlichen Substantiven im Singular verkürzt zu **algún/ningún**.

Die Verneinung → 16.4

¿Vienes mañana? – **No**. ¿Por qué **no** vienes? Es que **no** tengo tiempo. **No** me gusta el alcohol.	*Kommst du morgen? – Nein.* *Warum kommst du nicht?* *Weil ich keine Zeit habe.* *Ich mag keinen Alkohol.*	**No** steht für *nein, nicht, kein.* **No** steht vor dem Verb. Steht ein Pronomen vor dem Verb, so steht **no** vor dem Pronomen.
Nadie lo sabe. ¡**Nunca** tenéis tiempo! **No** lo digas a **nadie**. Hoy **no** comemos **nada**. **No** compran **nunca nada**.	*Niemand weiß es.* *Nie habt ihr Zeit!* *Sag es niemandem.* *Heute essen wir nichts.* *Sie kaufen nie etwas.*	**Nada, nunca, nadie** am Satzanfang werden ohne **no** verwendet. Stehen **nada, nunca, nadie** hinter einem Verb, so muß davor **no** stehen.

Zwei verneinte Elemente werden durch **ni** miteinander verbunden:

Los cuentos **no** describen **ni** sangre **ni** dolor. — *Märchen beschreiben weder Blut noch Schmerz.*
No creo en dragones **ni** en brujas. — *Ich glaube nicht an Drachen und an Hexen.*

Unidad 15

Wie man gratuliert und Glück wünscht

Bei Festen und erfreulichen Ereignissen: ¡Felicidades!
Zum Geburtstag: ¡Feliz cumpleaños!
¡Que cumpla(s) muchos más!
Zu Weihnachten: ¡Feliz Navidad!
Zum Neuen Jahr: ¡Feliz/Próspero Año Nuevo!
Bei erfreulichen Ereignissen: ¡Enhorabuena!

Wie man ein Geschenk überreicht:

Toma, esto es para ti.
Tome, esto es para usted.
Te/Le he traído una cosita.

Wie man ein Geschenk annimmt:

¿Pero por qué te has molestado?
¿Pero por qué se ha molestado?
Pero no era necesario.

Zwei Objektpronomen im Satz → 9.1

Ein Element, das schon genannt wurde, wird normalerweise nicht wiederholt, sondern durch ein Pronomen ersetzt. Sie haben die Pronomen, die ein direktes oder indirektes Objekt ersetzen, schon kennengelernt (Unidad 5 und 6).
Treffen zwei Pronomen zusammen, so steht das indirekte (Dativ) vor dem direkten (Akkusativ).

Me gusta esta blusa. — **Me la** compro. — *Ich kaufe sie mir.*
¿Te gusta este jersey? — **Te lo** regalo. — *Ich schenke ihn dir.*

Beachten Sie: **le/les** werden zu **se**, wenn **lo/la/los/las** folgt.

¿El vino?	**Me**	**lo**	ha regalado José.
¿El perfume?	**¿Te**	**lo**	has comprado tú?
¿La blusa?	~~**Le**~~ **Se**	**la**	ha regalado su nieta Tere.
¿Los bombones?	**Nos**	**los**	ha regalado mi tía.
¿Las rosas?	**¿Os**	**las**	ha regalado Luis?
¿El champán?	~~**Les**~~ **Se**	**lo**	han regalado sus sobrinos.

Die Stellung zweier Pronomen im Satz ist wie die der einzelnen (vgl. Unidad 12):

¿Este libro?	**Me lo** quiero comprar mañana. Quiero comprár**melo** mañana.	Bei Infinitivkonstruktionen mit Hilfsverben (wie **querer, ir a, poder**) und in Verbindung mit dem Gerundium können die Pronomen vorangestellt oder angehängt werden.
¿El sombrero?	**Se lo** está probando. Está probándo**selo**.	
¡Mamá, cómpra**melo**! Explíca**selo** a los niños.		In Verbindung mit dem bejahten Imperativ werden sie immer angehängt.

OJO: Bei angehängten Pronomen muß ein Akzent gesetzt werden, damit die Betonung erhalten bleibt.

Desde, hace, desde hace 12.3

vor = **hace** + Zeitraum		seit = **desde** + Zeitpunkt		seit = **desde hace** + Zeitraum	
hace 3 años	*vor 3 Jahren*	desde 1990	*seit 1990*	desde hace 3 años	*seit 3 Jahren*
hace 2 meses	*vor 2 Monaten*	desde abril	*seit April*	desde hace 2 semanas	*seit 2 Wochen*
hace 5 días	*vor 5 Tagen*	desde ayer	*seit gestern*	desde hace poco tiempo	*seit kurzer Zeit*

- ¿Cuándo os conocisteis?
- ○ Hace tres años.

- ¿Desde cuándo os conocéis?
- ○ Desde 1995.

- ¿Qué tal Verónica?
- ○ No la he visto desde hace mucho tiempo.

Das Konditional 4.7

	Konditional		tomar
yo	Infinitiv +	**-ía**	tomar**ía**
tú		**-ías**	tomar**ías**
usted, él, ella		**-ía**	tomar**ía**
nosotros/-as		**-íamos**	tomar**íamos**
vosotros/-as		**-íais**	tomar**íais**
ustedes, ellos, ellas		**-ían**	tomar**ían**

Beim Konditional werden die Endungen an den Infinitiv angehängt. Sie sind für alle Konjugationsgruppen gleich, auch für unregelmäßige Verben (ser, ir...).

Infinitiv	Konditional		venir
decir	**dir** –	**ía**	vendr**ía**
haber	**habr** –	**ías**	vendr**ías**
hacer	**har** –	**ía**	vendr**ía**
poder	**podr** –	**íamos**	vendr**íamos**
poner	**pondr** –	**íais**	vendr**íais**
tener	**tendr** –	**ían**	vendr**ían**

Einige Verben haben im Konditional einen unregelmäßigen Stamm, an den die regelmäßigen Endungen angehängt werden.

Man verwendet das Konditional

- für Dinge, die unter bestimmten Bedingungen realisiert werden könnten:
  En este caso, **llamaría** por teléfono a mi familia. *In diesem Fall würde ich meine Familie anrufen.*
- für Vorschläge und Ratschläge:
  Tendrías que tomar más vitaminas. *Du solltest mehr Vitamine essen.*
  Yo en tu lugar **tomaría** vitaminas. *Ich an deiner Stelle würde Vitamine nehmen.*
- für höfliche Bitten:
  ¿Podría usted abrir la ventana? *Könnten Sie das Fenster öffnen?*

Transkription

Texte auf der Cassette, die nicht
im Lektionsteil abgedruckt sind.

Unidad 1

Unidad 1, Bloque B

El mundo del español. Un mundo de inmensas posibilidades.
En Europa se habla español. En América se habla español. En África se habla español. En Asia se habla español. Usted tiene cuatro continentes para elegir y más de veinte países: Perú, Guinea Ecuatorial, México, Filipinas, España, Nicaragua, Chile, Argentina, Venezuela... Y cada uno de estos países tiene cosas fantásticas que ofrecerle.

Si hablamos de comida: la paella, los tacos, la tortilla de patatas, el chile con carne, el gazpacho... ¡Mmmh! ¡Qué apetito! ¿Y para beber? Tenemos tequila, sangría, vinos de Rioja, Jerez, ron cubano, mojitos, piña colada... ¡Chin chin!

¿Quiere saber algo de fiestas y folclore? La Semana Santa en Sevilla o en Valladolid, las Fallas de Valencia, los Sanfermines de Pamplona y la noche de San Juan... El tango, la salsa, el flamenco, la cumbia, el merengue, la rumba. El mundo del español tiene mucho ritmo. ¡Eso es música!

Y continuamos con la música. ¿Conoce a Julio Iglesias, a Paco de Lucía o a Celia Cruz? ¿Y a José Carreras, a Plácido Domingo, a Montserrat Caballé o a Alfredo Kraus?

Ya que hablamos de arte, vamos a seguir con la pintura: Salvador Dalí, Diego Rivera, Frida Kahlo, Pablo Picasso, Fernando Botero, Joan Miró, Goya o Velázquez, por ejemplo. Sus cuadros están en los museos más importantes del mundo.

El mundo del español también tiene una literatura fascinante. Autores como Gabriel García Márquez, Miguel de Cervantes, Isabel Allende, Camilo José Cela, Pablo Neruda o Federico García Lorca son famosos en muchos países.

Y los innumerables y bellísimos monumentos que usted puede encontrar en el mundo del español: la Alhambra de Granada, las pirámides de Tikal en Guatemala, la catedral de Santiago de Compostela, las casas de estilo colonial en Cuba o en Venezuela.

Y en fin, tantos lugares maravillosos como la Sierra Nevada en España, el Camino de Santiago, la Isla de Pascua en Chile, las Islas Galápagos, Machu Picchu en Perú, el lago Titicaca...

Trescientos millones de personas quieren comunicarse con usted. El mundo del español es inmenso. Descúbralo con nosotros.

Unidad 2

Unidad 2, Bloque A

4

1. • Buenos días, señor López, ¿cómo está usted?
   ○ Muy bien, gracias, ¿y usted?
   • También muy bien, gracias.
2. • Pst, tú eres Viviana, ¿verdad?
   ○ Sí, ¿por qué?
   • Yo soy Nuria. Mi mamá es muy amiga de tu mamá.
   ○ ¡Ah!
3. • ¡Adelante! Ah, buenas tardes. Usted es la madre de Pablo, ¿verdad?
   ○ Sí, soy yo.
   • Siéntese, por favor.
4. • Hasta luego, señores Ramos.
   ○ ¡Hasta luego, y gracias por todo!
5. • Buenos días, señor Díaz.
   ○ Buenos días, señora Flores. ¿Cómo está?
   • Pues bien.
6. • Y tú, ¿de dónde eres?
   ○ Yo, de Costa Rica. ¿Y tú?
   • Yo soy de Venezuela, de Maracaibo.
7. • Adiós, señora Perales.
   ○ Adiós, adiós.
8. • ¿Cómo estás, hija?
   ○ Normal, papá.

9

1. • Oye, y tú, ¿de dónde eres?
   ○ ¿Yo? De Montevideo.
   • Ah, de Uruguay.
2. • Mi madre y yo somos de Costa Rica.
   ○ ¿De Costa Rica? ¿Y de dónde?
   • De San José, la capital.
   ○ ¿Ah, sí? Yo también... ¡Qué casualidad!
3. • Vosotros sois españoles, ¿verdad?
   ○ Sí, yo soy de Málaga.
   ▲ Pues yo, de Barcelona.
4. • Yo soy mexicana.
   ○ ¿De la capital?
   • No, de Guadalajara. Está en el norte de México.
5. • ¿Son ustedes ecuatorianos?
   ○ Sí, exactamente.
   • Aah. ¿De Quito?
   ○ No, no, de Guayaquil.
6. • Yo soy canario.
   ○ ¿Perdón? ¿Cómo?

- Canario, de las Islas Canarias.
- ○ Aah, claro, claro.

12

- Central de taxi.
- ○ Hola, buenas noches. Quería un taxi, por favor, para el restaurante "Torrenueva".
- ¿El "Torrenueva" de la Calle Velázquez?
- ○ Sí, sí, eso es.
- ¿Su nombre, por favor?
- ○ Laura Zuriástegui.
- ¿Cómo? Laura... ¿qué?
- ○ Zuriástegui. Z-U-R-I-A-S-T-E-G-U-I.
- Vale, vale. Enseguida va.

Unidad 2, Bloque B

2

1. • Hola, Juan, ¡cuánto tiempo...! ¿Qué haces ahora? ¿Vives todavía en Barcelona?
   ○ Sí, vivo todavía en Barcelona. Ahora soy fotógrafo y tengo un estudio en el centro, en el Barrio Gótico.
   • ¡Qué interesante!
2. • Buenas tardes, señora López. ¿Cómo está usted?
   ○ ¡Maite! ¿Pero qué haces aquí? ¿Es que trabajas aquí ahora?
   • Sí, desde abril, soy la nueva secretaria de dirección.
   ○ ¡Qué bien!
3. • Buenos días.
   ○ Buenos días. ¿Su nombre?
   • Herrera, Carmen Herrera.
   ○ ¿Profesión?
   • Enfermera.
   ○ ¿Nacionalidad?
   • Venezolana, de Caracas.

4

1. • ¿Sabes? El otro día encontré a Maribel.
   ○ ¿A Maribel... Casares? ¿La novia de Jaime?
   • Sí, sí.
   ○ Ah, ¿y qué tal? ¿Qué hace ahora?
   • Pues... ha terminado su carrera. Es arquitecta y ahora busca trabajo.
   ○ Aah.
2. • ¿Y tú? ¿Estudias o trabajas?
   ○ Las dos cosas. Trabajo de programador...
   • ¡Ah! ¿Estudias Informática?
   ○ No, no, Telecomunicaciones.
   • Mmh, ¡qué interesante!
3. • ¿Sabes que Pedro encontró un trabajo muy interesante?
   ○ ¿Ah, sí? ¿Y qué hace?
   • Trabaja para la televisión. Es reportero en Madrid.
   ○ ¡Qué bien!
4. • Oye, ¿quién es esa chica tan simpática?
   ○ Esa chica tan simpática es mi hermana Dolores. Ahora vive en mi casa.
   • ¿Y eso? ¿Es que trabaja ahora aquí?
   ○ Sí, en el Corte Inglés. Trabaja como dependienta.

Unidad 2, Bloque C

1 **a) Las palabras diferentes:**

Perdonen, ustedes no son **de aquí**, ¿verdad?
Ah, pero qué bien hablan **castellano**.
Sólo **cuatro** días.
¡Ay, sí! Son muy **lindas**.
Vivimos en **Hamburgo**.
Yo estudio **inglés**...

2

1. • Mira, ésta es mi amiga Pia. Es italiana y vive en Verona. Tiene 67 años y es una mujer muy inteligente: habla alemán y francés... e italiano, ¡claro!
   ○ Pues en esta foto parece más joven.
2. • ¿Y tú, quién eres?
   ○ Yo me llamo Erik. Soy alemán, de Friburgo.
   • Chico, qué bien hablas español. ¿Hablas otras lenguas?
   ○ Bueno, sí, inglés y ruso.
   • ¡No me digas! ¡Qué talento! ¿Y cuántos años tienes?
   ○ 33.
3. • Oye, ¿sabes dónde trabaja ahora Miriam?
   ○ ¿Miriam? En Estrasburgo, en el Parlamento Europeo.
   • ¿En el Parlamento Europeo? Es intérprete, ¿no?
   ○ Sí, claro. En su familia hablan alemán y francés. Y además, ha estudiado español y portugués.
4. • ¡Y nuestro siguiente candidato! ¿Cómo te llamas? ¿De dónde eres?
   ○ Yo soy Carlos Gómez. Tengo 42 años. Soy argentino, de Buenos Aires.
   • Ah... ¿Y qué idiomas hablas?
   ○ Mi lengua materna es el castellano, pero también hablo inglés y francés... Me interesan mucho las lenguas.

5

A continuación la combinación ganadora del sorteo correspondiente al 9 de junio de 1995. Los números premiados son los siguientes: 2 – 12 – 22 – 26 – 27 – 41. El número complementario es el 16 y el reintegro corresponde al número 6.

6

1. • Clara ha dicho que te vas de vacaciones.
   ○ Sí, vamos a pasar quince días en Mallorca.
   • ¡Qué bien!
2. • ¿Cuánto tiempo va a quedarse en Alemania?
   ○ Doce días.
   • ¿Nada más?
   ○ Nada más... Es que después vamos a Francia.
   • Aah.
3. • ¿Cuánto es?
   ○ Setenta pesetas, señorita.
   • Bueno.
4. • Y tu hija mayor, ¿cuántos años tiene ahora?
   ○ 22, estudia Económicas en la Universidad.
   • ¿De verdad? ¡Es increíble cómo pasa el tiempo!
5. • ¿Conoces esa canción de Jaén que canta Joaquín Díaz?
   ○ ¿Cuál?

- "Tres morillas me enamoran en Jaén".
  ○ Sí, es muy bonita.

6. • ¿Este autobús va a la estación?
   ○ No, éste no. El número ochenta y seis.
   • Ah, gracias.
   ○ De nada.
7. • Oye, octubre..., ¿cuántos días tiene octubre?
   ○ ¿Octubre? Treinta y uno.
   • Ah, sí, claro, claro.
8. • ¿Conoces el libro "Cien años de soledad"?
   ○ De García Márquez. ¡Cómo no! Es buenísimo.

Unidad 3

Unidad 3, Bloque A

7 b)

¿Quiere pasar unas vacaciones inolvidables? Meliá Tours le presenta algunas ideas para inspirar su fantasía. Venga con nosotros y descubra las ciudades más bellas de Europa:

1. La antigua y la nueva capital de Alemania... la ciudad de los contrastes... el Museo Pergamón... la Puerta de Brandeburgo... los mercados turcos del barrio de Kreuzberg...
2. La capital española... el Museo del Prado... la Puerta del Sol... la Plaza Mayor... muchísimos bares y restaurantes...
3. La ciudad de la música... la Catedral de San Esteban... los famosos cafés vieneses... el Castillo de Schönbrunn... la Ópera...
4. Granada, tierra soñada por mí...
5. La ciudad del amor y de la moda... los Campos Elíseos... el Arco de Triunfo... el río Sena... la Catedral de Notre Dame... La Torre Eiffel...
6. La ciudad eterna... el Foro Romano... la Plaza de España... la Basílica de San Pedro... la Capilla Sixtina... la Fuente de Trevi...

Unidad 3, Bloque B

6 a)

1. • Perdone, para ir a la estación: ¿sabe dónde está?
   ○ Está en la Gran Vía, al lado del parque.
2. • Claudia, ¿vamos mañana al museo? Hay una exposición sobre Diego Rivera.
   ○ Sí, ¿por qué no? Pero, espera... ¿Dónde está el museo?... Está cerca del parque, ¿no?
   • Sí, sí, está entre el parque y la Catedral de San Pedro.
3. • Oiga, ¿sabe usted si hay una farmacia por aquí?
   ○ A ver, a ver... Una farmacia... Aquí no, pero en la calle Mayor, a la derecha del aparcamiento, hay una.
4. • Perdone, ¿sabe usted dónde está el cine Odeón?
   ○ ¿El cine Odeón? En la calle Mayor, al lado de Correos.

Unidad 3, Bloque C

3

1. • Hmm, me encanta la música clásica, sobre todo el barroco.
   ○ ¡Uf, barroco! Yo prefiero la música moderna: el rock, el jazz, la salsa.
2. • ¿Por qué no vamos a los Dolomitas en agosto? Es que me encantan las montañas.
   ○ ¡Buaj! ¡Las montañas! A mí me gusta más la playa, hombre, la Costa Blanca, por ejemplo.
3. • ¡Qué obra! Es que el teatro es fascinante, ¿no?
   ○ No está mal, pero a mí me gusta más el cine.
4. • Vino blanco, ¿verdad?
   ○ ¿Cómo? ¿Blanco? Sabes que me gusta más el vino tinto.
   • Ah, perdón.
5. • Mira, esto es Casares, un pueblo cerca de Málaga. Una foto bonita, ¿no?
   ○ Bueno, sí, pero para mí no hay como la ciudad. Los teatros, los bares, los cines, las discotecas, los...
   • ¿Ah sí? Pues, yo prefiero los pueblos pequeños.
6. • Pues a mí, para escapar del estrés, me encanta el yoga... ¡Hmm!... es tan relajante.
   ○ Pues para mí, contra el estrés, el tenis me parece ideal.

7 b)

Alemania y España en cifras. Aquí tienen unos datos interesantes:

España tiene una superficie de más de 500.000 kilómetros cuadrados. Es más grande que Alemania, que sólo tiene 375.000 kilómetros cuadrados.

Pero Alemania tiene más habitantes que España. Son más de 80 millones. En España hay 75 habitantes por kilómetro cuadrado. En Alemania son 220.

La capital de España, Madrid, tiene 3.012.000 habitantes, la de Alemania, Berlín, 3.152.000.

España tiene 9.965.100 coches y 2.276 kilómetros de autopista. En Alemania hay 37.940.700 coches y 10.550 kilómetros de autopista.

Unidad 5

Unidad 5, Bloque A

3 c)

Ofertas fantásticas en los supermercados "Alfaro", en toda la ciudad.

Tres latas de sardinas "Isabel": 260 pts.; un paquete de café "Bonka": 700 pts.; el paquete de arroz "Sos" (dos kilos) sólo 575 pts.; una botella de leche "Letona" sólo 130 pts.; las patatas fritas "Pat-Bon", la bolsa por sólo 310 pts.; una botella de vino de Rioja "Guía Real" por 745 pts.

¡Pero qué ofertas, señoras y señores! Y sólo hasta el 30 de septiembre.

6

- Supermercado "Baratín". ¿Dígame?
- ○ Buenas tardes, llamo para hacer un pedido.
- Un momento, por favor. Ahora. Su nombre, por favor.
- ○ Adelaida Millonetis.
- Millonetis. ¿Y su dirección? ¿Dónde vive?
- ○ Calle La Reina 45, 2.
- Muy bien. ¿Qué desea?
- ○ 4 botellas de vino, dos de Rioja y dos de Pesquera.
- Dos de Rioja y dos de Pesquera.
- ○ 3 barras de pan, 6 huevos, un litro de aceite...
- Pan, huevos, aceite... ¿aceite de oliva?
- ○ Sí, por supuesto. Además 5 kilos de patatas, 8 yogures naturales y medio kilo de queso manchego.
- Patatas, yogur, queso...
- ○ Perdone, ¿cuánto cuesta el queso?
- Medio kilo, 650 pesetas.
- ○ Ah, y 250 gramos de jamón serrano.
- Jamón. ¿Algo más?
- ○ No, gracias, nada más.
- Vale. Se lo enviamos enseguida, señora.
- ○ Gracias.
- Adiós, y gracias por su pedido.

Unidad 5, Bloque B

5 a)

- Camarero, por favor, el filete está muy salado.
- ○ Sí, señor, enseguida pido otro.

▲ Oiga, camarero, esta sopa está demasiado sosa, no se puede comer. ¿Me trae un poco de sal?
○ Claro, claro. Aquí tiene.

△ Camarero, ¿me puede traer otro café? Éste está frío.
○ Sí, señorita.

■ Qué rica está la tarta de fresas. Camarero, por favor, otra tarta de fresas. Es que está deliciosa...
○ Claro, enseguida, señora... Ya no puedo más.

□ Camarero, el pollo está demasiado picante, lleva demasiado curry, tráigame otro.
○ Sí, sí, señor. Ahora mismo, ahora mismo... ¡Qué día...!

Unidad 6

Unidad 6, Bloque B

5

- Perdone, ¿me puede decir dónde están las chaquetas?
- ○ Aquí mismo, señor. ¿De qué tipo la quiere? ¿Clásica o moderna?
- Eh... Más bien un poco de todo, ¿sabe? Así como ésta, por ejemplo.
- ○ Cómo no. Ésta es muy bonita. ¿Se la quiere probar?
- Sí, sí, claro... Uff... Creo que me queda algo estrecha, ¿no le parece? Además la encuentro un poco larga por detrás, ¿no?
- ○ Espere. Vamos a ver si la tengo en otra talla... No, lo siento. De este color no puede ser. ¿Y esta azul no le gusta?
- Pues no mucho. Es que prefiero una gris. Es un color que va bien con mi carácter, ¿sabe usted?
- ○ Sí, sí, lo que usted diga. Es un color elegante y siempre moderno. Mire, esta chaqueta la puede llevar en casa y en el trabajo. Es ideal. A mí también me gusta.
- Claro, claro. Y a las mujeres también, ¿verdad? ¿Y cuánto cuesta?
- ○ Un momento... Es muy barata. ¡Una oportunidad, caballero! Son 36.000 pesetas. Como ve, algo excepcional.
- Pues muy bien, me la llevo. ¿Puedo pagar con cheque?
- ○ Por supuesto, en la caja número 3, allí enfrente. Y muchas gracias por su visita.
- Adiós.
- ○ Adiós, adiós.

7 b)

1. • Oye, Margarita, ¿sabes que tengo un gato precioso? Se llama "Wendy".
   ○ ¿Un gato? Yo tengo alergia a los gatos. Buaj, a mí no me gustan nada. Mi perro "Boby" es más divertido.
2. • Hmm, está riquísimo. ¿Te gusta la pizza? Es que a mí la cocina italiana me encanta.
   ○ Pues a mí no mucho, demasiado tomate, y muchísimo ajo.
3. • Oye, éste es Al di Meola, ¿no?
   ○ Sí, es el famoso disco "Friday night in San Francisco". Es fantástico, ¿no?
   • Me encanta, es genial.
4. • A mí no me gusta jugar al squash.
   ○ A mí tampoco. Es un deporte muy agresivo.
5. • Mira qué chaqueta más bonita, ¿qué te parece?
   ○ Pues, no sé, la verdad es que no me gusta mucho. Demasiado formal, y el verde es horrible, a mí no me sienta bien el verde.
   • ¿Qué dices? Es un verde precioso. A mí sí me gusta. ¿Entramos en la tienda?
6. • Este vino está buenísimo, me encanta.
   ○ A mí también. ¿Pedimos otra botella?
   • Vale, pero tú llevas el coche...
   ○ ¿... o tomamos un taxi?

Unidad 6, Bloque C

3 a)

- Somos de Antena 5 y estamos haciendo una encuesta. ¿En qué se va el dinero? Estamos aquí, en la Gran Vía, delante del cine Callao para hacer esta pregunta a varios jóvenes madrileños.
  Hola. Dime: ¿Tú trabajas? ¿Ganas dinero? ¿Y cómo lo gastas?

○ Sí, trabajo, pero quiero ganar más dinero para poder gastar más. Es que vivimos en una época de consumo, ¿no? Vamos, y para mí, ¡viva el consumo! La mitad de mi sueldo se va en bares, discotecas y tabaco. (Nuria)
● Mmh. ¿Y tú, también consumes mucho?
▲ Yo vivo con mis padres y por eso no gasto dinero en comida ni en alquiler. Pero gasto mucho en ropa, cines, deportes, tabaco, y, sobre todo, en las vacaciones. (Lucía)
● ¿Y qué pensáis vosotros?
△ Yo me gasto todo en el gimnasio, en vitaminas para los músculos, en hacer windsurfing. Es que... ¡hay que estar guapo! Además, tengo una Kawasaki que es mi debilidad. (Octavio)
■ Yo compro siempre en supermercados donde hay buenas ofertas. Es que a mí, no me gusta gastar dinero a lo tonto. Además, quiero comprarme un coche y por eso tengo que ahorrar. (Juan)
● Ajá. Y tú, ¿también ahorras mucho?
□ Pues, no puedo gastar dinero porque desde hace medio año no encuentro trabajo. (Manuela)

● ¿Qué prendas retira, señora?
○ Aquí está, en el ticket: una falda gris a rayas, una blusa blanca de seda y un jersey gris.
● Aquí tiene.
▲ Perdone, señora, ¿puede...?
● Un momento, señor. Usted está primero, ¿verdad?
△ Ay, sí, por favor, que tengo prisa. Aquí en el ticket no se puede leer bien. Pero es una chaqueta negra, un abrigo también negro, y un pantalón verde de lana.
● Es cierto, no se puede descifrar muy bien en el ticket, pero su descripción es suficiente... Una chaqueta negra, un abrigo negro y un pantalón... ¿Es éste su pantalón?
△ Sí, sí, ése.
● Aquí tiene.
▲ Señora, perdone otra vez...
△ Gracias, adiós.
● Sí, ya estoy con usted.
▲ Es que he aparcado mal, perdone, por eso mi prisa. Aquí tengo el ticket, son dos trajes, uno gris claro y el otro marrón.
● Aquí está. Mire, la mancha en el pantalón se ve todavía. Pero más no se puede limpiar.
▲ Sí, sí, está bien, no importa.
● Tenga, y perdone por la demora.
▲ Gracias.
● ¿Y tú? ¿Qué retiras?
■ Mi uniforme del colegio. Aquí está el ticket.
● Un uniforme azul, chaqueta roja y blusa blanca, ¿correcto?
■ Sí, gracias.

Unidad 7

Unidad 7, Bloque A

7 a)

1. ● Mira, ésa es mi abuela.
○ ¡Ah! ¿Está en una silla de ruedas?
● Sí, es minusválida, pero es una mujer muy fuerte y muy activa.
2. ● Raúl, ¿ya conoces a mi cuñado Juan?
○ No, no, hasta ahora no. Encantado.
▲ Mucho gusto.
3. ● Paco, no veo a mi nieto. ¿Dónde está, lo ves tú?
○ Sí, allí, jugando al fútbol.
4. ● ¡Uff! ¡Un banco! Esto de traer a los nietos al parque siempre nos toca a nosotros, a los abuelos.
5. ● Roberta, ¡quiero un helado!
○ No.
● Anda, porfa, porfa... ¡Quiero un helado!
○ ¡Ay, los hermanos!
6. ● Ay, desde luego ser madre no es nada fácil.
○ Pues yo soy madre soltera y no me va tan mal.
● ¿De verdad?

Unidad 7, Bloque B

1 a)

● ¡Qué novia más guapa! ¡El vestido es precioso!
○ ¿Quién es el señor de las gafas? ¿Un hermano tuyo?
▲ Sí, es mi hermano Alfonso, el de Málaga, y la señora mayor del sombrero es mi tía Carmen, la hermana de mi madre. Sólo viene a las bodas y a los entierros, pero cuando viene se nota.
● ¿Y este niño tan gracioso...?
▲ ¿Cuál?
● Éste, el de los ojos azules. ¡Y qué pelo más negro!
▲ Sí, es precioso... Es mi sobrino Luis, el hijo de mi hermano Pepe. Sus padres están contentísimos con él... A sus nueve años toca la guitarra muy bien.
△ Ooh.
○ Pues tú aquí pareces muy seria...
▲ Sí, los nervios, ya sabes...
○ Claro, es un día tan importante para tu hija.
● Ésta de la blusa roja es tu madre, ¿verdad?
▲ Sí, mira, ella está aún más emocionada que yo, y los que están a la derecha son Antonio y Mercedes, los suegros de mi hija. Son muy agradables, es una suerte para ella.
● ¡Vaya que sí!
○ ¿Y qué tal el banquete? ¿Al final, en el restaurante "La Princesita"?
▲ La comida fenomenal, pero el servicio un poco lento.
○ Bueno, pero la comida es lo principal.
● ¿Y dónde están de viaje los novios?
▲ En Jamaica...

5 c)

● Bueno, pues os quiero consultar algo. Como sabéis, ya hace tiempo busco a una mujer.

- ○ Hombre, ¿no vives tranquilo así?
- • Sí, claro, pero hay momentos...
- ▲ Pues, si de momentos se trata...
- • No, no Julián. En serio.
- ○ Pues qué... ¿Hay algo serio?
- • No sé todavía. Finalmente me he decidido a escribir a una agencia.
- ▲ Una agencia, ¿de verdad?
- ○ Déjalo, no es tan mala idea. ¿Y te han mandado una lista?
- • Bueno, aquí tengo tres propuestas. ¿Qué os parecen?
- ○ Hombre, mira, ésta no está mal.
- ▲ ¿Qué dice la carta?
- • Pues es divorciada.
- ○ ¿Con hijos?
- • No, no.
- ▲ Menos mal. Pero le gusta comer, se ve.
- • Sí, pero a mí también me gusta cocinar. Sólo que su profesión..., no sé, es cantante de ópera.
- ▲ Uy, ¡qué horror! Pasemos a la siguiente.
- • Pues ésta es la más joven y es soltera.
- ○ Qué raro, no es tan fea.
- • Dice aquí que es un poco tímida.
- ▲ Y ésta, ¿qué hace?
- • Trabaja en una tienda de antigüedades.
- ▲ Hombre, ¡perfecto! Si tú eres una antigüedad auténtica.
- ○ Me parece bien esta chica.
- • Un poco seria.
- ▲ Tú lo que necesitas es una persona optimista, alegre...
- ○ ¿Tienes más? ¿Tienes más?
- • Sí, aquí hay una profesora de deporte que dice que es optimista.
- ○ Tiene una cara muy simpática.
- ▲ ¿Cuántos años tiene?
- • 45, como yo. Me gusta lo que dice. Creo que le voy a escribir primero a ella.
- ▲ No, no, tienes que conocerla personalmente.
- ○ Claro, eso no se hace por carta.
- • Es que... Como sabéis..., yo soy un poco tímido.
- ▲ Vamos, Felipe, ¡a tu edad!
- ○ A mí me pareces un chico de 15. ¿O quieres que vayamos contigo de niñeras?

Unidad 9

Unidad 9, Bloque A

7

1. El tren procedente de Sevilla que tiene hora prevista de llegada a las 13.15, trae un retraso de 20 minutos.
2. • Perdone. ¿Tiene hora, por favor?
   ○ Sí, son las doce menos diez.
   • Muchas gracias.
3. • Por favor, ¿me puede decir a qué hora llega el próximo autobús que viene de Zamora?
   ○ ¡Cómo no! A las seis y media, señora.
   • Muchas gracias.
4. • ¿Sabe usted a qué hora llega el avión de París?
   ○ ¿De París? A las 20.15.
5. • ¿Cuándo quedamos?
   ○ ¿Te va bien mañana a las cuatro?
   • Uhm... mejor un poco más tarde.
   ○ Bueno, pues, ¿a las cinco?
   • Vale, entonces hasta mañana a las cinco.
   ○ Adiós.
   • Adiós.

Unidad 9, Bloque B

1 a)

- • Hola, Ernesto, ¿qué tal tu primera semana de pensionista? ¿Qué has hecho?
- ○ Hombre, pues, me he levantado tarde casi todos los días, y no sé cómo, pero he hecho muchas cosas. Sabes, por fin he tenido tiempo para ordenar las fotos de los últimos años.
- • ¡Qué bien! ¿Entonces has estado todo el tiempo en casa?
- ○ Bueno, todo no, pero sí he tenido tiempo para leer, he leído una novela policíaca de Montalbán, he escuchado música y nada, que ahora disfruto...
- • ¡Qué tranquilidad! Dime, ahora que tienes más tiempo, ¿por qué no vamos un día a jugar al dominó?
- ○ Buena idea. ¿Qué tal el lunes?

- • Hola Pilar, ¿qué tal el primer día en vuestro restaurante?
- ○ Bien, bien. Hemos abierto a la una y hemos tenido trabajo hasta las tres de la mañana.
- • Chica, ¡qué bien! Entonces ha sido un éxito, ¿no?
- ○ Pues sí. Ha venido mucha gente.
- • Me alegro, ¡felicidades! Y dime, ¿qué día cerráis?
- ○ Los lunes.
- • Ah, muy bien. Entonces el lunes podemos ir al cine, ¿qué te parece?
- ○ No, este lunes no, es que tengo que ir a ver a mi suegra. Es su cumpleaños, sabes.
- • Ajá. Bueno, pues, nos vemos otro día. ¿Me llamas tú?
- ○ Sí, claro, te llamo la semana que viene, ¿de acuerdo?
- • Muy bien. Adiós.
- ○ Adiós.

Unidad 10

Unidad 10, Bloque A

1 a)

1. • ¿Dígame?
   ○ Pedro, ¿eres tú?
   • Sí, soy yo.
   ○ Hola, soy Pepe. Oye, estoy en casa de Juan. ¿Por qué no vienes? Juan ha organizado una fiesta estupenda. Hay mucha gente, la música es fantástica,

estamos bailando salsa y hay gambas para comer. Lo estamos pasando fenomenal, y sólo faltas tú. ¿Tienes ganas de venir?
- • Sí, claro que voy. En un rato estoy allí.
- ○ ¡Qué bien! Hasta luego.

2. Querida Luisa. ¡Cuánto tiempo...! Cada día sin ti me parece un año. Quiero contarte tantas cosas... ¿Pero tú crees que es posible concentrarse aquí? Esta casa parece una casa de locos. Todo el mundo está haciendo ruido. ¡Es imposible!
3. ○ ¿Qué dices? ¿Cómo? Habla más fuerte, que no te oigo. Es que Ricardo está pasando la aspiradora...
4. • ¿Qué estás escuchando?
   ○ La Quinta de Beethoven. Es una maravilla.
   • Pues, déjame escuchar también.
   ○ Bueno.
5. • Pasa, pasa, mis papás no están en casa y estamos jugando al fútbol. Paquito es el portero.
   ○ ¡Pasa la pelota!
   ▲ ¡Gol! ¡Gol!... ¡Uno a cero!
6. • ¿Quién está haciendo tanto ruido?
   ○ Es nuestro vecino. Está tocando el saxofón.
   • ¿Pero qué se cree ese chico? ¿Que vive solo en esta casa o qué?
7. • Ven, Álvaro, mis padres están discutiendo. Vamos un rato a la calle a jugar.
8. • Eh, José, despiértate, está empezando el partido.
   ○ ¿Qué? ¿Qué partido?
   • El partido de fútbol, hombre.
   ○ ¡Ah, sí!

Unidad 10, Bloque B

1 a)

1. • ¿Diga?
   ○ Hola, ¿está Mario?
   • ¿De parte de quién?
   ○ De Ricarda.
   • Un momento, por favor.
2. • Información de RENFE, ¿dígame?
   ○ ¿A qué hora sale el primer tren para Pamplona mañana por la mañana?
   • A ver, para Pamplona hay un Intercity que sale de la estación de Chamartín a las 7 en punto.
   ○ ¿Y a qué hora llega?
   • A las 11.50.
   ○ ¿Cuánto cuesta un billete de ida y vuelta?
   • 6.500 ptas.
   ○ Muchas gracias.
3. • ¿Dígame?
   ○ ¿Está Antonia?
   • ¿Antonia?
   ○ Sí, Antonia Sánchez.
   • No es aquí. Se ha equivocado de número.
   ○ Ah, perdone.
   • Bueno, no importa.
4. • Banco de Vizcaya, buenos días.
   ○ Buenos días. ¿Puedo hablar con el señor Flores, por favor?
   • ¿De parte de quién?
   ○ De Monegal, Fernando Monegal.
   • Un momento... Oiga, lo siento. El señor Flores está hablando por otra línea. ¿Quiere dejar algún recado?
   ○ No, llamo más tarde. Gracias.
5. • ¿Sí?
   ○ ¿Está la señora del Olmo?
   • Sí, soy yo.
   ○ Muy buenos días, señora del Olmo. La llamo por el asunto del seguro...
6. Éste es el contestador automático de Carmen Marín y Javier Ramos. Lamentablemente en este momento no estamos en casa. Si quiere dejar algún recado, hable después de la señal.

Unidad 10, Bloque C

4 a)

- • Buenos días y bienvenidos a nuestro programa "Vivir hoy". Les ofrecemos, como todos los domingos, entrevistas en vivo con personas como ¡ustedes, queridos oyentes! El tema hoy es: los fines de semana. Nuestro primer invitado es Pedro Ordóñez, experto en informática. Buenos días, señor Ordóñez.
- ○ Buenos días.
- • Usted, ¿cómo pasa los fines de semana?
- ○ Realmente no sé qué contestar porque... es que, si lo pienso, los fines de semana trabajo. Creo que soy un poco fanático. Es tal vez como una droga. Pero es que mi trabajo es muy interesante, me encanta.
- • Entonces podemos decir que usted es una persona que vive para el trabajo. Y además le gusta mucho. Gracias, señor Ordóñez. A ver qué dice nuestro segundo invitado, Rafael González, un joven que trabaja en un ministerio. No es necesario decir en qué ministerio trabajas, ¿verdad?
- ▲ No, claro que no.
- • Rafael, ¿para ti el trabajo también es como una droga?
- ▲ No, no, todo lo contrario. En el trabajo yo descanso. El estrés lo tengo los fines de semana. Es que mi novia vive lejos y nos vemos solamente los fines de semana. Y claro, los fines de semana queremos hacer todo lo que normalmente no podemos compartir: pasear, ir al cine, cenar juntos, hablar de nuestras cosas, etcétera, etcétera. El domingo vuelvo muy tarde, el tráfico cansa mucho también. Y luego, bueno, en casa muchas veces tengo que hacer todo lo que no he hecho: limpiar, lavar algunas cosas, yo qué sé... ¡Es un verdadero estrés! Por eso el lunes, para mí, es como un fin de semana.
- • Ajá. Un estilo muy personal, ¿no? Ahora escuchamos lo que nos dice la señora Moreno, nuestra tercera invitada, enfermera. ¿Cómo pasa usted los fines de semana?...

Unidad 11

Unidad 11, Bloque B

1 a)

- Buenas tardes, queríamos informarnos sobre un viaje a Ecuador.
○ Muy bien, a ver. Aquí tengo los catálogos de Latinoamérica. Ecuador. ¿Cuándo piensan viajar?
▲ En agosto. Queremos visitar y recorrer un poco el país, visitar algunas regiones interesantes. ¿Qué nos recomienda?
○ Bueno, se pueden hacer muchas cosas. Cerca de Quito, por ejemplo, está Otavalo, que tiene un famoso mercado de artesanía. Luego está Cuenca, una ciudad colonial muy bonita. Sus alrededores son muy bonitos también. O, si quieren, pueden hacer una excursión por la jungla del Amazonas. O, por supuesto, visitar las Islas Galápagos.
▲ Pero primero queremos ir a Quito.
- Sí, primero a Quito.
○ Muy bien. Entonces les voy a buscar un vuelo Madrid – Quito, ida y vuelta. Hay vuelos directos todos los días. ¿Cuándo piensan viajar?
- El 7 de agosto. Y queremos volver el 28.
○ Muy bien. A ver... El día 7 no hay problema...
- ¿Sabe usted a qué hora sale el avión?
○ Sí, señora. Sale de Madrid a las diez y media de la mañana.
- Es buena hora.
○ La vuelta, el 28..., también está bien. Su nombre, por favor.
▲ Señores de Ponce. María Eugenia y Roberto Ponce.
○ Ponce. María Eugenia y Roberto.
▲ ¿Puede recomendarnos un hotel en Quito?
○ Sí. Éste por ejemplo, el Hotel Emperador, en el centro, es de tres estrellas. Aquí están también los precios.
▲ Sí, no está mal. ¿Nos puede reservar una habitación doble con ducha?
○ De acuerdo. ¿Quieren pensión completa?
- Mejor media pensión. O tú, ¿qué dices?
▲ Sí, media pensión.
- ¿Y las excursiones? ¿Las Islas Galápagos?
○ Si quieren ir a las Galápagos, pueden ir en avión desde Quito o en barco desde Guayaquil.
- Mejor en barco. ¿Podemos hacer ya la reserva?
○ No. Lo siento. Tienen que hacerla en una agencia en Quito. En el hotel les van a ayudar.
▲ Bien. ¿Y después hacemos una excursión por la jungla?
- No sé, Roberto. Yo prefiero ver Quito y las Galápagos con calma, y luego quizás ir a Cuenca...
▲ Pero la jungla...
- ... y ver un poco los alrededores de Cuenca... ¿Usted qué nos recomienda?
○ No sé, señora, depende de ustedes. Si quieren, les dejo un momento y se ponen de acuerdo.
- Mira, Roberto, ...

5 b)

Aquí Radio Uno, Santiago de Chile. Y ahora la previsión del tiempo para mañana.

En el norte persiste el clima seco. Cielos despejados, mucho sol y temperaturas máximas de 19° en la región de Antofagasta.

En la capital el día se nos presenta con un cielo nublado y una temperatura de 15 grados; en la tarde puede llover.

Un sistema de bajas presiones afecta al sur; esta situación continuará los siguientes días. En la región de Valdivia y Puerto Montt continúan las lluvias y se registran temperaturas de hasta 10 grados, además de fuertes vientos. Niebla y nubosidad en Punta Arenas. Más noticias dentro de una hora.

Unidad 11, Bloque C

7 b)

- ¡Mirad! En este pueblo pasamos la primera noche.
○ ¡Qué lindo!
- Es Roncesvalles. Es un lugar histórico famoso por las batallas entre los moros y los cristianos.
▲ Impresionante.
- De allí fuimos a Pamplona.
▲ ¿Y vieron la fiesta de los toros?
△ ¿Los Sanfermines? No, son en julio, y nosotros estuvimos en mayo. Y esto es el centro histórico de Logroño. Sólo pasamos unas horas allí. Tomamos un café y por la tarde seguimos a Santo Domingo de la Calzada. Mirad, aquí lo tenéis.
○ Qué pueblo más lindo.
- Ésta es la famosa catedral con las gallinas.
○ ¿Cómo? ¿Una catedral con gallinas?
△ Bueno, es una leyenda. Según la leyenda, unas gallinas salvaron la vida a un peregrino. ¿Veis? Allí hay unas gallinas.
○ Qué curiosas.
▲ Pues, nunca en mi vida he visto gallinas en una catedral.
- Éste es el hotel donde pasamos la noche, el Parador de Santo Domingo.
○ ¡Qué lujo! Seguro que les costó carísimo.
- No, no, no tanto. Y tiene un restaurante buenísimo y un ambiente...
▲ Sí, los paradores son realmente fantásticos. Nada más que por pasar una noche en un convento o en un castillo merece la pena.
- Bueno, seguimos. Ahora Burgos. La catedral es uno de los tesoros del gótico español.
○ ¡Impresionante!
△ Burgos es realmente una ciudad preciosa. Nos gustó tanto que nos quedamos tres días. Allí veis la puerta de Santa María. Está al final del Paseo del Espolón, un paseo grande con muchos bares y restaurantes y con mucho ambiente.
- Luego seguimos a Frómista y después a León.
○ ¡Qué maravilla!
- Es la catedral. Y éste es el Convento de San Marcos.

Bueno, antes fue convento, ahora es un parador, uno de los más preciosos de España.
- ○ ¿Pasaron la noche allí?
- △ No, en ese parador no, es carísimo. Mucho más caro que el otro.
- ● Al día siguiente seguimos por Astorga y Ponferrada, y por fin, por la noche, llegamos a Santiago.
- △ Aquí veis una tuna.
- ● Es un grupo de estudiantes que cantan por las calles con sus trajes tradicionales. Las canciones de la tuna son muy típicas. Las conoce todo el mundo.
- ○ ¡Qué fachada!
- ● Sí, es la famosa catedral de Santiago, el destino de todos los peregrinos que hacen este camino. Bueno, ésta es la última foto.
- ▲ ¡Qué impresionante! Desde luego hicieron un viaje bárbaro.

Unidad 12

1 a)

1.

Atención, señores pasajeros del vuelo Air France 442 con destino a París, pasen por favor a la puerta de embarque número 57.

El vuelo número 521 de la Compañía Iberia con destino a Múnich ya está listo para el embarque. Rogamos a los señores pasajeros pasen a la puerta número 25.

Última llamada para el vuelo Lufthansa número 848 con destino a Hamburgo. Señores pasajeros, diríjanse a la puerta de embarque B 29.

¡Atención! Aviso de la Compañía British Airways: Lamentamos comunicar a los señores pasajeros que la salida del vuelo 732 con destino a Manchester tendrá 45 minutos de retraso.

2.

Hola, soy Isabel. Te llamo para darte mi dirección. Vienes a la fiesta, ¿no? Pues, desde tu casa es muy fácil, sólo unos diez minutos a pie. Desde la Plaza de Colón tomas la primera calle a la izquierda. Es el Paseo de Filipinas. Sigues hasta el final y allí tienes que torcer a la derecha, estás en el Paseo de Zorrilla. Después, tomas la segunda calle también a la derecha. La calle se llama Juan de Juni, y yo vivo en el número 22, en el tercer piso, el tercero izquierda. ¿Lo has entendido todo? Pues, hasta el sábado entonces. Adiós.

3.

- ● Tenemos hoy la oportunidad de hablar con el señor Ramón Yáñez, director general de Paradores Nacionales. Señor Yáñez, muy buenos días.
- ○ Buenos días.
- ● Los Paradores Nacionales han tenido un éxito rotundo, ¿no es así? Y tienen una larga historia.
- ○ Así es, tiene usted razón. El primer parador se inauguró en 1928 y pronto siguieron otros. La idea, extraordinaria, por cierto, fue la de establecer hoteles del Estado en zonas de gran belleza natural o en lugares de interés histórico o artístico. De esta manera el Estado restauró conventos, palacios y otros monumentos y los adaptó para convertirlos en hoteles modernos, con todas las comodidades necesarias.
- ● Pero en un ambiente auténtico.
- ○ Eso es. Ésa es la marca distintiva de los paradores, que son verdaderamente auténticos. Cada parador es distinto. El de Jaén, por ejemplo, es un hermoso castillo medieval, el de León está dentro del antiguo Convento de San Marcos, ...
- ● ¿Y también hay construcciones modernas?
- ○ Sí, pero siempre de acuerdo con las características regionales del lugar.
- ● Y... en cuanto al precio de los paradores, señor Yáñez. Algunos turistas piensan que son demasiado caros.
- ○ Bueno, en general podemos decir que la mayoría de nuestros paradores pertenecen a las categorías de tres y cuatro estrellas. Se distinguen por una calidad excepcional de alojamiento y servicios. Los edificios son extraordinarios, los restaurantes excelentes, ...
- ● O sea que, para usted, el precio corresponde a la calidad de los servicios.
- ○ Desde luego, sin duda. Puedo asegurarle que los clientes que conocen los Paradores de Turismo siempre quieren volver.
- ● Pues, muchas gracias, señor Yáñez, por sus palabras.
- ○ De nada. Ha sido un placer.

2 d)

- ● Perdón, ¿puede decirme dónde están los servicios?
- ○ Por ahí.

- ● Los artículos de deporte están en el segundo, al lado de la sección de juguetes.
- ○ Gracias.

- ● ¿Y mamá?
- ○ Ha subido al tercer piso para comprar fruta. Nosotros tenemos que esperarla aquí.

- ● Pruébese este sombrero, señora, seguro que le queda muy bien.
- ○ Uy, me encanta.

- ● ¿Puedo probarme estos zapatos?
- ○ Sí, claro, por supuesto.

- ● ¿Qué tal el fin de semana?
- ○ Estupendo, fui con Elena a esquiar, ¿y tú?
- ● Pues yo, nada, me quedé en casa, preparando un examen.

- ● Mamá, tengo sed, ¿me compras una coca-cola?
- ○ Y yo tengo hambre, mamá, quiero un pastel.
- △ No, hija, no. ¡Hoy no os compro nada! ¡Ay, qué niños!

- ● ¡Uff, qué frío! ¿Entramos a tomar un café?
- ○ Si quieres.

4
- La Bota del Racó, dígame.
- Buenas noches, quería reservar una mesa para el martes, 13 de octubre.
- Por supuesto. ¿Para comer o para cenar?
- Es para cenar, a las nueve y media.
- Perfecto. ¿A nombre de quién?
- Julia Puerto, de la empresa Nuevosoft.
- Nuevosoft. ¿Y para cuántas personas?
- Cinco o seis, todavía no sé.
- Muy bien, ya he tomado nota.
- Muchas gracias. Adiós.

Unidad 13

Página 121
- ¡Qué orejas más grandes!
- Sí, son impresionantes.

- Mira, se pueden ver los dientes.
- Es que tiene la boca un poco abierta.

- ¡Uy, qué boca tan enorme!
- Sí, y una nariz de boxeador.

- Son gigantescos, ¿no?
- Sí, y parece que nos están mirando.

- Me parece que no tienen brazos ni piernas.
- Brazos sí, e incluso se ven las manos; piernas, no.

- Éste parece que lleva pantalón corto.
- Sí, ¡qué moderno!

- Tiene demasiados dedos en los pies, ¿no?
- No, no, fíjate bien. Cuéntalos, son diez – cinco en el pie derecho y cinco en el izquierdo.

Unidad 13, Bloque A

1 c)
¡Arriba la cabeza! Izquierda; sube el brazo, Juan Carlos, uno, dos; a la derecha, arriba. Así no. ¡Como una paloma, suave! Manuel, ese brazo, ¡relájalo, hombre! Arriba, Dolores, las manos flexibles, ¡ahí! Ojo todos: pierna derecha, dos, tres, un paso, dos, tres, izquierda, dos, tres, de frente... ¡alto! ¡Esa espalda, Carmencita, te lo he dicho mil veces!

No está mal, chicos. Pero esta vez pusisteis las manos un poco rígidas. Os he dicho que la cabeza debe estar alta, digna; y las manos, flexibles. La espalda, siempre como una columna. El pecho alto. Así. A ver, vamos a repetir el ejercicio.

¡Arriba la cabeza! ...

Unidad 13, Bloque B

1
- Consulta del doctor Pérez, ¿diga?
- Buenos días. ¿Me puede decir, por favor, los horarios que tienen?
- Por supuesto. De lunes a viernes por la mañana de nueve a dos y por la tarde de cinco a siete.
- Entonces, ¿puede darme hora para el miércoles?
- A ver, un momento... ¿Está bien a las cinco?
- Sí, muy bien.
- ¿Su nombre, por favor?
- Sergio Gutiérrez.
- Muy bien, señor Gutiérrez. Entonces, el miércoles a las cinco.
- De acuerdo. Adiós.
- Adiós.

2 b)
- Sí, adelante, pase. ¡Ah, Sergio! Hombre, ¿qué te trae por aquí?
- Hola, Rodrigo. Pues... no estoy muy bien, no sé.
- Siéntate, siéntate. ¿Qué te pasa?
- Me duele la espalda y la cabeza también. Quizá es por el estrés de mi trabajo... No tengo apetito. He perdido dos kilos en estas últimas semanas. Y duermo muy mal. Para mí, eso es fatal. Cuando no duermo, me pongo irritable y nervioso. ¿Me puedes recetar algo?
- Mmh. A ver, quítate la camisa. Respira hondo. Tose. Y ahora acuéstate ahí. A ver, dame el brazo izquierdo... te voy a tomar la tensión. Bueno, la tienes un poco alta. Te voy a recetar unas gotas para bajar la tensión y unas pastillas para dormir. Pero no las tomes cada noche, ¿eh? Sólo si es necesario. ¡Y no trabajes tanto, Sergio, no exageres! Relájate y haz un poco de deporte. Piensa en tu salud.
- Sí, sí, tienes razón.
- Llámame si necesitas algo. Rosa te va a dar la receta enseguida. Que te mejores.
- Sí, gracias. Adiós, saludos en casa.
- Adiós, gracias.

3 a)
1.
   - ¡Achís!
   - Jesús.
   - Gracias. Ay, qué molestia.
2.
   - ¿Tiene usted problemas de alergia?
   - No, no, éstas son quemaduras del sol. Estuve de vacaciones en el Caribe y el sol era muy intenso. ¡Qué calor tengo!
3.
   - Ay. Ya no puedo más. Este dolor de estómago me está matando.
4.
   - ¿Qué le pasa?
   - Me duelen las piernas. Incluso con este banquito. Es una cuestión crónica.
   - ¿Quizá falta de magnesio?
5.
   - ¿Ya me puedo sacar el termómetro?
   - No, hijito, un poquito más. Tenemos que decirle al doctor cuántos grados tienes de fiebre.
6.
   - Perdón, con permiso. Tengo que ir al baño.

7. • ¡Ese ruido! Y yo con este dolor de cabeza, aah.
8. • Señor Sepúlveda, puede pasar. Ah, ¿qué? ¿No tiene que ir mejor al dentista?
   ○ No, señorita. Además del dolor de muelas, tengo otros problemas.
   • Ajá. Adelante.

5 a)
Si a usted le duele la espalda... y le duelen las piernas..., tiene frío..., cosquilleo en la nariz..., le lloran los ojos..., le duele la garganta... y la cabeza..., tiene tos... y catarro..., estornuda continuamente... y tal vez le duele también el estómago... – quizás tiene usted la llamada gripe común, y para curarla no hay ningún remedio. Sólo paciencia. No consulte a su médico. El médico no puede ayudarle. No tome medicinas, no sirven para nada. Mejor consulte a su abuela, ella conoce los mejores remedios caseros. Quédese en la cama. Tome mucha agua. Disfrute de su enfermedad. No tenga prisa por curarse y tómese el tiempo necesario.

Unidad 14

Unidad 14, Bloque A

1 b)
• ¿Diga?
○ ¿Gabriela? Soy Margarita.
• Margarita, ¡hola! ¿Qué pasó? ¿Qué me cuentas?
○ Pues nada, fíjate que hoy por fin hemos encontrado un piso amueblado.
• ¿De verdad? ¡Qué alegría!
○ Y el alquiler no es exagerado.
• ¡Venga, qué suerte! Cuenta, ¿cómo es?
○ Pues, bastante grande. Tiene tres habitaciones, un salón, ... y un comedor con terraza, y pues claro, una cocina, con todos los aparatos, cocina, nevera. Ah, y tiene lavadora, pero no en la cocina, está en uno de los baños.
• Pues hay de todo, ¡qué bien! ¿Y cómo está decorado?
○ Bonito. Es más bien... más bien clásico, no como el de Zaragoza, pero me gusta. El salón tiene un sofá y dos sillones de cuero, una mesa pequeña, en fin, está bien.
• Qué bien, chica. Y me has dicho que tenéis tres habitaciones, ¿verdad? Entonces, Claudio y Javier pueden tener cada uno su dormitorio.
○ Pues no, bueno, es que hemos pensado... Ya sabes que a los chicos les encanta dormir juntos, y queremos usar una de las habitaciones para trabajar. Puede ser también para las visitas, porque hay dos camas ahí. A ver cuándo venís vosotros.
• Claro, a ver si podemos ir en las próximas vacaciones.
○ Sí, me alegraría mucho. Y Barcelona es una maravilla. Pero nos vemos antes, ¿no?
• ¿Cuándo volvéis?
○ Mañana por la mañana. Si quieres, podemos tomar un café juntas un día de la semana.
• Muy bien. ¿Me llamas?
○ Vale. Hasta pronto entonces.
• Hasta pronto, adiós.

5
• Lo que es maravilloso aquí en Europa es que las casas sean tan calientitas en invierno, con este clima tan terrible. Pero todas tienen su calefacción. En México hace frío, en invierno también, pero las casas no tienen calefacción, ¿saben?
○ En Chile tampoco.
• No, no, claro, claro. Pero hay otras diferencias, ¿no?
▲ Yo creo que la diferencia más importante o más..., vamos general en todas... es que las casas aquí en estos países de Centroeuropa están más acomodadas a vivir en ellas, más que en nuestros países donde vivimos más en la calle.
○ Oye, lo que falta aquí mucho, por lo menos que también me llamó la atención, fueron baños.
• ¿Baños?
○ Baños. Se acostumbra... Bueno, tenemos nosotros la influencia de Estados Unidos, ¿no?
• Hay más.
○ Que prácticamente para cada dormitorio existe un baño... privado. Y... y bueno, y aquí escasamente encuentras un baño completo para toda la casa, para toda la familia de cuatro o cinco personas, ¿no?
• Claro.
○ Y lo que..., esto a mí me parece muy muy cómodo en Latinoamérica o en Chile, que es donde yo lo conozco.
• Que tienen más baños.
○ Más baños, sí.
△ Yo lo que echo de menos es el patio. Normalmente acostumbraba a tumbarme sobre una hamaca y recibir los rayos solares cada día. Pero claro, por el tiempo y el clima de este país europeo, es que no me permite gozar del sol.
• ¡No! Y además no hay hamacas.
△ Eso.
• ¿Y otras cosas?
○ Bueno, a mí lo que yo echo de menos de Chile, que tenemos en todas las casas, son esos roperos empotrados que en algunos países lo llaman closet, en otros placard...
• Sí, los closets.
○ En fin, y que eso está dentro de la construcción de la casa. O sea que tú no tienes que ir y comprar un ropero y si te cambias de una casa a otra agarrar tu ropero y llevártelo de una casa a otra. No, no se tiene...
• Ya está.
○ Ya está, eso está construido ahí.
• A mí de los muebles, hablando de muebles, las camas aquí..., las camas, porque aquí son separadas. Dos camas separadas, y siempre hay esta división, ¿no? Y a mí me llama un poco la atención, cuando tengo que dormir en un hotel, por ejemplo, que siempre hay un hoyo en medio, ¿no?

▲ Sí, sí, sí, eso de separar ya, pero separar ya al matrimonio, en realidad, de separar a la pareja ya, incluso... incluso hasta físicamente.
○ Físicamente.
▲ Eso es antinatural.
○ Es antinatural, indignante además.

Unidad 14, Bloque B

3 a)

- A mí, lo que más me gustaba de mi casa era la habitación de mi abuelita. Vivía con nosotros, claro.

○ La mía también. Era lo normal en esa época.

- Tenía muchísimas fotos de la familia. Nos contaba siempre cómo era la vida entonces, quiénes eran todas esas personas, era fascinante...

○ La mía, cada noche, nos contaba cuentos. Sabía muchísimos y los contaba tan bien...
▲ Yo, los cuentos los oía en casetes. A mis abuelos casi no los veía porque vivían muy lejos.
△ Los míos también, pero yo pasaba los veranos con ellos. Tenían una casa en el campo.
○ ¿No era aburrido? ¿Qué hacías?
△ Hombre, muchas cosas. ¿Sabes? La casa estaba cerca de un río, y nos bañábamos allí casi todos los días. Además había unas cuevas cerca, y era una verdadera aventura para nosotros jugar ahí. Y mis abuelos tenían algunas vacas y un caballo, y para un niño de ciudad era interesantísimo. Lo único que me molestaba era que teníamos que dormir la siesta y que, además, nos obligaban a tomar leche caliente.
▲ ¡Mgh!
○ Mi abuela tenía en su dormitorio encima de la cama un cuadro de Cristo en la Cruz que era muy triste, y me daba un poco de miedo.
△ Los míos tenían un cuadro parecido, pero estaba en la pared del comedor.
▲ Entonces, a ti te veía Cristo cuando comías.

- Qué gracioso.

▲ Pues mis abuelos no eran nada religiosos, dice mi mamá. Yo realmente no sé mucho de ellos, sólo sé que viajaban mucho.

- Pues eso sí que no es muy frecuente.

Unidad 15

Página 141, b)

1. • Los vestidos son impresionantes, ¿verdad?
   ○ Sí, parecen auténticos árabes, con esas plumas y esos escudos.
   • Sí, sí, y los que vienen detrás son los cristianos.
   ○ ¿Dónde?
   • Ésos que llevan la cruz y muchas armas, ¿no los ves?
   ○ Ah, sí. ¡Preciosos!
   • Mira, ya se están preparando para la lucha final. Y al final los cristianos conquistan un castillo de los moros y el rey árabe entrega las llaves de la ciudad al rey cristiano.

2. "Cumpleaños Feliz"
   • Venga, hombre, anda.
   ○ ¡Felicidades, Miguel!

3. "Uno de enero, dos de febrero, tres de marzo, cuatro de abril, cinco de mayo, seis de junio, siete de julio, San Fermín. A Pamplona hemos de ir con una media y un calcetín."
   • ¡Madre mía! ¡Cuánta gente! Parece que media España y parte del extranjero ha seguido el consejo de la canción. Todo el mundo se ha dado cita hoy en la Plaza del Ayuntamiento de Pamplona. Son las doce del mediodía del seis de julio, y el "chupinazo" acaba de marcar el comienzo de las fiestas de San Fermín. Y como todos los años, los toros son verdaderos protagonistas de estas fiestas. Bueno, los toros y los jóvenes que corren delante de ellos. Pero, ¿por qué lo hacen? ¿Están locos, o sólo aman el peligro? Aquí tenemos a dos jóvenes que nos van a contar por qué corren todos los años. Hola, Diego, buenas tardes, cuenta: tú, ¿por qué corres delante de los toros? ¿Es que no tienes miedo?
   ○ ¿Miedo, yo? ¡Qué va! Si es muy emocionante...

4. • ¡Vivan los novios! ¡Vivan!
   ○ ¡Qué guapa va la novia!
   ▲ Sí, sí, el vestido es precioso. ¿Sabes adónde se van de luna de miel?
   ○ Al Caribe, creo.
   ▲ Ah.

5. Parece que este año más gente que nunca ha venido a la procesión que se dirige hacia la Ermita de la Virgen del Rocío. Entre el polvo y el calor resuenan los gritos de alegría y las castañuelas. Vemos los hermosos carros decorados con flores y lazos. Hombres a caballo y mujeres con magníficos vestidos de sevillanas con miles de colores. Todos participan en el baile y el cante a lo largo del camino.

Unidad 15, Bloque A

4 b)

1. • Ave María Purísima.
   ○ Padre, me acuso de que no dije nada.
   • A ver, a ver, hijo. ¿Cómo es eso?
   ○ Pues... es que en la fiesta de la abuela Catalina siempre hay pasteles tan ricos.
   • Y eso, ¿qué tiene que ver?
   ○ Bueno, pues... a mí me gustan mucho los pasteles de chocolate, y a mi hermano Álvaro también.
   • Ah.
   ○ Y entonces, mientras la abuela abría sus regalos y así, pues empezamos a comer, porque teníamos mucha hambre. Primero comimos un trozo de pastel que nos dio la tía Adelina y ¡mmm! ¡Qué rico estaba! Así que nos comimos otro trozo, y otro más... bueno, pues... hasta que nos comimos casi todo el pastel.

- ¡Ay, hijo! ¿Y no os sentisteis mal?
- ○ Pues la verdad... De repente, empecé a sentirme muy mal, pero que muy mal, y corrí al baño y vomité. Pero no me vio nadie.
- ¿Y tu hermano?
- ○ Él también se sintió mal, sólo que a él sí lo vieron, y todos pensaron que él...
- Ajá. Ya veo. A él le cayó el castigo y tú no dijiste nada.
- ○ No, padre. Pero cuando volvimos a casa, me dolía mucho el estómago y pasé una noche horrible.
- ¡Justo castigo! Porque no decir nada a veces es lo mismo que decir mentiras.
- ○ Ya lo sé, padre.
- Arrepiéntete y reza dos Padres Nuestros, hijo.

2. Mi marido es un hombre muy prudente. En el barrio todos lo saben. Simplemente fue un accidente y mala suerte. Le puede pasar a cualquiera. Salimos de la fiesta de cumpleaños de mi tía. Era de noche e íbamos por el parque. Había un banco y con esa pierna escayolada que llevaba no vio el banco a tiempo. Sencillamente fue un accidente. Y se lo digo claramente, ese banco estaba en mal lugar. Mi marido no estaba borracho, bueno, un poco sí, ... pero no mucho, casi nada, y estaba allí ese banco y él se cayó... Así que se rompió también la otra pierna. Y ahora lleva dos escayolas. Fatal, fatal, ¡qué desgracia! Y con lo prudente que es. Un poco de vino, pero no mucho..., le gusta el vino, sabe usted. Claro, salió del cumpleaños con una pierna buena, iba por el parque, como siempre, y de pronto, zas, le salió ese maldito banco... Claro, y ahora, con esas dos piernas como columnas, ¿qué hago yo con él?

3. • A ver, tranquilícese. ¿Qué es lo que pasó?
   ○ El coche lo teníamos en el aparcamiento...
   ▲ El subterráneo de Alberto Aguilera, ¿sabe usted?
   ○ Sí, sí, ese mismo. Pues cuando íbamos allí a buscar el coche, de repente vi a un hombre muy raro. Llevaba unas gafas de sol. Eso me pareció muy extraño, gafas de sol en un subterráneo, imagínese...
   • Ya, ya, ya. ¿Dónde estaba ese hombre?
   ▲ Detrás del coche, y a unos dos metros a la izquierda había otro... No se veía muy bien, es que estaba un poco oscuro.
   • ¿Y qué pasó luego?
   ▲ De repente el de las gafas se acercó, sacó una pistola y...
   • Bueno, bueno, ya ha pasado todo, señora... ¿Qué ropa llevaban?
   ▲ Ay, no sé. No me fijé muy bien. Estaba tan nerviosa... Uno era moreno, el de la izquierda, y el otro...
   ○ Nos robaron todo el dinero, la documentación y la tarjeta de crédito.
   ▲ A mí también el reloj.
   • Vaya, vaya. Vamos a ver. Voy a redactar el informe. Nombre y apellidos...

Unidad 15, Bloque B

5 c)

- Bienvenidos. Vamos a hablar de la Navidad. Para ello nos encontramos con Rosa María que nos va a contar... Hola, Rosa María.
- ○ Hola Juan, buenos días.
- Nos va a contar... hum... si prefiere los Reyes Magos o Papá Noel.
- ○ Yo realmente prefiero todo, prefiero Papá Noel y prefiero Reyes Magos porque la sorpresa de los regalos me vuelve loca. Así que prefiero todo. Me gusta todo.
- Te gusta mucho la Navidad.
- ○ Me encanta. Me encanta la alegría, me encantan las reuniones... de toda la familia... y demás... allegados.
- El turrón.
- ○ No. El turrón no me gusta, fíjate. El turrón no me gusta, soy muy golosa y en cambio, el turrón no me gusta.
- A Esteban seguro que sí que le gusta el turrón.
- ▲ Si, a mí me encanta el turrón pero lo que no me gusta nada son las fiestas de Navidad. Siempre que puedo...
- ¿Tú en casa no pones belén?
- ▲ No. Yo siempre que puedo en mi casa desaparezco directamente. Voy a un país cálido y procuro pasar las fiestas cerca de la playita y esperando que pasen pronto.
- Pues queda claro, a Esteban no le gusta nada la Navidad. Vamos a ver si... si a Arantxa le gusta. Hola Arantxa.
- △ Hola.
- ¿Cantas villancicos en Navidad?
- △ Yo canto... todos los días, pero en Navidad más, es verdad.
- Villancicos, ¿no?
- △ Sí, sí, sí, sí, sí. Me encanta, me encanta la Navidad, hum... Yo soy como Rosa María, de las que... me gusta poner el belén, que venga todo el mundo a casa, que nos reunamos todos y me parece genial.
- ¿Qué te gusta más? ¿La Nochebuena o la Nochevieja?
- △ A mí me gusta más la Nochebuena.
- ¡Ajá! Pero tomas las uvas, ¿no?, en Nochevieja.
- △ Sí, sí, sí. Tomo las uvas y además hace muchos años que no salgo por ahí.
- Hum.
- △ Me gusta lo de estar en casa, todo el mundo junto, a mí la Navidad me parece sagrada.
- Muy bien, gracias.

Vokabular nach Lektionen

■ Hier finden Sie die neuen Wörter und Ausdrücke der Lektionen in der Reihenfolge ihres Vorkommens.
■ Die deutsche Übersetzung gibt die Bedeutung im jeweiligen Zusammenhang wieder; auf die Angabe des Artikels wurde verzichtet.
■ Neue Wörter in den Arbeitsanweisungen werden in späteren Lektionen nicht als bekannt vorausgesetzt, sondern noch einmal aufgeführt.
■ Wörter, die ausschließlich auf der Cassette vorkommen, sind nur dann angegeben, wenn sie für die Lösung einer Aufgabe benötigt werden.
■ International gebräuchliche Wörter werden nicht aufgeführt.
■ Zu Verben mit unregelmäßigen Präsensformen *(i)*, *(ie)*, *(ue)*, *(y)*, *(zc)* findet sich ein Hinweis.
■ Beachten Sie die Schreibweise der Endungen: amigo/-a bedeutet, daß die weibliche Endung (a) die männliche (o) ersetzt; profesor/a bedeutet, daß die weibliche Endung an die männliche Form angehängt wird.

Abkürzungen:
f = *feminin, weiblich*
inf = *Infinitiv*
LA = *lateinamerikanische Variante*
m = *maskulin, männlich*

Página 6

Hola.	Hallo.
¿Qué tal?	Wie geht's?
somos *(inf: ser)*	wir sind
las autoras	die Autorinnen
y	und
el autor	der Autor
de	von, aus
Caminos	Wege
(yo) me llamo	ich heiße
llamarse	heißen *(wörtlich:* sich nennen)
(yo) soy *(inf: ser)*	ich bin
tú	du
Buenas tardes.	Guten Tag. Guten Abend.
bueno/-a	gut
la tarde	Nachmittag, Abend
usted	Sie
¿Cómo se llama usted?	Wie heißen Sie?
¿Cómo te llamas?	Wie heißt du?
Adiós.	Auf Wiedersehen.
Hasta luego.	Bis bald.
Buenos días.	Guten Morgen. Guten Tag.
el día	Tag
Buenas noches.	Guten Abend. Gute Nacht.
la noche	Nacht
el libro de ejercicios	Arbeitsbuch
el ejercicio	Übung

Unidad 1

el mundo del español	die Welt des Spanischen
el español	Spanisch *(Sprache)*
la unidad	Einheit, Lektion
E.E.U.U. (Estados Unidos)	USA
España	Spanien
República Dominicana	Dominikanische Republik
Colombia	Kolumbien
Guinea Ecuatorial	Äquatorialguinea
Bolivia	Bolivien
Argentina	Argentinien
Filipinas	Philippinen
el país	Land
Brasil	Brasilien
Italia	Italien
Alemania	Deutschland
Dinamarca	Dänemark
Francia	Frankreich
Inglaterra	England
Suecia	Schweden

Unidad 1, Bloque A

Ya entendemos algo	Wir verstehen schon etwas
entender *(ie)*	verstehen

1

el curso más difícil	der schwierigste Kurs
el choque cultural	Kulturschock
el hospital	Krankenhaus
de España a América	von Spanien nach Amerika
un tema de debate	ein Gesprächsthema
la señora de la canción romántica	die Dame des romantischen Liedes
la familia	Familie
el Hotel Colón	Hotel Kolumbus
internacional	international
la industria	Industrie
un programa	ein Programm
el músico	Musiker
la producción	Produktion
la dirección	Leitung, Regie
el Teatro Nacional	Staatstheater
el Banco Central del Ecuador	Zentralbank von Ecuador
la televisión	Fernsehen
nuevos productos	neue Produkte
la música clásica	klassische Musik
un diálogo	ein Dialog
un mundo de elegancia	eine Welt von Eleganz
¿Qué significa...?	Was bedeutet ...?
significar	bedeuten
difícil	schwierig

4

¿Cómo se pronuncia...?	Wie spricht man ... aus?
pronunciar	aussprechen

Unidad 1, Bloque B

¿Quién es? *(inf: ser)*	Wer ist das?

1

personas famosas	berühmte Personen
¿Quién es...? *(inf: ser)*	Wer ist ...?
¿Quiénes son...? *(inf: ser)*	Wer sind ...?
el/la pintor/a	Maler/in
el/la autor/a	Autor/in, Schriftsteller/in
el/la político/-a	Politiker/in
la figura literaria	literarische Figur
el/la cantante	Sänger/in

2

el número	Zahl, Nummer

3

¿Qué número es?	Was für eine Zahl ist das?
¿Qué...?	Welche ...? Was für ein/e ...?

4

estas personas	diese Personen
el modelo	Modell, Beispiel
Es...	Das ist ...

5

el/la presidente/-a	Präsident/in
el/la	der/die/das *(Artikel)*
el/la Primer/a Ministro/-a	Premierminister/in
el rey / la reina	König / Königin
No sé. *(inf: saber)*	Ich weiß nicht.
los Reyes de España	das spanische Königspaar

6

masculino	männlich
femenino	weiblich
los/las	die *(Plural)*

7

Lea este texto. *(inf: leer)*	Lesen Sie diesen Text.
el teléfono	Telefon
la hora	Stunde
la llamada	Anruf
la semana pasada	letzte Woche
el/la amigo/-a	Freund/in
la foto	Foto
el periódico	Zeitung
el fuego	Feuer
el momento	Augenblick
la oficina	Büro
la información	Nachricht, Information
el/la reportero/-a	Reporter/in
la ciudad	Stadt
el artículo	Artikel
el reportaje	Reportage
el trabajo	Arbeit
el/la fotógrafo/-a	Fotograf/in
¡Ojo!	Aufgepaßt! *(wörtlich: Auge)*
la radio	Radio

9

el señor	Herr
el examen	Prüfung
la política	Politik

10

lea *(inf: leer)*	lesen Sie
la palabra	Wort
marque *(inf: marcar)*	markieren Sie
la sílaba fuerte	die betonte Silbe

11

sobre	über
la lengua española	die spanische Sprache
o	oder
el castellano	Kastilisch, Spanisch
la lengua oficial	Amtssprache
el Estado español	spanischer Staat
latinoamericano/-a	lateinamerikanisch
la lengua más hablada del mundo	die meistgesprochene Sprache der Welt
después del chino	nach Chinesisch
el inglés	Englisch
más de 300 millones de personas	mehr als 300 Millionen Menschen
hablan *(inf: hablar)*	(sie) sprechen
también	auch
en	in
(los) Estados Unidos	Vereinigte Staaten, USA
la lengua románica	romanische Sprache
como	wie
el italiano	Italienisch
el francés	Französisch
el portugués	Portugiesisch
el catalán	Katalanisch
otros/-as	andere
por ejemplo	zum Beispiel
Bienvenidos al mundo del español.	Willkommen in der Welt des Spanischen.

fascinante	faszinierend

Unidad 2

el encuentro	Begegnung
el/la mecánico/-a	Mechaniker/in
el alemán/la alemana	Deutscher/Deutsche
mi profesión *(f)*	mein Beruf
el/la taxista	Taxifahrer/in
el/la arquitecto/-a	Architekt/in
Soy de Buenos Aires.	Ich bin aus Buenos Aires.
el/la electricista	Elektriker/in
vivo *(inf: vivir)*	ich lebe, wohne
trabajo *(inf: trabajar)*	ich arbeite

Unidad 2, Bloque A

1

¿Es usted la señora Pérez?	Sind Sie Frau Pérez?
Sí.	Ja.
Soy yo. *(inf: ser)*	Das bin ich.
Mucho gusto.	Angenehm.
Encantado/-a.	Sehr erfreut.
¿Cómo está usted?	Wie geht es Ihnen?
estar *(yo estoy)*	sein, sich befinden
muy bien	sehr gut
gracias	danke
¿Y ustedes?	Und Ihnen? *(Plural)*
tú eres *(inf: ser)*	du bist
¿verdad?	nicht wahr?
no	nein
¿De dónde eres?	Woher kommst du?
Hasta mañana.	Bis morgen.
busque *(inf: buscar)*	suchen Sie
la página (pág.)	Seite
las formas del verbo "ser" que faltan	die Formen des Verbs "ser", die fehlen
ser	sein
faltar	fehlen
el/la estudiante	Student/in, Schüler/in
ustedes	Sie *(Plural)*

2

¿Cómo estás? *(inf: estar)*	Wie geht es dir?
¿Cómo están ustedes?	Wie geht es Ihnen?
Regular.	Es geht so.

3

la señorita	Fräulein

6

¿Cómo se llaman estas ciudades?	Wie heißen diese Städte?
la ciudad	Stadt
en español	auf spanisch
Múnich	München
Hamburgo	Hamburg
Estocolmo	Stockholm
Viena	Wien
Basilea	Basel
Bruselas	Brüssel
Roma	Rom

7

Mire esta lista. *(inf: mirar)*	Sehen Sie sich diese Liste an.
el curso de español	Spanischkurs
Londres	London

8

no	nein, nicht

9

las Islas Canarias	Kanarische Inseln

10

Escuche. *(inf: escuchar)*	Hören Sie zu.
por favor	bitte
este fax es para...	dieses Fax geht nach ...
¿Cómo?	Wie bitte?
¿Cómo se escribe? *(inf: escribir)*	Wie schreibt man das?
Un momento.	Einen Moment (bitte).
con	mit
la capital	Hauptstadt
el número de fax	Faxnummer
el alfabeto	Alphabet
el acento	Akzent
la diéresis	Trema *(Pünktchen auf Vokal)*
la mayúscula	Großbuchstabe
la minúscula	Kleinbuchstabe
Latinoamérica	Lateinamerika
be larga	b *("langes b")*
be corta	v *("kurzes b")*
sin	ohne

12

Escuche la casete.	Hören Sie die Cassette.

Unidad 2, Bloque B

¿Qué hace usted? *(inf: hacer)*	Was machen Sie (beruflich)?

1

las ofertas de empleo	Stellenangebote
la empresa	Firma, Unternehmen
necesita *(inf: necesitar)*	benötigt
el/la dibujante/-a	Zeichner/in
indispensable	unerläßlich
la experiencia	Erfahrung
la disponibilidad	Verfügbarkeit
inmediato/-a	sofortig
importante	bedeutend, wichtig, groß
el centro de salud	*Einrichtung im Gesundheitswesen*
el/la médico/-a	Arzt/Ärztin
el/la constructor/a	Konstrukteur/in
establecimiento líder en venta de ropa	führendes Bekleidungsunternehmen
busca *(inf: buscar)*	sucht
el/la representante	Vertreter/in
los conocimientos del idioma inglés	englische Sprachkenntnisse
el/la enfermero/-a	Krankenpfleger/-schwester
para	für
el/la cajero/-a	Kassierer/in
el supermercado	Supermarkt
la edad	Alter
25 a 45 años	25 bis 45 Jahre
nacional	staatlich
el/la biólogo/-a	Biologe/-in
para trabajar	um zu arbeiten
la provincia	Provinz
la mujer	Frau
el trabajo fijo	feste Arbeit
el/la chófer	Fahrer/in

8 horas al día	8 Stunden am Tag
el/la ingeniero/-a	Ingenieur/in
el conocimiento	Kenntnis
el manejo	Bedienung
la programación	Programmierung
el/la secretario/-a	Sekretär/in
el despacho de abogados	Anwaltskanzlei
el/la abogado/-a	Rechtsanwalt/-anwältin
se requiere *(inf: requerir)*	es wird verlangt
alto nivel	hohes Niveau
el alemán	Deutsch
la industria	*hier:* Industrieunternehmen
el/la portero/-a	Hausmeister/in, Pförtner/in
presentarse	sich vorstellen
el currículum	Lebenslauf
el certificado	Zeugnis, Zertifikat
el/la profesor/a	Lehrer/in
el/la asistente social	Sozialarbeiter/in
el/la dentista	Zahnarzt/-ärztin

2

¿Qué profesión tienen...? *(inf: tener)*	Was für einen Beruf haben ...?

3

unos amigos del colegio	einige Schulfreunde
unos/-as	einige
el colegio	Schule
mirar	betrachten, (an)sehen
un/una	ein/eine
la clase	Klasse
hablar	sprechen
el/la compañero/-a	Kollege/-in, Kursmitglied
dieciséis	sechzehn
el año	Jahr
ya	schon
¿Qué hacen ahora?	Was machen sie jetzt?
hacer *(yo hago)*	machen
ahora	jetzt
pues	nun ja ...
trabajar	arbeiten
el Instituto	*hier:* Gymnasium
vive *(inf: vivir)*	(er) lebt, wohnt
aquí	hier
el/la cocinero/-a	Koch/Köchin
pero	aber
no tiene trabajo *(inf: tener)*	er hat keine Arbeit
el trabajo	Arbeit
¡Qué lástima!	(Wie) schade!
todavía	noch
él	er
el jefe del departamento de personal	Personalchef
el/la jefe/-a	Chef/in
el departamento	Abteilung
¿Dónde?	Wo?
¡Qué bien!	Wie schön!
el ex-novio/la ex-novia	Ex-Freund/in
el ama *(f)* de casa	Hausfrau
Tiene tres hijos.	Sie hat drei Kinder.
la hija mayor	die älteste Tochter
el hijo/la hija	Sohn/Tochter
tiene 15 años	ist 15 Jahre alt
estudiar en un Instituto	aufs Gymnasium gehen
estudiar	lernen, studieren
¡No me digas!	Sag bloß!
está casado (con)	er ist verheiratet (mit)
el/la colombiano/-a	Kolumbianer/in
los dos	die beiden
complete *(inf: completar)*	vervollständigen Sie
el nombre	Name
ella	sie
nosotros/-as	wir
vosotros/-as	ihr
ellos/ellas	sie *(Plural)*

4

el/la programador/a	Programierer/in
el/la dependiente/-a	Verkäufer/in
el/la empleado/-a (de banco)	(Bank-)Angestellte/r

5

el restaurante	Restaurant
la oficina	Büro
la fábrica	Fabrik
la empresa	Firma, Unternehmen

6

¿Qué haces? *(inf: hacer)*	Was machst du (beruflich)?
estudiar	studieren
la medicina	Medizin
el/la recepcionista	Empfangschef/-dame

Unidad 2, Bloque C

vivir	leben, wohnen

1

el autobús	Bus
Perdonen. *(inf: perdonar)*	Entschuldigen Sie.
el/la argentino/-a	Argentinier/in
bueno	nun ja
un poco	ein bißchen, ein wenig
¿Van a pasar mucho tiempo en...?	Bleiben Sie lange in ...?
pasar	verbringen
mucho tiempo	viel/lange Zeit
sólo	nur
quince días	14 Tage *(2 Wochen)*
quince	fünfzehn
después	danach
vamos a las cataratas del Iguazú *(inf: ir)*	wir fahren zu den Wasserfällen von Iguazú
bonito/-a	schön
cerca (de)	nahe (bei)
allí	dort
la agencia de viajes	Reisebüro
Colonia	Köln
el idioma	Sprache
escribir	schreiben

para	für
el periódico	Zeitung
lindo/-a *(LA)*	schön

2

el cuadro	*hier:* Kästchen
Friburgo	Freiburg
el ruso	Russisch
Estrasburgo	Straßburg

4

¿Tiene teléfono? *(inf: tener)*	Haben Sie Telefon?
estos números	diese Zahlen

5

la lotería	Lotterie
los números premiados	Gewinnzahlen

7

Pregunte (por) ... *(inf: preguntar)*	Fragen Sie (nach) ...

8

la policía	Polizei
la ambulancia	Krankenwagen
el taxi	Taxi
la información meteorológica	Wettervorhersage
los bomberos	Feuerwehr
la estación de autobuses	Busbahnhof
la Cruz Roja	Rotes Kreuz

9

en su número de teléfono	in seiner Telefonnummer
el centro	Zentrum
el poema	Gedicht
tocar la guitarra	Gitarre spielen

10

En parejas.	Zu zweit.
En sus agendas faltan algunos datos.	In Ihren Notizbüchern fehlen einige Daten.
los datos	Daten, Angaben
¿Pueden completarlos? *(inf: poder)*	Können Sie sie vervollständigen?
Aquí está su agenda.	Hier ist Ihr Notizbuch.
abrir	öffnen

Unidad 3

el pueblo	Dorf
el museo	Museum
la avenida (Avda.)	Allee
el río	Fluß
la plaza (Pl.)	Platz
la calle	Straße
el metro	U-Bahn
la estación	Bahnhof
el aeropuerto	Flughafen
el mercado	Markt
la autopista	Autobahn
la catedral	Kathedrale, Dom
el estadio	Stadion
la universidad	Universität
la farmacia	Apotheke
el parque	Park
Correos	Post
Relacione. *(inf: relacionar)*	Ordnen Sie zu. Verbinden Sie.

Unidad 3, Bloque A

Hay de todo	Es gibt alles (mögliche)
todo	alles

1

¿Es verdad que...?	Stimmt es, daß ...?
hay	es gibt
mucho/-a	viel
la contaminación	(Umwelt-)Verschmutzung
claro que sí	ja, natürlich
¿ves? *(LA)*	nicht (wahr)?
unos veinte millones de habitantes	ungefähr 20 Millionen Einwohner
el/la habitante	Einwohner/in
muchos/-as	viele
el coche	Auto
el tráfico	Verkehr
enorme	enorm, ungeheuer
tanto/-a	so viel
¿Hay gente que quiere vivir en México? *(inf: querer)*	Gibt es Leute, die in Mexiko leben wollen?
la gente	Leute
claro	klar
México D. F. (Distrito Federal)	Mexiko-Stadt
fantástico/-a	phantastisch
grande	groß
impresionante	eindrucksvoll
quizás	vielleicht
la ciudad más grande	die größte Stadt
varios/-as	mehrere
las actividades culturales	kulturelles Leben
la actividad	Aktivität
el centro comercial	Einkaufszentrum
la discoteca	Diskothek
el cine	Kino
interesante	interessant
como en todas partes	wie überall
rico/-a	reich
pobre	arm
hay más contrastes que en Europa	es gibt mehr Gegensätze als in Europa
el contraste	Gegensatz
especial	besondere/r
es que...	denn ... (das ist, weil ...)
el/la mexicano/-a	Mexikaner/in
¿no?	nicht wahr?

para nosotros	für uns
¡Como México no hay dos!	Mexiko ist einzigartig!

2

un lugar para escapar del estrés	ein Ort, um dem Streß zu entkommen
escapar (de)	entgehen, entkommen
el estrés	Streß
blanco/-a	weiß
tranquilo/-a	ruhig
¿Quiere usted...?	Wollen Sie ...?
la costa	Küste
ideal	ideal
pequeño/-a	klein
tres mil	dreitausend
de casas blancas	aus/mit weißen Häusern
la casa	Haus
simpático/-a	sympathisch, nett
no hay problemas de tráfico	es gibt keine Verkehrsprobleme
el problema	Problem
poco/-a	wenig
la Guardia Civil	Landpolizei
la Caja Postal	Postsparkasse
el bar	Kneipe
A Casares se llega...	Nach Casares kommt man ...
llegar	(an)kommen
por una carretera	über eine Landstraße
la tranquilidad	Ruhe
la playa	Strand
están a sólo 60 kms	sind nur 60 km entfernt

4

el museo de arte	Kunstmuseum
gótico/-a	gotisch
el edificio	Gebäude
moderno/-a	modern
el fútbol	Fußball

5

alemán/alemana	deutsch

6

feo/-a	häßlich
nuevo/-a	neu

Unidad 3, Bloque B

¿Para ir a...?	Wie kommt man zu/nach ...?
ir *(yo voy)*	gehen, fahren

1

Oiga. *(inf: **oír**)*	Hören Sie.
Perdone. *(inf: **perdonar**)*	Entschuldigen Sie.
¿Dónde está...?	Wo befindet sich ...?
estar *(yo estoy)*	sein, sich befinden
(muy) cerca	(ganz) in der Nähe
justo	gleich, genau
a la derecha de	rechts von
detrás de	hinter
Muchas gracias.	Vielen Dank.
De nada.	Nichts zu danken.
por aquí	hier in der Nähe
A ver.	Mal sehen.
enfrente (de)	gegenüber (von)
Tiene que tomar...	Sie müssen ... nehmen
tener que *(yo tengo, ie)*	müssen
hasta	bis (zu)
el aparcamiento	Parkplatz
la estación de trenes	Bahnhof
el tren	Zug
lejos	weit (weg)
la primera calle a la derecha	die erste Straße rechts
primero/-a	erste/r
luego	danach
seguir *(i)*	weitergehen, folgen
el semáforo	Ampel
torcer *(ue)*	abbiegen
a la izquierda	links
¿Sabe usted si...? *(inf: **saber**)*	Wissen Sie, ob ...?
la cabina de teléfonos	Telefonzelle
cerca de aquí	hier in der Nähe
No soy de aquí.	Ich bin nicht von hier.
RENFE (Red Nacional de Ferrocarriles Españoles)	*spanische Eisenbahn*

3

delante de	vor
al lado de	neben
entre	zwischen

5

a pie	zu Fuß
el paseo	Spaziergang, Promenade
histórico/-a	historisch
la esquina	(Straßen-)Ecke
la tradición	Tradition
seguir *(i)* todo recto	geradeaus (weiter)gehen
antiguo/-a	alt
desde la plaza	vom Platz aus
hay que + *inf.*	man muß
el monumento	Denkmal, Gebäude
finalmente	schließlich
el arte moderno	moderne Kunst
el cuadro	Bild, Gemälde
famoso/-a	berühmt
el ruido	Lärm
tienes que + *inf.*	du mußt

6

ir en coche	Auto fahren
ir en avión	fliegen
el avión	Flugzeug
ir en bicicleta	radfahren
la bicicleta	Fahrrad

7

la cadena	Kette
la clase de español	Spanischunterricht

Unidad 3, Bloque C

Madrid me gusta	Madrid gefällt mir

1

la carta	Brief
Cartas al director	Leserbriefe
el director/a	Direktor/in, Leiter/in
¿Qué pasa con...?	Was ist los mit ...?
pasar	geschehen, los sein
me gusta/gustan *(inf: gustar)*	mir gefällt/gefallen
la vida	Leben
cotidiano/-a	alltäglich
el movimiento	Bewegung, Treiben
me encanta/encantan *(inf: encantar)*	mich begeistert/begeistern
el concierto	Konzert
la exposición	Ausstellung
el aspecto	Aspekt
negativo/-a	negativ
agresivo/-a	aggressiv
... no me gusta nada	... gefällt mir überhaupt nicht
la criminalidad	Kriminalität
sobre todo	vor allem
la zona verde	Grünzone
¿Por qué...?	Warum ...?
el árbol	Baum
¿Es que la naturaleza no es importante?	Ist denn die Natur nicht wichtig?
importante	wichtig
Atentamente	*etwa:* Mit freundlichen Grüßen
Está usted entrando en Madrid.	Sie kommen jetzt nach Madrid.
Después no diga que no le hemos advertido.	Sagen Sie nachher nicht, daß wir Sie nicht gewarnt hätten.
positivo/-a	positiv

2

me interesa/interesan *(inf: interesar)*	mich interessiert/interessieren
el caos	Chaos
la fiesta familiar	Familienfeier
la música folclórica	Volksmusik
chino/-a	chinesisch

3

la montaña	Berg
el vino tinto	Rotwein
el tenis	Tennis

4

Querido/-a...	Liebe/r ...
Un abrazo	*etwa:* Herzliche Grüße

5

ya sólo	nur noch
porque	weil

6

el marco	D-Mark
la peseta	Pesete

7

la cifra	Ziffer, Zahl
en voz alta	laut (mit lauter Stimme)
el/la pensionista	Rentner/in
(con) más de 100 años	über 100 Jahre
el televisor	Fernsehapparat
por cada 1.000 habitantes	pro 1.000 Einwohner
cada	jede/r
el kilómetro	Kilometer
la biblioteca	Bibliothek
el/la español/a	Spanier/in
la superficie	(Ober-)Fläche
por kilómetro cuadrado	pro Quadratkilometer

8

¿Cuántos kilómetros...?	Wie viele Kilometer ...?

Unidad 4

Revuelto	"Von allem etwas"

1

el símbolo	Symbol
el ejemplo	Beispiel
la gramática	Grammatik
la excepción	Ausnahme
la dificultad	Schwierigkeit
la expresión	Ausdruck
útil	nützlich

2

el billete de loto	Lottoschein
el mapa	Landkarte
compare *(inf: comparar)*	vergleichen Sie
el resultado	Ergebnis

4

leer	lesen
escuchar	(zu)hören
el dibujo	Zeichnung
el grupo	Gruppe
comparar	vergleichen
buscar	suchen
la regla de gramática	Grammatikregel
usar	benutzen
el diccionario	Wörterbuch
completar	vervollständigen

6

haga *(inf: hacer)*	machen Sie
hoy	heute
el ambiente	Atmosphäre
familiar	familiär
trabajar como...	arbeiten als ...
la mujer	(Ehe-)Frau
tener *(yo tengo, ie)*	haben
con sus padres	mit/bei ihren Eltern
los padres	Eltern

seguir *(i)*	fortführen
la Historia del Arte	Kunstgeschichte
el/la artista	Künstler/in
la cocina	Küche
preparar	zubereiten, vorbereiten
el menú	Menü
la receta	Rezept
clásico/-a	klassisch
vasco/-a	baskisch
la combinación	Kombination
original	originell
por eso	deshalb
venir *(yo vengo, ie)*	kommen
de todo el mundo	aus der ganzen Welt
inteligente	intelligent
creativo/-a	kreativ

8

el plano	(Stadt-)Plan
cenar	zu Abend essen
el minuto	Minute
primero	zuerst
¡Ya está!	Da ist es schon.
el Centro de Turismo	Fremdenverkehrsamt
la iglesia	Kirche
explique *(inf:* **explicar***)*	erklären Sie

10

Preparados, listos... ¡ya!	Auf die Plätze, fertig, los!
la salida	Ausgang, *hier:* Start
la cultura	Kultur
la pausa	Pause
el adjetivo	Adjektiv
decir	sagen
el niño	Kind
ñoño/-a	albern
la meta	Ziel

11

En España se hablan cuatro lenguas.	In Spanien spricht man vier Sprachen.
el gallego	Galicisch
el vasco	Baskisch
el euskera	Baskisch *(in der bask. Sprache)*
la situación	Situation
más complicado/-a	komplizierter
complicado/-a	kompliziert
principal	Haupt-
la lengua indígena	Sprache der Ureinwohner
el quechua	*südamerikan. Indianersprache*
que	der/die/das *(Relativpronomen)*
en el norte (de)	im Norden (von)
la papa *(LA)*	Kartoffel
el náhuatl	*Indianersprache in Mexiko*
otra lengua	eine andere Sprache
otro/-a	ein/e andere/r
el guaraní	*Indianersprache in Paraguay*
esto no es todo	das ist nicht alles
de origen europeo	europäischer Herkunft
el origen	Herkunft, Ursprung
europeo/-a	europäisch

gran influencia *(f)*	großer Einfluß
Ándale. *(México)*	Tschüs.
¿Cómo le va? *(LA)*	Wie geht es Ihnen?
más o menos	es geht so, mehr oder weniger
¿Y a usted? *(LA)*	Und Ihnen?
Buen día. *(LA)*	Guten Tag.
¿Y vos? *(Argentina, Uruguay)*	Und dir?
Chau. *(Argentina)*	Tschüs.
Nos vemos. *(inf:* **ver***)*	Wir sehen uns. Bis bald.

Unidad 5

¡Que aproveche!	Guten Appetit.
la charcutería	Wurstwaren
la frutería	Obstladen, -stand
don/doña	Herr/Frau
el melón	(Honig-)Melone
la panadería	Bäckerei
el croasán	Croissant
la pescadería	Fischgeschäft
la sardina	Sardine
la verdulería	Gemüseladen
la col	Kohl
la carnicería	Metzgerei, Fleischerei
el filete	Schnitzel, Steak
el jamón	Schinken

Unidad 5, Bloque A

¿Algo más?	Noch etwas?

1

¿Cómo los quiere?	Wie möchten Sie sie?
Son 840 pesetas.	Das macht 840 Peseten.
Aquí tiene.	Hier, bitte.
¿Me pone...? *(inf:* **poner***)*	Geben Sie mir ...?
el kilo	Kilo
el tomate	Tomate
la mandarina	Mandarine
Eso es todo.	Das ist alles.
¿Cuánto es?	Wieviel macht das?
verde	grün
¿Qué desea?	Was wünschen Sie?
desear	wünschen
el cuarto	Viertel, viertel Kilo
el queso manchego	*Käse aus der Mancha*
¿Cómo lo quiere?	Wie möchten Sie es?
la lata	Dose
la botella	Flasche
caro/-a	teuer
entonces	dann
déme *(inf:* **dar***)*	geben Sie mir
el aceite de oliva	Olivenöl
¿Cuánto cuesta...?	Wieviel kostet ...?
costar *(ue)*	kosten
otra vez	noch einmal, wieder
compruebe *(inf:* **comprobar***)*	überprüfen Sie
querer *(ie)*	wollen, mögen

3

el agua *(f)* (mineral)	(Mineral-)Wasser
la bolsa	Tüte
los macarrones	Makkaroni
la cerveza	Bier
la caja	Schachtel
el bombón	Praline
el paquete	Päckchen
la mantequilla	Butter
la barra de pan	Stangenbrot
el pan	Brot
el vino	Wein
las patatas fritas	Pommes Frites
la leche	Milch
la galleta	Keks
el arroz	Reis
el café	Kaffee
preguntar por el precio	nach dem Preis fragen
la oferta	(Sonder-)Angebot
escriba *(inf: escribir)*	schreiben Sie

5

la cantidad	Menge
necesitar	brauchen, benötigen
la semana	Woche
el litro	Liter
medio litro (de)	ein halber Liter
medio/-a	halb
un litro y medio	eineinhalb Liter
el gramo	Gramm

6

los alimentos	Lebensmittel
servicio a domicilio	Lieferung frei Haus
el huevo	Ei
la patata	Kartoffel
el yogur	Joghurt
el jamón serrano	roher Schinken

7

la cebolla	Zwiebel
el limón	Zitrone
la fresa	Erdbeere
el pollo	Hähnchen
la manzana	Apfel
el pan sueco	Knäckebrot
el papel higiénico	Toilettenpapier
comprar	kaufen

8

el/la vendedor/a	Verkäufer/in
el puesto del mercado	Marktstand
los otros	die anderen
hacer las compras	einkaufen

9

la fruta	Frucht, Obst
la piña	Ananas
la canción	Lied
¿Cuál es el título?	Wie lautet der Titel?
¿Se mencionan todas las frutas?	Werden alle Früchte genannt?

Unidad 5, Bloque B

¿Qué tal el pescado?	Wie schmeckt der Fisch?

1

el menú	*hier:* Speisekarte
la entrada	Vorspeise
la sopa	Suppe
la verdura	Gemüse
el gazpacho	*kalte Suppe aus Tomaten, Paprika, Gurken, Zwiebeln ...*
la ensalada mixta	gemischter Salat
el revuelto de champiñones	Rühreier mit Champignons
la tortilla española	*Omelett mit Kartoffeln und Zwiebeln*
la carne	Fleisch
el pescado	Fisch
al ajillo	in Knoblauchsoße
la merluza	Seehecht
a la romana	paniert
las gambas	Garnelen
a la plancha	gegrillt
la paella	*spanisches Reisgericht*
el postre	Nachtisch
el flan	Karamelpudding
el sorbete de melón	Melonensorbet
el helado	Eis
el chocolate	Schokolade
la macedonia (de fruta)	Obstsalat
la bebida	Getränk
con gas	mit Kohlensäure
sin gas	ohne Kohlensäure
el zumo de naranja	Orangensaft
la naranja	Orange
el vino blanco	Weißwein
el vino rosado	Rosé(wein)
el café solo	Espresso
el (café) cortado	*Espresso mit etwas Milch*
el café con leche	Milchkaffee
la conversación	Gespräch
el/la camarero/-a	Kellner/in
¿Les gusta esta mesa?	Gefällt Ihnen dieser Tisch?
la mesa	Tisch
la carta	*hier:* Speisekarte
si lo desean	wenn Sie es wünschen
estupendo	wunderbar
de segundo	als Hauptgericht
el segundo	*hier:* Hauptgericht
para mí	für mich
el primero	*hier:* Vorspeise
para beber	zu trinken
tomar	nehmen, *hier:* trinken
bien seco	sehr trocken
seco/-a	trocken
de acuerdo	einverstanden
entonces	also
de momento	im Augenblick
durante	während
la comida	Essen
igualmente	gleichfalls

¿Qué tal está el pescado?	Wie schmeckt der Fisch?
rico/-a	*hier:* lecker
probar *(ue)*	probieren
un poco de...	etwas ...
¿Me trae... ?	Bringen Sie mir ...?
traer *(yo traigo)*	(mit)bringen
otro/-a	noch ein/e
ahora mismo	sofort
la cuenta	Rechnung
pagar	zahlen

3

el objeto	Gegenstand
la definición	Definition, Erklärung
el vaso	Glas
sirve para + *inf.*	(es) dient dazu
servir *(i)*	dienen
la cuchara	Löffel
tomar	nehmen, *hier:* essen
el tenedor	Gabel
comer	essen
el cuchillo	Messer
cortar	schneiden
el plato	Teller
la servilleta	Serviette

4

un poco más de...	noch etwas ...

5

el comentario	Kommentar
el plato	*hier:* Speise, Gericht
salado/-a	salzig, versalzen
picante	scharf
frío/-a	kalt
soso/-a	fad

la sal	Salz
la tarta	Kuchen, Torte
delicioso/-a	köstlich
Vuelva a... *(inf:* **volver***)*	Kehren Sie zurück zu ...
diga *(inf:* **decir***)*	sagen Sie
Para esto necesita:	Dazu brauchen Sie:
bueno/-a	gut
caliente	heiß, warm

6

diga qué productos puede comprar *(inf:* **poder***)*	sagen Sie, welche Produkte Sie kaufen können

Unidad 5, Bloque C

el consumo	Konsum, Verbrauch
la costumbre	Gewohnheit

1

desayunar	frühstücken
la mermelada	Marmelade
preferir *(ie)*	bevorzugen
los cereales	Körner, Müsli, Getreide

2

Espero que bien.	Ich hoffe, gut.
esperar	hoffen
por supuesto	selbstverständlich
me gusta mucho	es gefällt mir sehr
Sabes, ...	Weißt Du, ...
saber *(yo sé)*	wissen
la cosa	Ding, Sache
distinto/-a	anders, unterschiedlich
tarde	spät
a las dos	um zwei Uhr
además	außerdem
por la mañana	morgens
la tostada	(Scheibe) Toast
el churro	*in Öl gebackener Kringel*
la taza	Tasse
al mediodía	mittags
antes de comer	vor dem Essen
ir de bares	etwas trinken gehen
el aperitivo	Aperitiv
la caña	kleines Bier
las tapas	Appetithäppchen
la ración	Portion
los calamares	Tintenfischringe
algunos/-as	einige
ir a casa	nach Hause gehen
por la noche	abends, nachts
las nueve	neun Uhr
normalmente	normalerweise
ir a comer	essen gehen
siempre	immer
barato/-a	billig
limpio/-a	sauber
donde	wo *(Relativpronomen)*
el plato	*hier:* Gang
la fruta del tiempo	Obst der Saison
Tanto hablar de comida...	Nachdem ich soviel über das Essen gesprochen habe ...
tener hambre	Hunger haben
el hambre *(f)*	Hunger
venir aquí	hierherkommen
conocer *(zc)*	kennenlernen
todo esto	all das
así	so
todos/-as	alle
Hasta pronto.	Bis bald.
el desayuno	Frühstück
la comida	Mittagessen
la cena	Abendessen

3

se come	man ißt
¿Qué más sabe de... ?	Was wissen Sie noch über ... ?

4

hoy	heute, heutzutage
consumir	verbrauchen, konsumieren
menos... que	weniger ... als

antes	früher
por año	pro Jahr
la bebida preferida	Lieblingsgetränk
preferido/-a	Lieblings-
más... que	mehr ... als
la estadística	Statistik
la(s) pasta(s)	Teigwaren, Nudeln
el azúcar	Zucker
la margarina	Margarine
la aceituna	Olive
el licor	Likör
los dulces	Süßigkeiten
las bebidas no alcohólicas	alkoholfreie Getränke
el total	Gesamtsumme
la coma	Komma
por ciento	Prozent

5

segundo/-a	zweite/r
la diferencia	Unterschied
creer	glauben

6

la caloría	Kalorie

pedir *(i)*	bestellen
la tienda	Laden
la llegada	Ankunft, *hier:* Ziel
el chorizo	*Art Paprikawurst*

Unidad 6

de compras	beim Einkaufen
la falda	Rock
los vaqueros	Jeans
el vestido	Kleid
la camisa	Hemd
la corbata	Krawatte
el abrigo	Mantel
el sombrero	Hut
la blusa	Bluse
los calcetines	Socken
el traje	Anzug
las botas	Stiefel
la chaqueta	Jacke, Sakko
el jersey	Pullover
los pantalones	Hose(n)
el zapato	Schuh
¿Te gusta esta chaqueta?	Gefällt dir diese Jacke (hier)?
¿Ésa?	Diese (da)?
el hombre	Mann

Unidad 6, Bloque A

la prenda favorita	Lieblingskleidungsstück
favorito/-a	Lieblings-

1

¿Qué color le gusta más?	Welche Farbe gefällt Ihnen am besten?
el color	Farbe
amarillo	gelb
rojo	rot
violeta	violett
azul	blau
negro	schwarz
comunicativo/-a	gesprächig
abierto/-a	aufgeschlossen
la vitalidad	Vitalität
gris	grau
pesimista	pessimistisch
optimista	optimistisch
naranja	orange
alegre	fröhlich
generoso/-a	großzügig
estudioso/-a	fleißig
el orden	Ordnung
disciplinado/-a	diszipliniert
franco/-a	offen(herzig)
activo/-a	aktiv
tímido/-a	schüchtern
perfeccionista	perfektionistisch
la variedad	Vielfalt
marrón	braun
entre amigos	unter Freunden
la paciencia	Geduld
sincero/-a	ehrlich
serio/-a	ernst
ser el centro de atención	im Mittelpunkt stehen
informal	ungezwungen
hable *(inf: **hablar**)*	sprechen Sie
El test dice que... *(inf: **decir**)*	Der Test sagt, daß ...

2

viejo/-a	alt
llevar	tragen
la cazadora de cuero	Lederjacke
la cazadora	Blouson
la minifalda	Minirock
con lunares	mit Tupfen, gepunktet
las medias	Strumpfhose, lange Strümpfe
el efecto	Effekt, Wirkung
azul marino	dunkelblau
la raya	Streifen
cómodo/-a	bequem
la prenda de vestir	Kleidungsstück
las gafas de sol	Sonnenbrille
las gafas	Brille
el cristal	(Brillen-)Glas
los años cincuenta	50er Jahre
la camiseta	T-Shirt
el dibujo	*hier:* Motiv

4

Sí, muchísimo.	Ja, sehr (gut).
bastante	ziemlich
No, nada.	Nein, überhaupt nicht.

5

a rayas	gestreift
a cuadros	kariert
estampado/-a	gemustert, bedruckt
la lana	Wolle
el algodón	Baumwolle
la seda	Seide

6

describa *(inf: describir)*	beschreiben Sie
la ropa	Kleidung
adivinar	(er)raten

Unidad 6, Bloque B

Le queda bien *(inf: quedar)*	Es steht Ihnen gut

1

la tienda de modas	Modegeschäft
el probador	Umkleidekabine
la tarjeta (de crédito)	(Kredit-)Karte
la talla	Größe
un poco estrecho/-a	etwas (zu) eng
estrecho/-a	eng, schmal
más grande	größer
yo quería... *(inf: querer)*	ich hätte gerne ...
ó	oder *(zwischen Zahlen)*
depende *(inf: depender)*	es kommt darauf an
¿De qué color?	In welcher Farbe?
¿Qué le parece ésta?	Wie finden Sie diesen?
parecer *(zc)*	scheinen, finden
este/esta	diese/r (hier)
quizá	vielleicht
ese/esa	diese/r (da)
elegante	elegant
precioso/-a	wunderschön
aquí mismo	gleich hier
Me queda un poco estrecha.	Er ist mir etwas (zu) eng.
quedar	passen
¡Cómo no!	Klar! Natürlich!
Me la llevo.	Ich nehme ihn *(den Rock)*.
llevarse	(mit)nehmen
en efectivo	bar

3

a mí	mir *(betont)*
a ti	dir *(betont)*
a usted	Ihnen *(betont)*
a él/ella	ihm/ihr *(betont)*
a nosotros/-as	uns *(betont)*
nos	uns
a vosotros/-as	euch *(betont)*
os	euch
a ustedes	Ihnen *(betont)*
a ellos/ellas	ihnen *(betont)*
les	Ihnen, ihnen
parecer bien *(zc)*	gut gefallen
mal	schlecht
¿A quién...?	Wem ...?
Escriba lo que piensa usted.	Schreiben Sie, was Sie denken.
pensar *(ie)*	denken

4

largo/-a	lang
ancho/-a	weit
demasiado grande	zu groß
perfecto/-a	perfekt
corto/-a	kurz

5

la frase	Satz
correcto/-a	korrekt
falso/-a	falsch
encontrar *(ue)*	finden
se puede + *inf.*	man kann
poder *(ue)*	können
el cheque	Scheck
probarse *(ue)*	anprobieren

6

representen	spielen Sie
representar	darstellen, aufführen
ayudar	helfen

7

el mismo gusto	derselbe Geschmack
tampoco	auch nicht
A mí sí.	Mir schon.
el gato	Katze
el perro	Hund

8

reaccionar	reagieren

Unidad 6, Bloque C

¡Cómo se va el dinero!	Wie einem das Geld in den Händen zerrinnt.

1

el transporte	Verkehrsmittel, Beförderung
la vivienda	Wohnung
el alquiler	Miete
el gas	Gas
la electricidad	Strom
la salud	Gesundheit
el tabaco	Tabak
el viaje	Reise
los muebles	Möbel
conocer *(zc)*	kennen
el significado	Bedeutung
¿En qué gastamos el dinero?	Wofür geben wir Geld aus?
gastar	ausgeben
según	nach, laut
el Instituto Nacional de Estadística	Staatliches Amt für Statistik
el más importante	der/die Wichtigste

al año	im Jahr
casi	fast
tanto/-a... como	soviel ... wie
el punto	Punkt, Aspekt
tener buena salud	gesund sein
tan... como	so ... wie
más grande que	größer als
menos grande que	kleiner als
el/la más grande	der/die größte
más	am meisten

2

la ayuda	Hilfe
comente (*inf:* **comentar**)	kommentieren Sie

3

la encuesta	Umfrage
anote (*inf:* **anotar**)	notieren Sie
el/la joven	Jugendliche/r

el deporte	Sport
el gimnasio	*hier:* Fitneß-Studio
la vitamina	Vitamin
hacer windsurfing	surfen
las vacaciones	Ferien, Urlaub

5

el instrumento musical	Musikinstrument
la miel	Honig
mexicano/-a	mexikanisch
boliviano/-a	bolivianisch
la cerámica	Keramik
el disco	Schallplatte
la hamaca	Hängematte
alternativo/-a	alternativ
la solidaridad	Solidarität
además de	außer
vender	verkaufen
organizar	organisieren
el proyecto	Projekt
la cooperación	Zusammenarbeit
ayudar	helfen
llamado/-a	sogenannte/r
el Tercer Mundo	Dritte Welt
Suiza	Schweiz
Holanda	Holland
América Latina	Lateinamerika
África	Afrika
Asia	Asien
el sistema comercial	Handels-, Verkaufssystem
diferente	anders
la burocracia	Bürokratie
el beneficio	Gewinn
apoyar	unterstützen
el programa de desarrollo	Entwicklungshilfeprogramm
el regalo	Geschenk
el tipo	Art
doble	doppelt
recibir	bekommen, erhalten

producir (*zc*)	produzieren
¿No le parece?	Meinen Sie nicht?
el título	Überschrift
la forma	Art, Weise

la niña	Mädchen
el uniforme del colegio	Schuluniform

Unidad 7

solo/-a	allein
los mayores de 60 años	Personen über 60 Jahre
mayor de	älter als, über
representar	darstellen
la población	Bevölkerung
la Unión Europea (UE)	Europäische Union (EU)
el hogar	*hier:* Haushalt
solo/-a	einzelne/r, einzige/r
en casa de	bei
el matrimonio	Ehe, Ehepaar
estar pasado/-a de moda	aus der Mode gekommen sein
el estado civil	Familienstand
casado/-a	verheiratet
soltero/-a	alleinstehend, ledig
viudo/-a	verwitwet, Witwe/r
separado/-a	getrennt
la pareja	Paar
divorciado/-a	geschieden
contestar	antworten

Unidad 7, Bloque A

1

atractivo/-a	attraktiv
el/la nieto/-a	Enkel/in
enamorado/-a (de)	verliebt (in)
la hermana mayor	ältere Schwester
el/la hermano/-a	Bruder/Schwester
el/la rival	Rivale/-in
asesinado/-a	ermordet
el actor	Schauspieler
conocido/-a	bekannt
el padre	Vater
la oposición	Opposition
el/la tío/-a	Onkel/Tante
la madre	Mutter
el/la cuñado/-a	Schwager/Schwägerin
la actriz	Schauspielerin
frustrado/-a	frustriert
la relación	Beziehung, Verhältnis
el general	General
jubilado/-a	pensioniert
el marido	Ehemann
el/la abuelo/-a	Großvater/-mutter
el/la enemigo/-a	Feind/in
loco/-a	verrückt

interesarse por	sich interessieren für
menor	jünger
dinámico/-a	dynamisch
la fobia	Phobie, heftige Abneigung
único/-a	einzige/r
el/la primo/-a	Cousin/Cousine
joven	jung
brillante	brillant, hervorragend

2

el/la sobrino/-a	Neffe/Nichte
los hermanos	Geschwister

3

el árbol genealógico	Stammbaum
notar	bemerken
el apellido	Nachname
igual (que)	gleich (wie)
contestar (a)	antworten (auf)
la pregunta	Frage
llamarse de apellido	mit Nachnamen heißen

4

el miembro	Mitglied
listo/-a	fertig, bereit

5

dibujar	zeichnen

7

referirse a *(ie)*	sich beziehen auf
relacionar	verbinden

8

el poema	Gedicht
va a aprender *(inf:* ***ir a****)*	Sie werden lernen
irregular	unregelmäßig
entender *(ie)*	verstehen
esperar	warten (auf)

9

la librería	Buchhandlung
el catálogo	Katalog
inventar	erfinden
la novela	Roman

Unidad 7, Bloque B

¡Felicidades!	Herzlichen Glückwunsch!

1

enseñar	zeigen
la boda	Hochzeit
la novia	Braut
el señor de las gafas	der Herr mit der Brille
el niño/la niña	Kind, Junge/Mädchen
el ojo	Auge
una vez más	ein weiteres Mal
la vez	Mal
el/la suegro/-a	Schwiegervater/-mutter

2

el posesivo	Possessivpronomen
la transcripción	*abgedruckter Hörtext*
tu/tus	dein/e
su/sus	Ihr/e, sein/e, ihr/e
nuestro/-a	unser/e
vuestro/-a	euer/e
señores Sánchez	Herr und Frau Sánchez

3

buscar	*hier:* abholen
la feria	Messe
la descripción	Beschreibung
gordo/-a	dick
calvo	kahlköpfig, mit Glatze
Tiene el pelo largo.	Er hat lange Haare.
el pelo	Haar
llevar barba	einen (Voll-)Bart tragen
delgado/-a	schlank
alto/-a	groß
guapísimo/-a	sehr hübsch
guapo/-a	hübsch
rubio/-a	blond
oscuro/-a	dunkel
algo mayor	etwas älter
moreno/-a	dunkel(haarig)
extravagante	extravagant
identificar	identifizieren
bajo/-a	klein
Es calvo.	Er hat eine Glatze.
el bigote	Schnurrbart
el papagayo	Papagei

5

la agencia matrimonial	Heiratsvermittlungsinstitut
Estimado/-a...	Sehr geehrte/r ...
solo/-a	*hier:* einsam
la figura	Figur
para casarme con ella	um sie zu heiraten
casarse (con)	(jmd.) heiraten
No importa si...	Es ist egal, ob ...
importar	wichtig sein
viajar	reisen
tímido/-a	schüchtern
cocinar	kochen
al cabo de dos semanas	nach zwei Wochen
la propuesta	Vorschlag
¿Cuál?	Welche/r?
la ópera	Oper
gordito/-a	dicklich
buena posición económica	finanziell gesichert
la posición	Position, Lage
económico/-a	wirtschaftlich, finanziell
mayor	*hier:* erwachsen
propio/-a	eigene/r
la tienda de antigüedades	Antiquitätengeschäft

7

¿Se acuerda de...? *(inf:* ***acordarse****)*	Erinnern Sie sich an ...?
el/la asesino/-a	Mörder/in

castaño/-a	(kastanien)braun
ambicioso/-a	ehrgeizig
formal	förmlich

Unidad 7, Bloque C

1

seguramente	sicherlich
subrayado/-a	unterstrichen
el infinitivo	Infinitiv
¿Ha tenido...? *(inf: tener)*	Haben Sie ... gehabt?
alguna vez	einmal
¿Ha vivido...? *(inf: vivir)*	Haben Sie ... gelebt?
en casa	zu Hause
¿Se ha enamorado de...?	Haben Sie sich in ... verliebt?
enamorarse de	sich verlieben in
el/la compañero/-a de estudio	Studienkollege/-in
el trabajo de casa	Hausarbeit
el padre soltero	alleinerziehender Vater
la respuesta	Antwort
el rincón del corazón	Kummerecke
el corazón	Herz
la revista	Zeitschrift
consultar	um Rat fragen
el/la experto/-a	Experte/-in
el problema sentimental	Beziehungsproblem
la consulta	Anfrage
correspondiente	entsprechend
el hijo adoptivo	Adoptivsohn
verdadero/-a	wahr, richtig
hemos discutido	wir haben diskutiert
discutir	diskutieren, streiten
no saber qué hacer	nicht wissen, was man tun soll
he conocido *(inf: conocer)*	ich habe kennengelernt
maravilloso/-a	wunderbar
la jubilación	Pensionierung
no le ha gustado nunca su trabajo *(inf: gustar)*	seine Arbeit hat ihm nie gefallen
(no...) nunca	nie
deprimido/-a	deprimiert
todavía no	noch nicht
últimamente	in letzter Zeit
perder *(ie)*	verlieren
totalmente	völlig
el contacto	Kontakt
triste	traurig
el/la jubilado/-a	Rentner/in
han vivido *(inf: vivir)*	sie haben gelebt
Nunca es tarde.	Es ist nie zu spät.
el centro de jubilados	Seniorentreffpunkt
tener derecho a	das Recht haben zu
el derecho	Recht
no va a ser un problema	es wird kein Problem sein
habéis hablado *(inf: hablar)*	ihr habt gesprochen
impresionar	beeindrucken
el amor	Liebe
el futuro	Zukunft

2

el tiempo	Zeit, Tempus
el perfecto	Perfekt

3

el/la centroamericano/-a	Mittelamerikaner/in
la escuela	Schule
ganar	gewinnen
la sangría	*spanische Rotweinbowle*

4

hecho *(inf: hacer)*	gemacht
muchas veces	oft
el/la latinoamericano/-a	Lateinamerikaner/in

5

la opinión	Meinung
la institución	Einrichtung, Institution
anticuado/-a	veraltet, antiquiert
la ayuda	Hilfe
la reunión	Versammlung, Treffen
mejor	besser
la generación	Generation
controlar	kontrollieren
todo el tiempo	die ganze Zeit
identificarse con	sich identifizieren mit
estar de acuerdo	einverstanden sein, zustimmen
Yo creo que no.	Das glaube ich nicht.
relacionado/-a con	verbunden mit

imagine *(inf: imaginar)*	stellen Sie sich vor
escoger	auswählen

Unidad 8

1

el tipo de estudiante	Lernertyp
aprender de memoria	auswendig lernen
la regla gramatical	Grammatikregel
el vocabulario	Vokabular, Wortschatz
corregir *(i)*	korrigieren, verbessern
el error	Fehler
molestar	stören
la memoria	Gedächtnis
la pronunciación	Aussprache
antes de hablar	bevor ich spreche
pensar *(ie)*	(nach)denken
todos los/todas las	alle
olvidar	vergessen
en general	im allgemeinen
de una forma lógica	auf logische Weise
lógico/-a	logisch
sistemático/-a	systematisch
normal	normal
de diferentes maneras	auf verschiedene Art
diferente	verschieden, unterschiedlich
la manera	Art, Weise

depende de *(inf: depender)*	es hängt ab von
a veces	manchmal
intuitivo/-a	intuitiv
comunicarse (con)	sich unterhalten (mit)
lo más importante	das Wichtigste, am wichtigsten

2

el verbo regular	regelmäßiges Verb
la característica	Merkmal
tener dudas	Zweifel haben
añadir	hinzufügen
más tarde	später
la irregularidad	Unregelmäßigkeit
pedir *(i)*	bestellen

3

típico/-a (de)	typisch (für)
el tequila	Agavenschnaps
el chile	Chilli, Cayennepfeffer
el taco *(México)*	*gefüllter Maisfladen*
ponga *(inf: poner)*	setzen Sie
la tortilla *(México)*	Maisfladen
el maíz	Mais
la experiencia	Erfahrung
el/la turista	Tourist/in
la ruina	Ruine
la civilización	Zivilisation, Kultur
excelente	ausgezeichnet
la bebida alcohólica	alkoholisches Getränk
se hace de...	man macht es aus ...
el agave	Agave
la planta	Pflanze
es muy diferente de...	ist ganz anders als ...
el frijol	Bohne
el pan nuestro de cada día	unser tägliches Brot
antes de	vor
la llegada	Ankunft
la base	Grundlage
la alimentación	Ernährung
frecuentemente	häufig
el puré	Püree, Brei
regularmente	regelmäßig
la quesadilla *(México)*	*mit Käse gefüllter Maisfladen*
riquísimo/-a	sehr gut, lecker
la zona	Gegend
mestizo/-a	Mestize/-in *(Mischung von Indios und Europäern), hier:* gemischt
el/la indígena	Eingeborene/r

4

mezclar	(ver)mischen
reconstruir *(y)*	rekonstruieren
rebajado/-a	herabgesetzt
el pimiento	Paprika

6

el crucigrama	Kreuzworträtsel

Unidad 9

¡Cómo pasa el tiempo!	Wie die Zeit vergeht!
pasar	vergehen
el reloj	Uhr
¿Qué hora es?	Wie spät ist es?
Son las diez menos diez.	Es ist zehn vor zehn.
¿Tiene hora?	Haben Sie die Uhrzeit?
Son las doce y media.	Es ist halb eins.
Es la una.	Es ist ein Uhr.
en punto	genau, Punkt
¿A qué hora...?	Um wieviel Uhr ...?
A las dos menos cuarto.	Um Viertel vor zwei.
la agenda	Kalender
la gimnasia	Gymnastik
las compras	Einkäufe
salir *(yo salgo)*	ausgehen
el lunes	Montag
el martes	Dienstag
el miércoles	Mittwoch
el jueves	Donnerstag
el viernes	Freitag
el sábado	Samstag
el domingo	Sonntag
Vamos a ver. *(inf: ir a)*	Wir wollen mal sehen.
la cita	Termin, Verabredung
la tintorería	Reinigung
llevar	(hin)bringen
el perro	Hund
el/la veterinario/-a	Tierarzt/-ärztin
acompañar	begleiten
el piano	Klavier

Unidad 9, Bloque A

1

despertarse *(ie)*	aufwachen
después de	nach
empezar *(ie)*	beginnen
levantarse	aufstehen
enseguida	sofort
ducharse	(sich) duschen
diario/-a	täglich, Tages-
la alternativa	Alternative, Möglichkeit
a mediodía	mittags
almorzar *(ue)*	zu Mittag essen
tranquilamente	in Ruhe
acostarse *(ue)*	sich hinlegen, zu Bett gehen
dormir *(ue)* la siesta	Mittagsschlaf machen
dormir *(ue)*	schlafen
el bocadillo	belegtes Brötchen
ir de compras	einkaufen gehen
hacer deporte	Sport treiben
el tiempo libre	Freizeit
algún, alguno/-a	(irgend)ein/e
el jardín	Garten
ver la tele	fernsehen
relajarse	sich entspannen
la puntuación	Punkteverteilung, Auswertung
¿Qué tal...?	Wie wäre es mit ...?

la energía — Energie

3

el elemento — Element
¿Cuándo...? — Wann ...?

4

la hora — Uhrzeit, Stunde
salir *(yo salgo)* — *hier:* abfahren

8

el horario — Öffnungszeit
al revés — umgekehrt
cerrar *(ie)* — schließen
A las diez de la noche. — Um zehn Uhr abends.

9

el/la especialista — Spezialist/in
el reloj interno — innere Uhr
adecuado/-a — angemessen
concentrarse — sich konzentrieren
la hormona sexual — Sexualhormon
la resistencia — Widerstand(skraft)
físico/-a — körperlich
solucionar — lösen
funcionar — funktionieren
crítico/-a — kritisch
cuidado (con) — Vorsicht (mit, bei)
la discusión — Diskussion, Besprechung
el trabajo manual — Handarbeit, handwerkliche Tätigkeit
la fase — Phase
la idea — Idee

10

terminar — (be)enden
¡Qué tarde! — So spät!
expresar — ausdrücken
la sorpresa — Überraschung
pronto — früh, bald
temprano — früh
¿De verdad? — Wirklich?
No me diga. — Sagen Sie bloß.

Unidad 9, Bloque B

¿Qué tal el día? — Wie war der Tag?

1

ordenar — ordnen
jugar al dominó *(ue)* — Domino spielen
el/la cliente — Kunde/-in
poner la mesa *(yo pongo)* — den Tisch decken
corresponder — entsprechen

2

el/la panadero/-a — Bäcker/in
cuente *(inf: contar)* — erzählen Sie
poner *(yo pongo)* — setzen, stellen, legen
el horno — Ofen
el pastel — Kuchen
la tarta — Torte, Kuchen
limpiar — putzen

3

hay hombres así — es gibt solche Männer
la tarea — Aufgabe, Arbeit
realizar — verwirklichen, *hier:* verrichten
planchar — bügeln
lavar — waschen
la ventana — Fenster
pasar la aspiradora — staubsaugen
lavar los platos — Geschirr spülen
la cama — Bett
sacar la basura — den Müll wegbringen
la tarea doméstica — Hausarbeit
el presente — Präsens
decir *(yo digo, i)* — sagen

4

los lunes — montags
ir a ver a (una persona) — jmd. besuchen

5

acordarse de *(ue)* — sich erinnern an
el/la chico/-a — Junge/Mädchen
antes de abrir... — bevor er ... geöffnet hat
después de ducharse — nachdem er geduscht hat
la posibilidad — Möglichkeit
actual — aktuell

Unidad 9, Bloque C

relativo/-a — relativ

1

Austria — Österreich
Bélgica — Belgien
Finlandia — Finnland
Grecia — Griechenland
Hungría — Ungarn
Irlanda — Irland
Noruega — Norwegen
Polonia — Polen
República Checa — Tschechische Republik
danés/danesa — Däne/-in, dänisch
finlandés/finlandesa — Finne/-in, finnisch
noruego/-a — Norweger/in, norwegisch
sueco/-a — Schwede/-in, schwedisch
irlandés/irlandesa — Ire/Irin, irisch
inglés/inglesa — Engländer/in, englisch
austríaco/-a — Österreicher/in, österreichisch
belga — Belgier/in, belgisch
francés/francesa — Franzose/Französin, französisch
holandés/holandesa — Holländer/in, holländisch
suizo/-a — Schweizer/in, schweizerisch
griego/-a — Grieche/-in, griechisch
italiano/-a — Italiener/in, italienisch
portugués/portuguesa — Portugiese/-in, portugiesisch
checo/-a — Tscheche/-in, tschechisch

2

hacer una pregunta	eine Frage stellen
a la misma hora (que)	zur selben Zeit (wie)
el/la mismo/-a	der-/dieselbe

3

el empleo del tiempo	Umgang mit der Zeit
europeo/-a	Europäer/in, europäisch
dedicar (a)	widmen
las relaciones sociales	Sozialkontakte
el mínimo	Minimum
el máximo	Maximum
la media	Durchschnitt
el trabajo doméstico	Hausarbeit
pasear	spazierengehen
invitar	einladen
el ritmo	Rhythmus
comparado con	im Vergleich zu
los países nórdicos	nordeuropäische Länder
existir	existieren
los horarios de las comidas	Essenszeiten
la mayoría	Mehrheit
en promedio	im Durchschnitt
En la estadística entran...	In die Statisitk gehen ... ein
el/la desempleado/-a	Arbeitslose/r
la cifra media	Durchschnittswert
bajo/-a	niedrig
menos	am wenigsten
por otra parte	hingegen, andererseits
trabajador/a	arbeitsam, fleißig
la categoría	Kategorie
el nivel	Niveau
el resto	Rest

4

relativo/-a a	bezüglich, in Verbindung mit

5

por lo menos	mindestens
¿Cuánto tiempo...?	Wie lange ...?

7

contar *(ue)*	erzählen
chileno/-a	Chilene/-in, chilenisch
la cita	Verabredung
empezar a *(ie) + inf.*	anfangen zu
sin darme cuenta	ohne es zu bemerken
darse cuenta (de)	(etw.) bemerken
nervioso/-a	nervös
unos minutos más	noch einige Minuten
irse	(weg)gehen
la llamada telefónica	Telefonanruf
¡Hombre!	Mensch!
olvidarse de	vergessen
¡Caramba!	Donnerwetter!
puntual	pünktlich

la historieta	kurze Geschichte

Unidad 10

¡Buen fin de semana!	Schönes Wochenende!
el fin de semana	Wochenende
las actividades del tiempo libre	Freizeitaktivitäten
salir a comer	essen gehen
tomar una copa	etwas trinken gehen
hacer bricolaje	basteln
tocar un instrumento	ein Instrument spielen
jugar *(ue)* a las cartas	Karten spielen
la excursión	Ausflug
el partido (de fútbol)	(Fußball-)Spiel
quedarse en casa	zu Hause bleiben
descansar	sich ausruhen, erholen
nadie	niemand

Unidad 10, Bloque A

¿Qué están haciendo? *(inf: **hacer**)*	Was machen sie (gerade)?

1

Escuche lo que está pasando *(inf: **pasar**)*	Hören Sie, was (gerade) geschieht
el piso	Wohnung
durante un minuto	eine Minute lang
cierre *(inf: **cerrar**)*	schließen Sie
recordar *(ue)*	sich erinnern (an)

2

el gerundio	Gerundium
el/la chico/-a	Junge/Mädchen
el saxofón	Saxophon

3

el piso	Stock(werk)
el cuarto izquierda	4. Stock links
el cuarto derecha	4. Stock rechts
el tercero	3. Stock
el segundo	2. Stock
el primero	1. Stock
bailar	tanzen
la carta de amor	Liebesbrief

4

adivine *(inf: **adivinar**)*	raten Sie
la solución	Lösung
escribir a máquina	Schreibmaschine schreiben

Unidad 10, Bloque B

1

para	*hier:* nach
el billete de ida y vuelta	Rückfahrkarte
ida y vuelta	Hin- und Rückfahrt
equivocarse de número	sich verwählen
hablar por otra línea	auf einer anderen Leitung sprechen

dejar	(hinter)lassen
el recado	Nachricht
contestar	*hier:* sich melden
el contestador automático	Anrufbeantworter
llamar	anrufen
al final	am Ende

2

dígale *(inf: decir)*	sagen Sie ihm
el vídeo	Video(rekorder)
los electrodomésticos	Elektrogeräte
la nota	Notiz(zettel)
¿De parte de quién?	Wer ist am Apparat?
¿Dígame?	Ja bitte? *(am Telefon)*
Espera. *(inf: esperar)*	Warte.
Ahora se pone Pepa. *(inf: ponerse)*	Pepa kommt sofort (ans Telefon).

5

oye *(inf: oír)*	hör mal
la salsa	*karibischer Tanz*
Lo estamos pasando fenomenal.	Wir amüsieren uns prächtig.
tener ganas (de)	Lust haben (zu)
Claro que voy.	Natürlich komme ich.
en un rato	bald, in Kürze
el rato	Weile
¿Diga?	Ja bitte? *(am Telefon)*
juntos/-as	zusammen
Vale.	Einverstanden.
quedar	sich verabreden, treffen
Habla más fuerte. *(inf: hablar)*	Sprich lauter.
fuerte	*hier:* laut
que no te oigo *(inf: oír)*	ich höre dich (nämlich) nicht

6

aceptar	annehmen
la propuesta	Vorschlag
rechazar	ablehnen
¿Vamos a tomar una copa?	Gehen wir etwas trinken?
ir a + *inf.*	etwas tun werden/wollen
Lo siento. *(inf: sentir)*	Es tut mir leid.

7

proponga *(inf: proponer)*	schlagen Sie vor
esta noche	heute abend

8

El Corte Inglés	*spanische Kaufhauskette*

9

tener las siguientes cosas que hacer	die folgenden Dinge zu tun haben
siguiente	folgende/r
el plan	Plan, Vorhaben
la peluquería	Friseur(salon)

10

conmigo	mit mir
contigo	mit dir
el Rastro	*Flohmarkt in Madrid*
la plaza de toros	Stierkampfarena

Unidad 10, Bloque C

¡Tenga cuidado!	Seien Sie vorsichtig!
tener cuidado	vorsichtig sein, aufpassen

1

causar	verursachen
la dependencia	Abhängigkeit
el motivo	Grund, Ursache
el alcohol	Alkohol
la droga	Droge
el videojuego	Videospiel
el juego	Spiel
la frustración	Frustration
personal	persönlich
la traducción	Übersetzung
la manía	Manie, Tick
producir *(zc)*	hervorrufen, produzieren
vivir	*hier:* durchleben
la pasión	Leidenschaft
la tragaperras	Spielautomat, einarmiger Bandit
Paso varias horas al día jugando.	Ich verbringe mehrere Stunden am Tag mit Spielen.
terrible	schrecklich
el grupo de autoayuda	Selbsthilfegruppe
la solución	Lösung
el/la psicólogo/-a	Psychologe/-in
estar de acuerdo	sich einig sein
saber *(yo sé)*	wissen, können
controlarse	sich kontrollieren
lleva dos meses yendo al psicólogo *(inf: ir)*	(er) geht seit zwei Monaten zum Psychologen
la tragedia	Tragödie
Cada vez estoy más solo.	Ich werde immer einsamer.
cada vez	jedesmal
visitar	besuchen
mío/-a	meine/r/s
poco a poco	nach und nach
real	wirklich
la enfermedad	Krankheit
salir (de) *(yo salgo)*	herauskommen (aus)
la crisis	Krise
darse cuenta de...	sich ... bewußt werden
el fin	Ende
a causa de...	aufgrund von, wegen
la caricatura	Karikatur

2

traduzca *(inf: traducir)*	übersetzen Sie
malo/-a	schlecht
el ordenador	Computer
la videomanía	Videosucht

3

cantar	singen
esquiar	Ski fahren
nadar	schwimmen

4

la entrevista	Interview
Tome notas. *(inf: **tomar**)*	Machen Sie sich Notizen.
el consejo	Ratschlag
volver a casa *(ue)*	nach Hause gehen
volver *(ue)*	zurückkommen, -kehren

5

dar *(yo doy)*	geben
la instrucción	Anweisung
el imperativo	Imperativ
cambiar	(ver)ändern
la ortografía	Rechtschreibung

6

próximo/-a	nächste/r

encontrarse *(ue)*	sich treffen
¡Qué alegría me da...!	Was für eine Freude ...!
la alegría	Freude
Hay tanto que ver.	Es gibt so viel zu sehen.

Unidad 11

de viaje	auf Reisen
el viaje organizado	Gruppenreise
no... ni	weder ... noch
la compañía	Gesellschaft
la aventura	Abenteuer
por mi trabajo	wegen meiner Arbeit
por	wegen, für
salir de vacaciones	in Urlaub fahren
informarse	sich informieren
tomar (el) sol	sich sonnen
el sol	Sonne
practicar la vela	segeln
alquilar	mieten
el mar	Meer

Unidad 11, Bloque A

¡Que lo pasen bien!	Machen Sie's gut!

1

ir de vacaciones	in Urlaub fahren
el verano	Sommer
julio	Juli
agosto	August
el invierno	Winter
las vacaciones escolares	Schulferien
el sur	Süden
el alojamiento	Unterkunft
la pensión	Pension
el cámping	Camping(platz)
el apartamento	(Ferien-)Wohnung
la casa alquilada	*hier:* Ferienhaus
el albergue (juvenil)	(Jugend-)Herberge
el medio de transporte	Verkehrsmittel
descubrir	entdecken
exótico/-a	exotisch
visitar	besuchen, besichtigen
de interés cultural	von kulturellem Interesse
el interés	Interesse
salir de noche	(abends) ausgehen
pensar *(ie)* + *inf.*	vorhaben, beabsichtigen
aburrido/-a	langweilig
divertido/-a	lustig, nett
el mes	Monat
enero	Januar
febrero	Februar
marzo	März
abril	April
mayo	Mai
junio	Juni
septiembre	September
octubre	Oktober
noviembre	November
diciembre	Dezember
la primavera	Frühling
el otoño	Herbst

2

seguro/-a	sicher
me parece que...	mir scheint, daß ...
espléndido/-a	prächtig
la arquitectura	Architektur
colonial	Kolonial-
la muralla	Stadtmauer
el siglo	Jahrhundert
ven *(inf: **venir**)*	komm!
magnífico/-a	wunderbar, herrlich
la pista	Piste
único/-a	einzigartig
árabe	arabisch, Araber/in
intacto/-a	intakt
Las mil y una noches	1001 Nacht
inmenso/-a	riesig, immens
la arena	Sand
transparente	klar, durchsichtig
disfrutar de	genießen
caribeño/-a	karibisch
el ron	Rum
cubano/-a	kubanisch, Kubaner/in
el jugo *(LA)*	Saft
venga *(inf: **venir**)*	kommen Sie!
haz *(inf: **hacer**)*	mach!
algo diferente	etwas anderes
inolvidable	unvergeßlich
espectacular	spektakulär
la arqueología	Archäologie
guatemalteco/-a	guatemaltekisch, Guatemalteke/-in

reservar	reservieren
el vuelo	Flug
a través de	durch, über
el (arte) románico	romanische Kunst
la nieve	Schnee

el valle	Tal
la maravilla	Wunder
los Pirineos	Pyrenäen
el anuncio	Anzeige
tratar de tú	duzen
el/la lector/a	Leser/in
tratar de usted	siezen

3

el folleto	Prospekt
incluir *(y)*	einschließen, einbeziehen
el monasterio	Kloster

4

cambiar dinero	Geld wechseln
recoger	abholen
el pasaporte	Reisepaß
la carta verde	grüne Versicherungskarte
el mapa de carreteras	Straßenkarte
la guía turística	Reiseführer
el cheque de viaje	Reisescheck
hacer la maleta	Koffer packen
la maleta	Koffer
la aspirina	Aspirin
la droguería	Drogerie
el jabón	Seife
el bronceador	Sonnencreme

5

apuntar	notieren, aufschreiben
llevar	mitnehmen
los Alpes	Alpen
el viaje de negocios	Geschäftsreise
hacer cámping	zelten
Tenerife	Teneriffa
adónde	wohin

6

el león	Löwe
vegetariano/-a	vegetarisch
el leopardo	Leopard
estar de vuelta	zurück sein
imprescindible	unentbehrlich
cambiar	sich (ver)ändern
salvaje	wild
cuando	wenn
seleccionar	auswählen
cargar con lo justo	das Notwendigste mitnehmen
así que	so daß
coger	nehmen
la cosilla	Sächelchen
el teléfono móvil	mobiles Telefon
el ordenador personal	Personal Computer
la televisión portátil	tragbarer Fernseher
eso sí	das allerdings
dijo *(inf: **decir**)*	sagte
el/la poeta	Dichter/in
ligero/-a de equipaje	leichtbepackt
el equipaje	Gepäck
algo así	so etwas
sobreviviré *(inf: **sobrevivir**)*	ich werde überleben
rayos	Donnerwetter!
en mis tiempos	zu meiner Zeit
era *(inf: **ser**)*	war
elegir *(i)*	auswählen

Unidad 11, Bloque B

el tiempo	Wetter

1

pedir *(i)*	bitten um, anfordern
rellenar	ausfüllen
el formulario	Formular
el destino	Ziel, Bestimmung(sort)
la duración	Dauer
el barco	Schiff
la habitación individual	Einzelzimmer
la ducha	Dusche
la habitación doble	Doppelzimmer
el baño	Bad
la pensión completa	Vollpension
la media pensión	Halbpension
solamente	nur

Queríamos informarnos sobre... *(inf: **querer**)*	Wir möchten uns informieren über ...
salir *(yo salgo)*	*hier:* (ab)fliegen
recomendar *(ie)*	empfehlen

imaginar	sich vorstellen
quedar	übrig sein
la doble	Doppelzimmer

2

según sus deseos	wunschgemäß
el deseo	Wunsch
mandar	schicken
la confirmación	Bestätigung
la reserva	Reservierung
así como	sowie
disponer de *(yo dispongo)*	verfügen über
el aire acondicionado	Klimaanlage
estar a disposición	zur Verfügung stehen
ofrecer *(zc)*	anbieten
lamentablemente	leider
la piscina	Schwimmbad
metros (mts)	Meter (m)
abierto/-a	geöffnet
todos los días	täglich
se alquilan bicicletas	es werden Fahrräder vermietet
recomendar *(ie)*	empfehlen
especialmente	besonders
la excursión de un día	Tagesausflug
la visita	Besuch
recordar *(ue)* que...	daran denken, daß ...
Hace mucho calor.	Es ist sehr warm/heiß.
el calor	Hitze
Señoras y señores	*etwa:* Sehr geehrte Damen und Herren

quería reservar... (*inf:* querer)	ich möchte gerne ... reservieren
En espera de sus noticias	In Erwartung Ihrer Antwort
la noticia	Nachricht
les saluda atentamente	*etwa:* mit freundlichen Grüßen

3

la parte	Teil, *hier:* Gegend
Hace mal tiempo.	Das Wetter ist schlecht.
llover (*ue*)	regnen
odiar	hassen
la lluvia	Regen
por lo menos	wenigstens
Hace (mucho) frío.	Es ist (sehr) kalt.
Hace 13 grados.	Es sind 13 Grad.
Hace buen tiempo.	Das Wetter ist schön.
la niebla	Nebel
ver	sehen
dicho (*inf:* decir)	gesagt
hace sol	die Sonne scheint
está nublado	es ist bewölkt
hace viento	es ist windig
el viento	Wind
¡Mira! (*inf:* mirar)	Schau!
nevar (*ie*)	schneien
¿Qué tiempo hace?	Wie ist das Wetter?
hay niebla	es ist neblig

4

la temperatura	Temperatur
Ginebra	Genf
La Habana	Havanna
Moscú	Moskau
Nueva York	New York

5

decidir	entscheiden, beschließen
posible	möglich
la terraza	Terrasse
dar un paseo	spazierengehen
el lago	See
el pronóstico del tiempo	Wettervorhersage

Unidad 11, Bloque C

el pasado	Vergangenheit

1

panameño/-a	aus Panama
subrayar	unterstreichen
Andalucía	Andalusien
el otoño pasado	letzten Herbst
pasado/-a	vergangen
fui (*inf:* ir)	ich fuhr, ging
acordarse de (*ue*)	sich erinnern an
el congreso	Kongreß
la medicina tropical	Tropenmedizin
el/la extranjero/-a	Ausländer/in
fue (*inf:* ser)	war
el palacio	Palast
la dirección	*hier:* Adresse
la mezquita	Moschee
andaluz/a	andalusisch, Andalusier/in
conservar	bewahren
muchísimos/-as	sehr viele
Un fuerte abrazo	*etwa:* Es umarmt Dich

2

el tiempo verbal	Zeit, Tempus
el indefinido	*historische Vergangenheit*
ayer	gestern

3

el resumen	Zusammenfassung

5

la ruta	Route
desordenado/-a	durcheinander, ungeordnet
visita a Versalles	Besichtigung von Versailles
la dirección	Richtung
Milán	Mailand
la salida	Abflug, Abfahrt
el vuelo regular	Linienflug
hacia	nach, in Richtung ...
el descanso	Pause
los Campos Elíseos	Champs Elysées
el Arco de Triunfo	Triumphbogen
el Barrio Latino	Quartier Latin
el regreso	Rückkehr
las Naciones Unidas	Vereinte Nationen
Venecia	Venedig
la Basílica de San Marcos	Markuskirche
el Palacio Ducal	Dogenpalast
eterno/-a	ewig
el Vaticano	Vatikan
la Basílica de San Pedro	Petersdom
el Coliseo	Kolosseum
el Foro Romano	Forum Romanum
la vuelta	*hier:* Rückflug

6

hizo (*inf:* hacer)	er/sie machte
por última vez	zum letzten Mal
último/-a	letzte/r
la postal	Ansichtskarte
el extranjero	Ausland
hace diez años	vor zehn Jahren

7

recorrer	bereisen, zurücklegen
el Camino de Santiago	Jakobsweg
mostrar (*ue*)	zeigen
la diapositiva	Dia

la batalla	Schlacht
los moros	Mauren
los cristianos	Christen
el toro	Stier
la gallina	Huhn
salvar la vida	das Leben retten

el/la peregrino/-a	Pilger/in
el parador	*staatliches Touristenhotel*
la tuna	*Studentenkapelle*

Unidad 12

1

la idea general	Hauptgedanke
general	allgemein, Haupt-
el/la pasajero/-a	Passagier/in
con destino a	nach
el altavoz	Lautsprecher
la puerta de embarque	Gate, Ausgang
exactamente	genau
el mensaje	Nachricht
¿De qué se trata?	Worum handelt es sich?
tratarse de	sich handeln um

el Parador Nacional	*staatliches Touristenhotel*
el convento	Kloster
el castillo	Schloß, Burg
medieval	mittelalterlich

el caso	Fall
la palabra clave	Schlüsselwort
el detalle	Detail, Einzelheit
seguro que	sicher(lich)
lo mismo	das gleiche
comprender	verstehen
es necesario	es ist nötig, man muß

2

asociar	verbinden, assoziieren
los grandes almacenes	Kaufhaus
los servicios	Toiletten
el juguete	Spielzeug
el caballero	Herr
la zapatería	Schuhgeschäft
la perfumería	Parfümerie
la cosmética	Kosmetik
oír *(yo oigo)*	hören
probarse *(ue)*	anprobieren
tener sed *(f)*	Durst haben

3

la tabla	Tabelle
dar *(yo doy)*	geben

4

a nombre de	auf den Namen
catalán/catalana	katalanisch
cerrado	geschlossen

5

antes	vorher
en las afueras (de)	außerhalb (von)
el/la viajero/-a	Reisende/r
confortable	komfortabel, bequem
económico/-a	preiswert, günstig
un hotel de dos estrellas	2-Sterne-Hotel
la estrella	Stern

6

el/la director/a de cine	Filmregisseur/in
nacer *(zc)*	geboren werden
decidir	entscheiden, beschließen
desarrollar	entwickeln, fördern
la creatividad	Kreativität
a los 17 años	mit 17 Jahren
la Compañía Telefónica	*spanische Telefongesellschaft*
al mismo tiempo	zur selben Zeit
el temperamento	Temperament
artístico/-a	künstlerisch
el guión	Drehbuch
formar parte de	gehören zu
la cámara súper 8	Super-8-Kamera
la película	Film
intensamente	intensiv
la movida madrileña	*reichhaltiges kulturelles Leben in Madrid*

madrileño/-a	Madrider, von Madrid
la explosión	Explosion
la muerte	Tod
dentro de	in, innerhalb von
debutar	debütieren
(ser) del montón	eine/r von vielen (sein)
las tinieblas	Finsternis
el triunfo	Triumph
al borde de un ataque de nervios	am Rande eines Nervenzusammenbruchs
mayor	größte/r
el éxito	Erfolg
la historia	Geschichte
el premio	Preis
incluyendo	einschließlich
la nominación	Nominierung
lleno/-a	voll
el personaje	Person, Gestalt, Persönlichkeit
dominado/-a (por)	beherrscht (von)
el sentimiento	Gefühl
describir	beschreiben
con detalle	ausführlich
amar	lieben
la amistad	Freundschaft
en cambio	hingegen
complejo/-a	komplex, vielschichtig
característico/-a	charakteristisch
la presencia	Präsenz, Anwesenheit
la publicidad	Werbung
la estética	Ästhetik
el bolero	*südspanischer Paartanz*
humano/-a	menschlich
el sentido del humor	Sinn für Humor
satírico/-a	satirisch
contra	gegen
el tabú	Tabu
social	sozial

exacto/-a	genau
exigente	fordernd, anspruchsvoll
durísimo/-a	sehr hart
a pesar de todo	trotz allem
a pesar de	trotz
adorar	anbeten, verehren
el currículum	Lebenslauf

7

la prensa	Presse
reunirse (con)	sich treffen (mit)
la pareja	*hier:* Partner/in
atender *(ie)*	betreuen
hacer ejercicio	Sport treiben
la obra de teatro	Theaterstück
el espectáculo musical	Musikaufführung
¿Qué hiciste? *(inf: **hacer**)*	Was hast du gemacht?

Unidad 13

divino/-a	göttlich, himmlisch
el tesoro	Schatz
la cabeza	Kopf
la boca	Mund
la mano	Hand
la pierna	Bein
el pie	Fuß
la oreja	Ohr
la nariz	Nase
el diente	Zahn
el brazo	Arm
el dedo	Finger
el dedo del pie	Zehe
el/la adolescente	Jugendliche/r
huasteco/-a	huaxtekisch
olmeca	olmekisch
la Isla de Pascua	Osterinsel
la isla	Insel
la parte del cuerpo	Körperteil
el cuerpo	Körper
mencionar	erwähnen

Unidad 13, Bloque A

practicar	üben, trainieren

1

el baile	Tanz
la jota	*spanischer Tanz aus Aragón*
la sardana	*katalanischer Reigentanz*
la espalda	Rücken

2

mantenerse en forma *(me mantengo, ie)*	in Form bleiben
dejar de + *inf.*	aufhören zu
fumar	rauchen

3

derecho/-a	rechte/r
levantar	(an-, er-, hoch)heben
extendido/-a	(aus)gestreckt
llevar hacia delante	nach vorne führen
izquierdo/-a	linke/r
repetir *(i)*	wiederholen
probar *(ue)*	(aus)probieren
naturalmente	natürlich
romper	(zer)brechen, kaputtmachen
el cubo	Eimer
llenar	füllen
la mitad	Hälfte
la altura	Höhe
el peso	Gewicht
el tomo	Band *(Buch)*
la enciclopedia	Nachschlagewerk
subir (por) una escalera	eine Treppe hinaufgehen
bajar	hinuntergehen
pesar	(schwer) wiegen
arriba	oben
en vez de	anstelle von
¡Qué ejercicio tan/más difícil!	Was für eine schwierige Übung!
dificilísimo/-a	sehr schwierig

4

argentino/-a	argentinisch
caracterizar	charakterisieren
los Andes	Anden
colombiano/-a	kolumbianisch
modesto/-a	einfach, bescheiden
pintar	malen
ganarse la vida	seinen Lebensunterhalt verdienen
ganar	verdienen
el/la diseñador/a	Designer/in
e	und *(vor i-, hi-)*
el/la ilustrador/a	Illustrator/in
participar (en)	teilnehmen (an)
bello/-a	schön
el soldado	Soldat
incluso	sogar
la bailarina	Tänzerin
el/la torero/-a	Stierkämpfer/in
feliz	glücklich
pacífico/-a	friedlich
el estilo	Stil
convertirse en *(ie)*	sich verwandeln in
el aspecto físico	Aussehen, Äußeres
el carácter	Charakter

5

la copla	(improvisiertes) Gedicht/Lied
popular	Volks-
los países de habla *(f)* española	spanischsprachige Länder
improvisar	improvisieren

Unidad 13, Bloque B

¡Que se mejore!	Gute Besserung!

1

pedir hora *(i)*	um einen Termin bitten
la consulta	Praxis, Sprechstunde
las horas de consulta	Sprechstunde

2

Pase, (pase).	Herein.
pasar	eintreten, nähertreten
sentarse *(ie)*	sich setzen
¿Qué le pasa?	Was fehlt Ihnen?
sentirse *(ie)*	sich fühlen
el/la doctor/a	Doktor/in
doler *(ue)*	wehtun
el estómago	Magen
vomitar	sich erbrechen
la diarrea	Durchfall
la fiebre	Fieber
fatal	*hier:* sehr schlecht
anoche	gestern abend
tailandés/tailandesa	thailändisch
quitarse	ausziehen, ablegen
la indigestión	Verdauungsstörung
la manzanilla	Kamillentee
ligero/-a	leicht
la grasa	Fett
recetar	verschreiben
basta con... *(inf: **bastar**)*	es genügt ...
la dieta	Diät, Schonkost
pasado mañana	übermorgen
estar mejor	sich besser fühlen
el/la asistente del médico	Arzthelfer/in
el/la paciente	Patient/in
la tensión	Blutdruck
la gota	Tropfen
Me duelen las muelas.	Ich habe Zahnschmerzen.
la muela	Backenzahn
tener dolor de muelas	Zahnschmerzen haben
el dolor de cabeza	Kopfschmerzen
la tos	Husten
respirar hondo	tief einatmen
el imperativo negativo	verneinter Imperativ

3

estar resfriado/-a	erkältet sein
tener quemaduras de sol	einen Sonnenbrand haben
el mate	Mate-Tee
ponerse crema *(me pongo)*	sich eincremen
la crema	Creme
la pastilla para dormir	Schlaftablette

4

el medicamento	Medikament
el dolor de garganta	Halsschmerzen
el dolor de oídos	Ohrenschmerzen
explicar	erklären
para qué	wofür

5

el síntoma	Symptom
la gripe	Grippe

tener frío	frieren
llorar	weinen, *hier:* tränen
tener catarro	eine Erkältung haben
estornudar	niesen

6

regalar	schenken
el vale	Gutschein
la especialidad	Besonderheit, Spezialität
la bicicleta estática	Heimtrainer
hoy mismo	noch heute
el masaje	Massage
terapéutico/-a	therapeutisch
muscular	Muskel-
reumático/-a	rheumatisch
la cirugía	Chirurgie
los costos	Kosten, Preis
el/la modelo	*hier:* Fotomodell
mejorar	verbessern
triunfar	triumphieren, erfolgreich sein
sano/-a	gesund
practicar yoga	Yoga machen
el sinónimo	Synonym
perder kilos *(ie)*	abnehmen
la belleza	Schönheit
bajo	unter
el control	Kontrolle, Überwachung
la sesión	Sitzung
la cabina	Kabine
el pago	Zahlung
el presupuesto	Kostenvoranschlag
la clínica	Klinik
el gimnasio	Turnhalle, Fitneß-Studio
presentar	vorstellen

Unidad 13, Bloque C

la epidemia	Epidemie, Seuche

1

el cólera	Cholera
la vacuna	Impfstoff
fácilmente	leicht
desinfectar	desinfizieren
el cloro	Chlor
las instalaciones sanitarias	sanitäre Einrichtungen
la catástrofe	Katastrophe
el líquido	Flüssigkeit
la atención médica	ärztliche Aufsicht
morir *(ue)*	sterben
la víctima	Opfer

2

la guerra	Krieg
poco después	kurz darauf

tuvieron que *(inf: tener que)*	sie mußten
el barrio	Stadtteil
aparecer *(zc)*	auftreten, erscheinen
el caso	Fall
peruano/-a	peruanisch, Peruaner/in
cuando	als
informar	informieren
el Ministerio de Salud	Gesundheitsministerium
inmediatamente	sofort
los medios de comunicación	(Massen-)Medien
peligroso/-a	gefährlich
el cebiche	*Gericht aus rohem Fisch*
popular	beliebt
crudo/-a	roh
tranquilizar	beruhigen
ante	vor
dieron un ejemplo *(inf: dar)*	(sie) gaben ein Beispiel
aumentar	zunehmen
de una manera alarmante	auf alarmierende Weise
pasar de... a	*hier:* ansteigen von ... auf
instalar	einrichten
los servicios de salud	Gesundheitsversorgung
el servicio	Dienst
crear	(er)schaffen
el comité	Komitee, Ausschuß
el/la enfermo/-a	Kranke/r
distribuir *(y)*	aus-, verteilen
evitar	vermeiden
la infección	Infektion, Ansteckung
clorado/-a	gechlort
hervir *(ie)*	(ab)kochen
se pudo *(inf: poder)*	man konnte
desaparecer *(zc)*	verschwinden
completamente	ganz
continuar	fortsetzen, weiterführen
la choza	Hütte
quiso *(inf: querer)*	(er) wollte
salir *(yo salgo)*	hinausgehen
el vómito	Erbrechen
por suerte	zum Glück
la suerte	Glück
el/la vecino/-a	Nachbar/in

3

formar	bilden

4

curar	heilen

5

el Premio Nobel de Literatura	Literaturnobelpreis
la ceremonia	Zeremonie, Feier
el mensaje	Botschaft
el optimismo	Optimismus
los demás problemas	die übrigen Probleme
sufrir	(er)leiden
la humanidad	Menschheit
triunfar	triumphieren, siegen

6

la recomendación	Empfehlung
pelar	schälen
el baño	*hier:* Toilette
bien cocido/-a	gut gar(gekocht)
frito/-a	gebraten
la nevera	Kühlschrank
el desinfectante	Desinfektionsmittel
tomar precauciones *(f)*	Vorsichtsmaßnahmen treffen

enfermo/-a	krank

Unidad 14

la cueva	Höhle
la región	Region
construir *(y)*	(er)bauen
la entrada	Eingang, Zugang
la luz	Licht
el aire	Luft
la chimenea	Kamin
la puerta	Türe
interior	Innen-, innere/r
agradable	angenehm
el techo	Dach
el patio	(Innen-)Hof
decorado/-a	geschmückt
la flor	Blume
a principios del siglo XX	Anfang des 20. Jahrhunderts
modernista	Jugendstil-
el ornamento	Ornament
la fachada	Fassade
el interior	Inneres
la obra de arte	Kunstwerk
alto/-a	hoch
el bloque	(Wohn-)Block
el centro urbano	Stadtmitte
me gustaría vivir *(inf: gustar)*	ich würde gerne wohnen

Unidad 14, Bloque A

Se alquila piso	Wohnung zu vermieten
alquilar	(ver)mieten

1

amueblado/-a	möbliert
el plano	*hier:* Grundriß
la entrada	Eingang
la cocina	Küche
el sofá	Sofa
el balcón	Balkon
la antena parabólica	Parabolantenne
la calefacción	Heizung
el dormitorio	Schlafzimmer
el pasillo	Korridor, Gang

el comedor — Eßzimmer
el sillón — Sessel
el salón — Wohnzimmer
el lavabo — Waschbecken
el armario — Schrank
la lavadora — Waschmaschine
la silla — Stuhl
la nevera — Kühlschrank
llamar por teléfono — anrufen
el aparato — Gerät

2

original — Original-
el quinto — fünfter Stock
exterior — äußere/r, *hier:* nach außen
dar a la calle — zur Straße hin liegen
entrar (en) — eintreten (in), hineingehen
el ascensor — Aufzug, Fahrstuhl
saludar — (be)grüßen
al salir — beim Hinausgehen
subir — hinauffahren
lo va mirando — er schaut sie *(die Wohnung)* an
pesado/-a — lästig, aufdringlich
curioso/-a — neugierig
el/la propietario/-a — (Haus-)Besitzer/in, Vermieter/in

3

el cuaderno — Heft
el/la mío/-a — meine/r
el/la tuyo/-a — deine/r
el/la suyo/-a — seine/r, ihre/r, Ihre/r
el/la nuestro/-a — unsere/r
el/la vuestro/-a — eure/r

4

la manera de vivir — Lebensweise
la edad — Alter
compartir — teilen, gemeinsam haben
pequeñito/-a — ganz klein, winzig
la personalidad — Persönlichkeit
el lugar — *hier:* Platz
moverse *(ue)* — sich bewegen
en el campo — auf dem Land
no me importa — es macht mir nichts aus
la residencia — Wohnanlage
excepto — außer
se vende — zu verkaufen
la calefacción central — Zentralheizung
el garaje — Garage
la(s) vista(s) — (Aus-)Blick, Sicht
la inmobiliaria — Immobilien(händler)
el particular — Privatperson
el chalet — Einfamilienhaus
la casa de campo — Landhaus
la parcela — Grundstück
el árbol frutal — Obstbaum
el apartado — Postfach
céntrico/-a — zentral gelegen
hermoso/-a — (wunder)schön
renovar *(ue)* — renovieren

5

el ropero (empotrado) — (eingebauter) Kleiderschrank
el closet *(LA)* — Einbauschrank
el placard *(Argentina)* — Einbauschrank
el hoyo — Loch

Unidad 14, Bloque B

¿Cómo era antes? *(inf: ser)* — Wie war es früher?

1

Cataluña — Katalonien
encontrarse *(ue)* — sich befinden
medieval — mittelalterlich
restaurado/-a — restauriert
rodeado/-a de — umgeben von
mostrar *(ue)* — zeigen
la Edad Media — Mittelalter
en esa época — damals
la época — Epoche, Zeit
sencillo/-a — einfach, schlicht
el fuego — Feuer
el agua *(f)* corriente — fließendes Wasser
sacar — (heraus)holen
el pozo — Brunnen
el campo — Feld
eléctrico/-a — elektrisch
hoy en día — heutzutage
el imperfecto — Imperfekt

2

el retrato — Porträt
el/la escritor/a — Schriftsteller/in

3

la niñez — Kindheit
el recuerdo — Erinnerung
desagradable — unangenehm

el cuento — Märchen
bañarse — baden
la vaca — Kuh
el caballo — Pferd
Cristo en la Cruz — Christus am Kreuz
dar miedo — Angst machen

4

tener miedo (de) — Angst haben (vor)
el miedo — Angst
vestirse *(i)* — sich anziehen
recoger — einsammeln
redistribuir *(y)* — neu verteilen

5

la juventud — Jugend
hacer auto-stop — trampen
los amores — Liebschaften
llevar una vida — ein Leben führen

duro/-a	hart
tener miedo al futuro	Angst vor der Zukunft haben
los impuestos	Steuern
el cigarrillo	Zigarette
sucio/-a	schmutzig
por primera vez	zum ersten Mal
la salchicha	Wurst, Würstchen
el importe	Betrag, Summe
verse	sich befinden
esposado/-a	in Handschellen
el/la juez	Richter/in
la aduana	Grenze, Zoll
cambiar de casa	umziehen
el oficio	Beruf, Beschäftigung
el placer	Vergnügen
engañar	betrügen, täuschen
dormir *(ue)* **de un tirón**	schlafen, ohne aufzuwachen
tocar	dran/an der Reihe sein
fumar de gorra	(Zigaretten) schnorren
sacar la lengua	die Zunge herausstrecken
la dama	Dame
andar del brazo (de)	Arm in Arm gehen (mit)
el tipo	Typ, Kerl
la mili	Militär, Wehrdienst
meterse en un piso	sich eine Wohnung nehmen
sentar *(ie)* **la cabeza**	Vernunft annehmen
instalarse (en)	sich niederlassen (in)
contestar que sí	ja sagen
perder *(ie)* **el apetito**	den Appetit verlieren
soñar *(ue)*	träumen

Unidad 14, Bloque C

Érase una vez...	Es war einmal ...

1

el cuento	Märchen
la versión	Fassung, Version
Caperucita Roja	Rotkäppchen
el sombrerito	Hütchen
un día	eines Tages
dijo *(inf: decir)*	(sie) sagte
la cesta	Korb
fresco/-a	frisch
el lobo	Wolf
pasar por ahí	dort lang gehen
ahí	dort
de repente	plötzlich
encontrar *(ue)*	treffen
el/la abuelito/-a	Opa/Oma
mientras	während
recoger	*hier:* pflücken
la margarita	Margerite, Gänseblümchen
correr	laufen, rennen
rápido/-a	schnell
antes que	früher als
tocar (a la puerta)	(an die Tür) klopfen
notar	bemerken
la voz	Stimme
ya no	nicht mehr
oír *(yo oigo)*	hören
comerse	aufessen, verschlingen
todo/-a entero/-a	ganz und gar
entero/-a	ganz, vollständig
ponerse *(me pongo)*	anziehen
desde lejos	von weitem
raro/-a	seltsam, komisch
acercarse	sich nähern
aun	sogar, selbst
reconocer *(zc)*	wiedererkennen
el revólver	Revolver
el calibre	Kaliber
en el fondo de la cesta	ganz unten im Korb
disparar	schießen, abdrücken
matar	töten
la moral	Moral
Y colorín colorado, este cuento se ha acabado.	*Märchenschluß, etwa: Und wenn sie nicht gestorben sind, dann leben sie noch heute.*

2

el/la comisario/-a	Kommissar/in
investigar	untersuchen
la declaración	Erklärung, Aussage
el/la testigo/-a	Zeuge/-in
incompleto/-a	unvollständig
el bosque	Wald
alguien	jemand
la mentira	Lüge
sin razón	grundlos
la razón	Grund

3

el cabrito	Geißlein
la Bella Durmiente (del bosque)	Dornröschen
la Cenicienta	Aschenputtel
el ladrón	Räuber
la lámpara maravillosa	Wunderlampe
Blancanieves	Schneewittchen
el enanito	Zwerg(lein)
el lobito	Wölflein
maltratar	mißhandeln, quälen
el cordero	Lamm
el príncipe	Prinz, Fürst
la bruja	Hexe
el pirata	Pirat
honrado/-a	ehrlich, rechtschaffen
el mundo al revés	die verkehrte Welt

4

publicar	veröffentlichen
el/la moderador/a	Moderator/in
sin embargo	jedoch
norteamericano/-a	nordamerikanisch
prohibir	verbieten
el/la pedagogo/-a	Pädagoge/-in
violento/-a	gewalttätig
tradicional	traditionell
la violencia	Gewalt
simbólico/-a	symbolisch

no... ni... ni	weder ... noch
la sangre	Blut
el conflicto	Konflikt
tener razón	recht haben
clasificar	(ein)ordnen
la realidad	Wirklichkeit
simple	einfach
extremo/-a	extrem
por un lado	einerseits
diferenciar	unterscheiden
el bien	das Gute
el mal	das Böse
por otro lado	andererseits
el malo	Bösewicht
ningún, ninguno/-a	kein/e
el dragón	Drache
la princesa	Prinzessin
absurdo/-a	absurd
al contrario	im Gegenteil
la fantasía	Phantasie
posible	möglich
íntimo/-a	intim
imaginarse	sich vorstellen
la crítica	Kritik
el argumento	Argument
a favor y en contra (de)	pro und contra
dividir	teilen
en cursiva	in Kursivschrift

Unidad 15

¡Vamos de fiesta!	Laßt uns feiern!
celebrar	feiern
la Navidad	Weihnachten
los Reyes Magos	Heilige Drei Könige
el Año Nuevo	Neujahr
la Nochevieja	Silvester
la fiesta nacional	Nationalfeiertag
el cumpleaños	Geburtstag
los moros	Mauren
los cristianos	Christen
la romería	Wallfahrt

la pluma	Feder
el escudo	(Schutz-)Schild
la cruz	Kreuz
el arma *(f)*	Waffe
la lucha	Kampf
conquistar	erobern
el castillo	Schloß, Burg
entregar	übergeben
la llave	Schlüssel
el toro	Stier
los novios	Brautpaar
la procesión	Prozession
la virgen	Jungfrau

Unidad 15, Bloque A

¡Feliz cumpleaños!	Alles Gute zum Geburtstag!

1

cumplir 80 años	80 Jahre alt werden
¡Que cumplas muchos más!	Lange sollst du leben!
hijita	Töchterchen
¡Qué detalle!	Wie aufmerksam!
la cosita	Kleinigkeit, Sache
¿Por qué te has molestado?	*etwa:* Das wäre doch nicht nötig gewesen.
¡Vamos!	Los!
el collar	Kette
regalar	schenken
te sienta muy bien (*inf:* sentar)	(es) steht dir sehr gut
la rosa	Rose
el secreto	Geheimnis
presentar	vorstellen
pasarse un semáforo en rojo	bei Rot hinüberfahren
la mala suerte	Pech
felicitar	gratulieren

2

el perfume	Parfum
el champán	Champagner

3

la raqueta de tenis	Tennisschläger
el juego para el ordenador	Computerspiel
la biografía	Biographie
el bolso	Tasche
el álbum (de fotos)	(Foto-)Album
el libro de cocina	Kochbuch
el CD (disco compacto)	CD
la música flamenca	Flamenco-Musik
la entrada (para el teatro)	(Theater-)Karte
el póster	Poster
la toalla de playa	Strandtuch, Badelaken

4

el orden	Reihenfolge
ocurrir	passieren
el hecho	Ereignis
cumplir años	Geburtstag haben
el trozo	Stück
horrible	schrecklich
borracho/-a	betrunken
caerse *(me caigo)*	(hin)fallen
romperse la pierna	sich das Bein brechen
llevar escayola	einen Gips haben
la escayola	Gips(verband)
robar	rauben, stehlen
la pistola	Pistole
la desgracia	Unglück, Mißgeschick
de pronto	plötzlich

5

el accidente	Unfall
curioso/-a	sonderbar, merkwürdig

Unidad 15, Bloque B

1

la ocasión	Gelegenheit
la paz	Friede
la felicidad	Glück
el/la padrino/-a	Pate/-in
la parroquia	Pfarrkirche
complacerse en + *inf.*	sich die Ehre geben
comunicar	mitteilen, bekanntgeben
el enlace matrimonial	Vermählung
el día 18 de agosto	am 18. August
¡Enhorabuena!	Herzlichen Glückwunsch!
pasar un examen	eine Prüfung bestehen
conseguir *(i)* un trabajo	eine Arbeitsstelle finden
Feliz Navidad y próspero Año Nuevo	Frohe Weihnachten und ein glückliches Neues Jahr
el anuncio de boda	Heiratsanzeige
el banquete	Bankett, Festessen
el bautizo	Taufe
el anuncio del nacimiento	Geburtsanzeige
el nacimiento	Geburt
enviar	schicken
Pascua	Ostern
simplemente	einfach

2

irse de la casa	ausziehen
desde cuándo	seit wann
desde 1990	seit 1990
desde hace 6 años	seit 6 Jahren
traducir *(zc)*	übersetzen

3

la Nochebuena	Heilig Abend
el acto	Tat, Handlung
el aniversario	Jahrestag
Jesucristo	Jesus Christus
el principio	Anfang

4

religioso/-a	religiös

5

el turrón	*span. Weihnachtssüßigkeit*
la almendra	Mandel
el billete de lotería	(Lotterie-)Los
la ilusión	große Erwartung, Hoffnung
el sorteo	Ziehung
el/la millonario/-a	Millionär/in
el roscón de Reyes	*Hefekuchen zum Drei-Königs-Tag*
las frutas confitadas	kandierte Früchte
dentro	(dr)innen
la sorpresa	Überraschung
el plástico	Plastik
tener suerte	Glück haben
el belén	Krippe
el adorno	Schmuck
navideño/-a	Weihnachts-
San José	Heiliger Josef
la Virgen	Heilige Jungfrau
el animal	Tier

(Kassette)

el Papá Noel	Weihnachtsmann
el villancico	Weihnachtslied
la uva	(Wein-)Traube

6

la impresión	Eindruck
alegre	fröhlich
solemne	feierlich
fácil de entender	leicht verständlich
lento/-a	langsam
melancólico/-a	melancholisch
la canción de niños	Kinderlied
la canción de protesta	Protestsong

7

decorar	schmücken
el árbol de Navidad	Weihnachtsbaum
festejar	feiern
fundir plomo *(m)*	Blei gießen
la misa de Gallo	Christmette
hacer fuegos artificiales	Feuerwerkskörper abbrennen
los fuegos artificiales	Feuerwerk
la Biblia	Bibel

8

encender *(ie)*	anzünden
la vela	Kerze
el Santa Claus	Weihnachtsmann, Nikolaus
aunque	obwohl
el japonés/la japonesa	Japaner/in
recibir	empfangen
la campanada	Glockenschlag
el pecado	Sünde
el catecismo	Katechismus
budista	buddhistisch
la uva	(Wein-)Traube
encima de	auf, über
la despedida	Abschied
los ritos	Riten, Bräuche
la voluntad	Wille
común	gemeinsam
por unos días	einige Tage (lang)
para ello	dafür
el gasto	Ausgabe
exagerado/-a	übertrieben, zuviel
la posada	Herberge, *hier auch: vorweihnachtliches Fest in Mexiko*
en busca de	auf der Suche nach
el/la invitado/-a	Gast
el burro	Esel
en nombre de	im Namen von
el cielo	Himmel
os pido posada	ich bitte euch um Herberge
la piñata	*Gefäß mit Süßigkeiten*
la estrella	Stern
colgado/-a (de)	aufgehängt (an)
el palo	Stock

ya que	da
vendado/-a	verbunden
los demás	die anderen, übrigen
gritar	schreien
confundir	verwirren
la visión	Sicht, Vorstellung

Unidad 15, Bloque C

la fiesta popular	Volksfest

1

la máscara	Maske
la escultura	Skulptur
el cementerio	Friedhof
el carro	Wagen
el/la peregrino/-a	Pilger/in
el toro	Stier
el disfraz	Verkleidung
el diablo	Teufel
la lucha	Kampf
la calavera	Totenkopf
el esqueleto	Skelett
el carnaval	Karneval
minero/-a	Bergbau-
combinar	kombinieren
indígena	eingeboren, einheimisch
los mineros	Bergleute
la mina	Mine, Bergwerk
el/la dueño/-a	Eigentümer/in, Besitzer/in
el mineral	Mineral, Erz
la diablada	Teufelstanz
simbolizar	symbolisieren
disfrazado/-a (de)	verkleidet (als)
las Fallas de Valencia	*Volksfest von Valencia*
el/la valenciano/-a	Valenzianer/in
el día de San José	Sankt-Josefs-Tag
el cartón piedra	Pappmaché
de actualidad	aktuell
la actualidad	Aktualität
quemar	verbrennen
la hoguera	Scheiterhaufen
el/la muerto/-a	Tote/r
el/la vivo/-a	Lebende/r
la oportunidad	Gelegenheit
el/la familiar	Verwandte/r
muerto/-a	gestorben, tot
parecido/-a	ähnlich

3

fascinar	faszinieren
tanto	so sehr

4

por fin	endlich, schließlich
la fiesta de la cerveza en Múnich	Münchner Oktoberfest
valer la pena	sich lohnen

5

la nota biográfica	biographische Notiz
luchar (por)	kämpfen (für)
el Premio Nobel de la Paz	Friedensnobelpreis
el esfuerzo	Bemühung
en favor de	zugunsten von
la democracia	Demokratie
la libertad	Freiheit
la misión	Mission
católico/-a	katholisch
la religión	Religion
hoy día	heutzutage
el/la santo/-a	Heilige/r
el patrón/la patrona	Schutzheilige/r
junto con	zusammen mit
no se acaba hasta el 9 de mayo	(es) hört nicht vor dem 9. Mai auf
acabarse	enden, aufhören
estar en pie	auf den Beinen sein
lejano/-a	entfernt, entlegen
el encuentro	Treffen
fuera (de)	außerhalb (von)
el/la comerciante	Händler/in
la misa	Messe
la primera comunión	Erstkommunion
la cantina	*hier:* Taverne, Schenke
increíble	unglaublich
sino (también)	sondern (auch)
no... ni	nicht einmal
el respiro	(Verschnauf-)Pause
aprovechar	ausnutzen
la conciencia	Bewußtsein

6

la cita	Zitat
el lujo	Luxus
sustituir *(y)* (a)	ersetzen
el Mediterráneo	Mittelmeer, *hier:* Mittelmeerbewohner
divertirse *(ie)*	sich amüsieren
El laberinto de soledad	Das Labyrinth der Einsamkeit

Unidad 16

1

la valoración	Beurteilung
el cuestionario	Fragebogen
la revisión	Wiederholung
la reflexión	Reflexion, Nachdenken
el aprendizaje	Lernen
resultar	sich herausstellen als
consultar	*hier:* nachschlagen (in)
el anexo gramatical	Grammatikanhang
el/la hispanohablante	Spanischsprechende/r
resumir	zusammenfassen
la redacción	Redaktion

2

la letra	Buchstabe

la palabra extranjera	Fremdwort
el mayor número posible	die größtmögliche Anzahl
el cambio de moneda	Geldwechsel
la devolución	Rückgabe, Zurückerstattung
el I.V.A. (Impuesto sobre el Valor Añadido)	Mehrwertsteuer
el envío	Sendung
la garantía	Garantie
el/la intérprete	Dolmetscher/in
la orfebrería	Goldschmiedekunst
el quiosco (de prensa)	(Zeitungs-)Kiosk
la exclusividad	Exklusivität
la joyería	Schmuck
repetido/-a	wiederholt, mehrmalig
el papel	Papier, Zettel
repartir	austeilen
tratar de + *inf.*	versuchen zu

3

crecer *(zc)*	(heran)wachsen
el/la muchacho/-a	Mädchen/Junge
contento/-a	zufrieden
caminar	gehen
cultivar	anbauen
libre	frei
las artes mágicas	Zauberkünste
disfrazarse (de)	sich verkleiden (als)
volar *(ue)*	fliegen
la escoba	Besen
fabricar	herstellen
la naturalidad	Natürlichkeit
auténtico/-a	echt
bañarse	baden
enfadado/-a	verärgert
tirar	werfen
la piedra	Stein
tomar una decisión	eine Entscheidung treffen
amable	liebenswürdig

4

el tebeo	Comic
grabar	aufnehmen, aufzeichnen
hispanohablante	spanischsprachig
el curso intensivo	Intensivkurs
la Universidad Popular	Volkshochschule
la lectura	Lektüre
la tertulia	Stammtisch
las noticias	Nachrichten
el canal	Kanal
adaptado/-a	adaptiert
la explicación	Erklärung
en tu lugar	an deiner Stelle
de vez en cuando	hin und wieder
no preocuparse (por)	sich keine Sorgen machen (um)
seguir *(i)* **descubriendo**	weiterentdecken

5

el/la jugador/a	Spieler/in
tirar el dado	würfeln
el dado	Würfel
avanzar	vorrücken
la casilla	Feld
indicar	anzeigen, angeben
retroceder	zurückgehen
partir	losgehen, aufbrechen
Centroamérica	Mittelamerika
el país vecino	Nachbarland
pertenecer a *(zc)*	gehören zu
volver atrás *(ue)*	zurückgehen
u	oder *(vor o-, ho-)*
un turno sin jugar	eine Runde aussetzen
la estación	*hier:* Jahreszeit
llevar 20 minutos de retraso	20 Minuten Verspätung haben

Quellennachweis

Fotos: Juan Mari Arzak: 41(1); O. Barattucci: 16(5), 22(2,5,6), 41(2,4); M. Beucker: 16(3), 22(3,4), 61, 105(2); R. Bez: 105(1,4); Centro de Arte Reina Sofía, Madrid: 124; dpa: 12(1-4), 119, 150, 151(2); Ediciones Castell: 121(4); C. Fernández: 131(3); G. Forst: 108; M. Görrissen: 21, 80(1-3), 147 (roscón); C. Hahn: 128; Institut für Auslandsbeziehungen: 149(1,3); Instituto Nacional de Antropología e Historia, México (J. Hinojosa): 121(1); A. Johannes: 130(2); Klett-Archiv: 12(6), 16(1,4,6), 41(3), 54, 57, 66, 86(6-11), 93, 98, 99, 103(1,2,5), 122(2), 147, 155(2), (B. Huber): Umschlag (3), 16(2), 46(3), 48, 51(1,2), 53(1), 73, 81(1,3), 88, 151(1), (S. Schauf): 6, 8, 12(5), 22(1), 30(1,3), 46(1,2), 47, 53(2), 72, 83(1-4), 86(1-5), 103(3), 114(3), 131(4), (F. Schulte-Nölle): 66, 81(2), (B. Stöhr): 96, 103(4), 106; Kunsthistorisches Museum, Wien: 67; La República del Tango: 122(4); P. Martín: 23; Mauritius, Stuttgart: Umschlag (1,2); T. Moro Luis: 99, 141(1,2); Mosaic Reisen: 105(5); Österreich Werbung: 30(2); M. Pohle: 112(2); F. Rosentreter: 93; C. Sanz: 36; D. Schöler: 114(1,2); Secretaría General de Turismo: 105(3), 122(1,3), 135, 141(3,5), 149(2); Spanisches Fremdenverkehrsamt: 28, 30(5,6), 141(4); J. Stoffers: 121(3); Turismo de Andalucía: 112(1), 131(1,2); Verkehrsamt Berlin: 30(4); Villa Hügel, Essen: 121(2); Viva air/Iberia: 103(6)

Realien und Texte: Juan Ballesta, Cambio 16, (2-9-91): 35, (12-1-87): 70; Elisabeth Burgos, „Me llamo Rigoberta Menchú", Editions Gallimard, Paris: 151; Cambio 16, Madrid, („Tareas que los hombres no realizan", 9-11-92): 88, (28-12-92): 120, 155; Centro de Atracción y Turismo, San Sebastián: 42; Difusión, Barcelona, „De fiesta en invierno": 155(1); Ediciones Destino, Barcelona: 71(4,8); Ediciones Temas de Hoy, Madrid: 71(5); Editorial Castalia, Madrid: 71(3); Editorial de Pintores Boca y Pie, Madrid: 145(1); Editorial Hermes, México: 71(7); Editorial Mondadori: 130(1); Editorial Seix Barral, Barcelona: 71(1); El Corte Inglés, Madrid: 98, 153; El País, Madrid, (3-1-93): 66, (6-11-92): 90/91, 155; Espasa Calpe, Madrid: 71(2,9,10); Estudio «Leo», Rafael Ramos, Pamplona, (Pequeño País, 1988): 107; Fundación Colección Thyssen-Bornemisza, Madrid: 99; José Agustín Goytisolo/Paco Ibáñez, „Érase una vez": 139; José Agustín Goytisolo/Juan Ballesta, „La bruja hermosa": 154; Hallmark Cards Ibérica, Barcelona: 145(3); I.D.E.A.S. Iniciativas de Economía Alternativa y Solidaria/Tiendas de la Solidaridad: 66; Instituto Cervantes, Madrid, 1992: 7; Les Luthiers, „Bolero de Mastropiero", Rubén Scarone, Buenos Aires: 124; Loterías y Apuestas del Estado, Madrid: 24, 147; Mary Glasgow Magazines Ltd., London, „Los colores y tú", ¿Qué tal?, nov. 90: 58; Lourdes Miquel y Neus Sans, „El vecino del quinto", Difusión, Barcelona: 133; Muy interesante, Buenos Aires, julio 1993, (G + J España, Madrid): 100; Plaza & Janés Editores, Barcelona: 71(6); Quilapayún, „Tutti-frutti", Eduardo Carrasco, Chile: 49; Revista Comunidad, n° 4, 1985, Santiago de Chile, (El Búho, Estocolmo): 92; Joaquín Sabina/Miguel Ángel Campos López, „Cuando era más joven", EMI Songs España, Madrid: 137; Carlos Santos, Cambio 16, Madrid, 19-12-94: 148; „Selecciones de Readers Digest", México: 128; © 1940 James Thurber, © 1968 Helen Thurber, „The little girl and the wolf", from FABLES FOR OUR TIME, published by Harper Collings: 138; Viajes EURORUBI, Torremolinos: 114

Alphabetische Wortliste

■ Die erste Zahl verweist auf die Lektion, in der das betreffende Wort zum ersten Mal vorkommt.
■ Der Buchstabe A, B oder C verweist auf den Block innerhalb der Lektion, die nachfolgende Zahl auf die Aktivität.
■ Bei Wörtern der Auftaktseite wird nur auf die Lektion verwiesen.
■ Bei Wörtern, die in unterschiedlichen Bedeutungen bzw. Wendungen vorkommen, sind mehrere Verweise angegeben.
■ Die fettgedruckten Wörter gehören zur Wortschatzliste des VHS-Zertifikats.
■ Anders als in vielen spanischen Wörterbüchern finden Sie **ch** und **ll** innerhalb von **c** und **l**; **ñ** folgt auf **n**.

Abkürzungen:
inf. = *Infinitiv*
ger. = *Gerundium*
pág. = *página (Seite)*

A

a 1, A 1
a causa de 10, C 1
a cuadros 6, A 5
a favor 14, C 4
a la derecha 3, B 1
a la izquierda 3, B 1
a la plancha 5, B 1
a la romana 5, B 1
a las dos 5, C 2
a mí 6, B 3
a nombre de 12, 4
a pesar de 12, 6
a pie 3, B 5
a principios de 14
¿a qué hora? 9
¿a quién? 6, B 3
a rayas 6, A 5
a ti 6, B 3
a través de 11, A 2
a veces 8, 1
a ver 3, B 1
abierto/-a 6, A 1; 11, B 2
abogado/-a 2, B 1
abrazo 3, C 4
abrigo 6
abril 11, A 1
abrir 2, C 10
absurdo/-a 14, C 4
abuelito/-a 14, C 1
abuelo/-a 7, A 1
aburrido/-a 11, A 1
acabarse 15, C 5
accidente 15, A 5
aceite (de oliva) 5, A 1
aceituna 5, C 4
acento 2, A 10
aceptar 10, B 6
acercarse 14, C 1
acompañar 9
acordarse 11, C 1
acostarse 9, A 1
actividad 3, A 1
activo/-a 6, A 1
acto 15, B 3
actor/actriz 7, A 1
actual 9, B 5
actualidad 15, C 1
adaptado/-a 16, 4
adecuado/-a 9, A 9
además (de) 5, C 2; 6, C 5
adiós *pág.* 6
adivinar 6, A 6
adjetivo 4, 10
adolescente 13
adónde 11, A 5
adoptivo/-a 7, C 1
adorar 12, 6
adorno 15, B 5
aduana 14, B 5
aeropuerto 3
afueras 12, 5
agave 8, 3
agencia de viajes 2, C 1
agencia matrimonial 7, B 5
agenda 2, C 10; 9
agosto 11, A 1
agradable 14
agresivo/-a 3, C 1
agua (mineral) 5, A 3
ahí 14, C 1
ahora 2, B 3
ahora mismo 5, B 1
aire 14
aire acondicionado 11, B 2
al + *inf.* 14, A 2
al ajillo 5, B 1
al año 6, C 1
al cabo de 7, B 5
al contrario 14, C 4
al lado (de) 3, B 3
al mediodía 5, C 2
al revés 9, A 8
alarmante 13, C 2
albergue (juvenil) 11, A 1
álbum (de fotos) 15, A 3
alcohol 10, C 1
alcohólico/-a 5, C 4; 8, 3
alegre 6, A 1
alegría 10, R
alemán 2, B 1
alemán/-ana 2; 3, A 5
Alemania 1
alfabeto 2, A 10
algo 1, A
¿Algo más? 5, A
algodón 6, A 5
alguien 14, C 2
algún, alguno/-a 9, A 1
alguna vez 7, C 1
algunos/-as 5, C 2
alimentación 8, 3
alimentos 5, A 6
allí 2, C 1
almendra 15, B 5
almorzar 9, A 1
alojamiento 11, A 1
alquilar 11; 11, B 2
alquiler 6, C 1
altavoz 12, 1
alternativa 9, A 1
alternativo/-a 6, C 5
alto/-a 3, C 7; 7, B 3; 14
altura 13, A 3
ama de casa 2, B 3
amable 16, 3
amar 12, 6
amarillo 6, A 1
ambicioso/-a 7, B 7
ambulancia 2, C 8
América Latina 6, C 5
amigo/-a 1, B 7
amistad 12, 6
amor 7, C 1
amueblado/-a 14, A 1
ancho/-a 6, B 4
ándale 4, 11
andaluz/a 11, C 1
andar 14, B 5
Andes 13, A 4
anexo 16, 1
animal 15, B 5
aniversario 15, B 3
anoche 13, B 2
anotar 6, C 3
ante 13, C 2
antena parabólica 14, A 1
antes 5, C 4; 12, 5
antes de 5, C 2
antes que 14, C 1
anticuado/-a 7, C 5
antigüedades 7, B 5
antiguo/-a 3, B 5
anuncio 15, B 1
añadir 8, 2
año 2, B 3
Año Nuevo 15
aparato 14, A 1
aparcamiento 3, B 1
aparecer 13, C 2
apartado 14, A 4
apartamento 11, A 1
apellido 7, A 3
aperitivo 5, C 2
apetito 14, B 5
apoyar 6, C 5
aprender 8, 1
aprendizaje 16, 1
aprovechar 15, C 5
apuntar 11, A 5
aquí 2, B 3
árabe 11, A 2
árbol 3, C 1
árbol frutal 14, A 4
árbol genealógico 7, A 3
arena 11, A 2
Argentina 1
argentino/-a 2, C 1; 13, A 4
argumento 14, C 4
arma 15
armario 14, A 1
arqueología 11, A 2
arquitecto/-a 2
arquitectura 11, A 2
arriba 13, A 3
arroz 5, A 3
arte 3, A 4
artes mágicas 16, 3
artículo 1, B 7
artista 4, 6
artístico/-a 12, 6
ascensor 14, A 2
asesinado/-a 7, A 1
asesino/-a 7, B 7
así 5, C 2; 9, B 3
así como 11, B 2
así que 11, A 6
asistente del médico 13, B 2
asistente social 2, B 1
asociar 12, 2
aspecto 3, C 1
aspecto físico 13, A 4
aspiradora 9, B 3
aspirina 11, A 4
atención 6, A 1; 13, C 1
atender 12, 7
atentamente 3, C 1

B

C

D

devolución 16, 2
día pág. 6
diablada 15, C 1
diablo 15, C 1
diálogo 1, A 1
diapositiva 11, C 7
diario/-a 9, A 1
diarrea 13, B 2
dibujante/-a 2, B 1
dibujar 7, A 5
dibujo 4, 4
diccionario 4, 4
diciembre 11, A 1
diente 13
diéresis 2, A 10
dieta 13, B 2
diferencia 5, C 5
diferenciar 14, C 4
diferente 6, C 5; 8, 1
difícil 1, A 1
dificultad 4, 1
¿Diga? 10, B 5
¿Dígame? 10, B 2
Dinamarca 1
dinámico/-a 7, A 1
dinero 6, C
dirección 1, A 1; 11, C 1; 11, C 5
director/a 3, C 1
director/a de cine 12, 6
disciplinado/-a 6, A 1
disco 6, C 5
discoteca 3, A 1
discusión 9, A 9
discutir 7, C 1
diseñador/a 13, A 4
disfraz 15, C 1
disfrazado/-a 15, C 1
disfrazarse 16, 3
disfrutar 11, A 2
disparar 14, C 1
disponer de 11, B 2
disponibilidad 2, B 1
disposición 11, B 2
distinto/-a 5, C 2
distribuir 13, C 2
divertido/-a 11, A 1
divertirse 15, C 6
dividir 14, C 4
divino/-a 13
divorciado/-a 7
doble 6, C 5; 11, B 1
doctor/a 13, B 2
doler 13, B 2
dolor 13, B 2
dolor de oídos 13, B 4
domicilio 5, A 6
dominado/-a 12, 6
domingo 9
don/doña 5
donde 5, C 2
¿dónde? 2, B 3
dormir 9, A 1
dormitorio 14, A 1
dragón 14, C 4
droga 10, C 1
droguería 11, A 4
ducha 11, B 1
ducharse 9, A 1
duda 8, 2
dueño/-a 15, C 1
dulces 5, C 4
duración 11, B 1
durante 5, B 1
duro/-a 14, B 5

E

e 13, A 4
E.E.U.U. 1
económico/-a 7, B 5; 12, 5
edad 2, B 1
Edad Media 14, B 1
edificio 3, A 4
efecto 6, A 2
ejemplo 4, 1
ejercicio pág. 6; 12, 7
el/la 1, B 5
él/ella 2, B 3; 6, B 3
electricidad 6, C 1
electricista 2
eléctrico/-a 14, B 1
electrodomésticos 10, B 2
elegancia 1, A 1
elegante 6, B 1
elegir 11, A 6
elemento 9, A 3
ello 15, B 8
ellos/ellas 2, B 3; 6, B 3
empezar (a) 9, A 1; 9, C 7
empleado/-a (de banco) 2, B 4
empleo del tiempo 9, C 3
empresa 2, B 5
en 1, B 11
en busca de 15, B 8
en cambio 12, 6
en casa (de) 7; 7, C 1
en contra 14, C 4
en efectivo 6, B 1
en el fondo 14, C 1
en favor (de) 15, C 5
en general 8, 1
en parejas 2, C 10
en promedio 9, C 3
en punto 9
en todas partes 3, A 1
en tu lugar 16, 4
en vez de 13, A 3
en voz alta 3, C 7
enamorado/-a 7, A 1
enamorarse 7, C 1
enanito 14, C 3
encantar 3, C 1
encantado/-a 2, A 1
encender 15, B 8
enciclopedia 13, A 3
encima de 15, B 8
encontrar 6, B 5; 14, C 1
encontrarse 10, ; 14, B 1
encuentro 2
encuesta 6, C 3
enemigo/-a 7, A 1
energía 9, A. 1
enero 11, A 1
enfadado/-a 16, 3
enfermedad 10, C 1
enfermero/-a 2, B 1
enfermo/-a 13, C 2; 13, C
enfrente 3, B 1
engañar 14, B 5
enhorabuena 15, B 1
enlace matrimonial 15, B 1
enorme 3, A 1
ensalada (mixta) 5, B 1
enseguida 9, A 1
enseñar 7, B 1
entender 1, A
entero/-a 14, C 1
entonces 5, A 1; 5, B 1
entrada 5, B 1; 14, A 1; 15, A 3
entrar 14, A 2
entre 3, B 3
entregar 15
entrevista 10, C 3
enviar 15, B 1
envío 16, 2
epidemia 13, C
época 14, B 1
equipaje 11, A 6
equivocarse de número 10, B 1
érase una vez 14, C
error 8, 1
es que 3, A 1
es verdad 3, A 1
escalera 13, A 3
escapar 3, A 2
escayola 15, A 4
escoba 16, 3
escoger 7, C
escribir 2, C 1
escritor/a 14, B 2
escuchar 4, 4
escudo 15
escuela 7, C 3
escultura 15, C 1
ese/esa 6, B 1
esfuerzo 15, C 5
eso 5, A 1
eso sí 11, A 6
espalda 13, A 1
España 1
español 1
español/a 1, B 11; 3, C 7
especial 3, A 1
especialidad 13, B 6
especialista 9, A 9
especialmente 11, B 2
espectacular 11, A 2
espectáculo (musical) 12, 7
espera 11, B 2
esperar 5, C 2; 7, A 8
espléndido/-a 11, A 2
esposado/-a 14, B 5
esqueleto 15, C 1
esquiar 10, C 3
esquina 3, B 5
esta noche 10, B 7
establecimiento 2, B 1
estación 2, C 8; 3; 16, 5
estadio 3
estadística 5, C 4
estado civil 7
Estado 1, B 11
Estados Unidos 1, B 11
estampado/-a 6, A 5
estar 2, A 1; 3, B 1
estar + *ger.* 10, A 2
estar de acuerdo 10, C 1
estar de vuelta 11, A 6
estar en pie 15, C 5
este/esta 6, B 1
estética 12, 6
estilo 13, A 4
estimado/-a 7, B 5
esto 4, 11
estómago 13, B 2
estornudar 13, B 5
estrecho/-a 6, B 1
estrella 12, 5
estrés 3, A 2
estudiante 2, A 1; 8, 1
estudiar 2, B 3; 2, B 6
estudio 7, C 1
estudioso/-a 6, A 1
estupendo 5, B 1
eterno/-a 11, C 5
europeo/-a 4, 11; 9, C 3
euskera 4, 11
evitar 13, C 2
exactamente 12, 1
exacto/-a 12, 6
exagerado/-a 15, B 8
examen 1, B 9
excelente 8, 3
excepción 4, 1
excepto 14, A 4
exclusividad 16, 2
excursión 10
exigente 12, 6
existir 9, C 3
éxito 12, 6
exótico/-a 11, A 1
experiencia 2, B 1

F

G

H

I

inglés 1, B 11
inglés/-esa 9, C 1
inmediatamente 13, C 2
inmediato/-a 2, B 1
inmenso/-a 11, A 2
inmobiliaria 14, A 4
inolvidable 11, A 2
instalaciones sanitarias 13, C 1
instalar 13, C 2
instalarse 14, B 5
institución 7, C 5
instituto 2, B 3
instrucción 10, C 5
instrumento (musical) 6, C 5
intacto/-a 11, A 2
inteligente 4, 6
intensamente 12, 6
intensivo 16, 4
interés 11, A 1
interesante 3, A 1
interesar 3, C 2
interesarse por 7, A 1
interior 14
internacional 1, A 1
interno/-a 9, A 9
intérprete 16, 2
íntimo/-a 14, C 4
intuitivo/-a 8, 1
inventar 7, A 9
investigar 14, C 2
invierno 11, A 1
invitado/-a 15, B 8
invitar 9, C 3
ir 3, B
ir a + *inf.* 10, B 6
ir a ver (a) 9, B 4
ir de bares 5, C 2
ir de compras 9, A 1
ir de fiesta 15
ir de vacaciones 11, A 1
ir en avión/coche 3, B 6
Irlanda 9, C 1
irlandés/-esa 9, C 1
irregular 7, A 8
irregularidad 8, 2
irse 9, C 7
irse de la casa 15, B 2
isla 13
Italia 1
italiano 1, B 11
italiano/-a 9, C 1
izquierdo/-a 13, A 3

J

jabón 11, A 4
jamón (serrano) 5; 5, A 6
japonés/-esa 15, B 8
jardín 9, A 1
jefe/-a 2, B 3
jersey 6
jota 13, A 1
joven 6, C 3; 7, A 1
joyería 16, 2
jubilación 7, C 1
jubilado/-a 7, A 1; 7, C 1
juego 10, C 1
jueves 9
juez 14, B 5
jugador/a 16, 5
jugar 9, B 1
jugo 11, A 2
juguete 12, 2
julio 11, A 1
junio 11, A 1
junto con 15, C 5
juntos/-as 10, B 5
justo 3, B 1
juventud 14, B 5

K

kilo 5, A 1
kilómetro (cuadrado) 3, C 7

L

laberinto 15, C 6
ladrón 14, C 3
lago 11, B 5
lamentablemente 11, B 2
lámpara (maravillosa) 14, C 3
lana 6, A 5
largo/-a 6, B 4
lata 5, A 1
Latinoamérica 2, A 10
latinoamericano/-a 1, B 11; 7, C 4
lavabo 14, A 1
lavadora 14, A 1
lavar (los platos) 9, B 3
le 6, B
leche 5, A 3
lector/a 11, A 2
lectura 16, 4
leer 4, 4
lejano/-a 15, C 5
lejos 3, B 1
lengua 1, B 11; 14, B 5
lento/-a 15, B 6
león 11, A 6
les 6, B 3
letra 16, 1
levantar 13, A 3
levantarse 9, A 1
libertad 15, C 5
libre 16, 3
librería 7, A 9
libro (de ejercicios) pág. 6
libro de cocina 15, A 3
licor 5, C 4
ligero/-a 13, B 2
limón 5, A 7
limpiar 9, B 2
limpio/-a 5, C 2
lindo/-a 2, C 1
línea 10, B 1
líquido 13, C 1
lista 2, A 7
listo/-a 7, A 4
literario/-a 1, B 1
litro 5, A 5
llamada (telefónica) 9, C 7
llamado/-a 6, C 5
llamar 10, B 1
llamarse pág. 6
llave 15
llegada 5, C; 8, 3
llegar 3, A 2
llenar 13, A 3
lleno/-a 12, 6
llevar 6, A 2; 9; 11, A 5
llevar + *ger.* 10, C 1
llevarse 6, B 1
llorar 13, B 5
llover 11, B 3
lluvia 11, B 3
lo/la 5, A 1; 5, A 7
lo más importante 8, 1
lo mismo 12, 1
lo que 6, B 3
lobo 14, C 1
loco/-a 7, A 1
lógico/-a 8, 1
los/las 1, B 6; 5, A 7
los dos 2, B 3
lotería 2, C 5
loto 4, 2
lucha 15, C 1
luchar 15, C 5
luego 3, B 1
lugar 3, A 2; 14, A 4; 16, 4
lujo 15, C 6
lunar 6, A 2
lunes 9
luz 14

M

macarrones 5, A 3
macedonia (de fruta) 5, B 1
madre 7, A 1
madrileño/-a 12, 6
magnífico/-a 11, A 2
maíz 8, 3
mal 6, B 3; 14, C 4
mala suerte 15, A 1
maleta 11, A 4
malo 14, C 4
malo/-a 10, C 2
maltratar 14, C 3
mandar 11, B 2
mandarina 5, A 1
manejo 2, B 1
manera 8, 1
manía 10, C 1
mano 13
mantenerse en forma 13, A 2
mantequilla 5, A 3
manual 9, A 9
manzana 5, A 7
manzanilla 13, B 2
mañana 2, A 1
mapa 4, 2
máquina 10, A 4
mar 11
maravilla 11, A 2
maravilloso/-a 7, C 1
marco 3, C 6
margarina 5, C 4
margarita 14, C 1
marido 7, A 1
marrón 6, A 1
martes 9
marzo 11, A 1
más 1, B 11; 3, A 1; 4, 11; 6, C 1; 13, A 3
más de 1, B 11
más o menos 4, 11
más... que 5, C 4
más tarde 8, 2
masaje 13, B 6
máscara 15, C 1
masculino 1, B 6
matar 14, C 1
mate 13, B 3
matrimonio 7
máximo 9, C 3
mayo 11, A 1
mayor 2, B 3; 7, B 5; 12, 6
mayor de 7
mayoría 9, C 3
mayúscula 2, A 10
me 3, C 1
mecánico/-a 2
media 9; 9, C 3
medias 6, A 2
medicamento 13, B 4
medicina (tropical) 2, B 6; 11, C 1
médico/-a 2, B 1; 13, C 1
medieval 14, B 1
medio/-a 5, A 5; 9, C 3
medio de transporte 11, A 1
medios de comunicación 13, C 2
Mediterráneo 15, C 6
mejor 7, C 5
mejorar 13, B 6
melancólico/-a 15, B 6

parte 11, B 3
participar 13, A 4
particular 14, A 4
partido (de fútbol) 10
partir 16, 5
pasado 11, C
pasado/-a 11, C 1
pasado mañana 13, B 2
pasado/-a de moda 7
pasajero/-a 12, 1
pasaporte 11, A 4
pasar 2, C 1; 3, C 1; 9; 13, B 2; 13, C 2; 14, C 1
pasar un examen 15, B 1
pasarse un semáforo en rojo 15, A 1
Pascua 15, B 1
Pase. 13, B 2
pasear 9, C 3
paseo 3, B 5
pasillo 14, A 1
pasión 10, C 1
pasta(s) 5, C 4
pastel 9, B 2
pastilla para dormir 13, B 3
patata 5, A 6
patatas fritas 5, A 3
patio 14
patrón/-ona 15, C 5
pausa 4, 10
paz 15, B 1
pecado 15, B 8
pedagogo/-a 14, C 4
pedir 5, C; 8, 2; 11, B 1
pelar 13, C 6
película 12, 6
peligroso/-a 13, C 2
pelo 7, B 3
peluquería 10, B 9
pensar 6, B 3; 8, 1
pensar + *inf.* 11, A 1
pensión 11, A 1; 11, B 1
pensionista 3, C 7
pequeñito/-a 14, A 4
pequeño/-a 3, A 2
perder 7, C 1
perder kilos 13, B 6
Perdone(n). 2, C 1; 3, B 1
peregrino/-a 15, C 1
perfeccionista 6, A 1
perfecto/-a 6, B 4
perfume 15, A 2
perfumería 12, 2
periódico 2, C 1
pero 2, B 3
perro 9
persona 1, B 11
personaje 12, 6
personal 2, B 3; 10, C 1
personalidad 14, A 4
pertenecer 16, 5
peruano/-a 13, C 2

pesado/-a 14, A 2
pesar 13, A 3
pescadería 5
pescado 5, B 1
peseta 3, C 6
pesimista 6, A 1
peso 13, A 3
piano 9
picante 5, B 5
pie 3, B 6; 13
piedra 16, 3
pierna 13
pimiento 8, 4
pintar 13, A 4
pintor/a 1, B 1
piña 5, A 9
piñata 15, B 8
pirata 14, C 3
Pirineos 11, A 2
piscina 11, B 2
piso 10, A 1; 10, A 3
pista 11, A 2
pistola 15, A 4
placard 14, A 5
placer 14, B 5
plan 10, B 9
planchar 9, B 3
plano 4, 8; 14, A 1
planta 8, 3
plástico 15, B 5
plato 5, B 3; 5, B 5; 5, C 2
playa 3, A 2
plaza 3
plaza de toros 10, B 10
plomo 15, B 7
pluma 15
población 7
pobre 3, A 1
poco/-a 3, A 2
poco a poco 10, C 1
poder 6, B 5
poema 7, A 8
poeta 11, A 6
policía 2, C 8
política 1, B 9
político/-a 1, B 1
pollo 5, A 7
Polonia 9, C 1
poner 5, A 1; 9, B 2
poner la mesa 9, B 1
ponerse 10, B 2; 13, B 3; 14, C 1
popular 13, A 5; 13, C 2
por 3, A 2; 3, C 7; 11
por año 5, C 4
por aquí 3, B 1
por ciento 5, C 4
por ejemplo 1, B 11
por eso 4, 6
por favor 2, A 10
por fin 15, C 4
por la noche 5, C 2

por lo menos 9, C 5
por otra parte 9, C 3
por otro lado 14, C 4
¿por qué? 3, C 1
por suerte 13, C 2
por supuesto 5, C 2
por última vez 11, C 6
por un lado 14, C 4
porque 3, C 5
portátil 11, A 6
portero/-a 2, B 1
portugués 1, B 11
portugués/-esa 9, C 1
posada 15, B 8
posibilidad 9, B 5
posible 14, C 4
posición 7, B 5
positivo/-a 3, C 1
postal 11, C 6
postre 5, B 1
pozo 14, B 1
practicar 11; 13, A
precauciones 13, C 6
precio 5, A 3
precioso/-a 6, B 1
preferido/-a 5, C 4
preferir 5, C 1
pregunta 7, A 3
preguntar 5, A 3
premio 12, 6
Premio Nobel de Literatura 13, C 5
prenda (de vestir) 6, A; 6, A 2
prensa 12, 7
preocuparse 16, 4
Preparados, listos... ¡ya! 4, 10
preparar 4, 6
presencia 12, 6
presentar 15, A 1
presentarse 2, B 1
presente 9, B 3
presidente/-a 1, B 5
presupuesto 13, B 6
primavera 11, A 1
Primer/a Ministro/-a 1, B 5
primera comunión 15, C 5
primero 4, 8; 5, B 1; 10, A 3
primero/-a 3, B 1
primo/-a 7, A 1
princesa 14, C 4
principal 4, 11
príncipe 14, C 3
principio 15, B 3
probador 6, B 1
probar 5, B 1; 13, A 3
probarse 12, 2
problema 3, A 2
problema sentimental 7, C 1
procesión 15
producción 1, A 1
producir 6, C 5; 10, C 1
producto 1, A 1

profesión 2
profesor/a 2, B 1
programa 1, A 1
programación 2, B 1
programador/a 2, B 4
prohibir 14, C 4
pronóstico del tiempo 11, B 5
pronto 5, C 2; 9, A 10
pronunciación 8, 1
pronunciar 1, A 4
propietario/-a 14, A 2
propio/-a 7, B 5
proponer 10, B 7
propuesta 10, B 6
próspero Año Nuevo 15, B 1
provincia 2, B 1
próximo/-a 10, C 6
proyecto 6, C 5
psicólogo/-a 10, C 1
publicar 14, C 4
publicidad 12, 6
pueblo 3
puerta 14
puerta de embarque 12, 1
pues 2, B 3
puesto del mercado 5, A 8
punto 6, C 1
puntuación 9, A 1
puntual 9, C 7
puré 8, 3

Q

que 3, A 1; 4, 11
¿qué? 1, A 1; 1, B 3
¡qué...! 2, B 3; 10, ; 13, A 3
¡Que aproveche! 5
¡Qué detalle! 15, A 1
¿Qué hora es? 9
¡Qué lástima! 2, B 3
¡Que se mejore! 13, B
¿Qué tal? pág. 6; 5, B; 9, A 1
quechua 4, 11
quedar 6, B 1; 10, B 5; 11, B 1
quedarse en casa 10
quemaduras de sol 13, B 3
quemar 15, C 1
querer 5, A 1
querido/-a 3, C 4
quesadilla 8, 3
queso (manchego) 5, A 1
¿quién(es)? 1, B 1
quince días 2, C 1
quinto 14, A 2
quiosco (de prensa) 16, 2
quitarse 13, B 2
quizá(s) 3, A 1; 6, B 1

R

ración 5, C 2
radio 1, B 7
rápido/-a 14, C 1
raqueta de tenis 15, A 3
raro/-a 14, C 1
rato 10, B 5
raya 6, A 2
rayos 11, A 6
razón 14, C 2; 14, C 4
reaccionar 6, B 8
real 10, C 1
realidad 14, C 4
realizar 9, B 3
rebajado/-a 8, 4
recado 10, B 1
recepcionista 2, B 6
receta 4, 6
recetar 13, B 2
rechazar 10, B 6
recibir 6, C 5; 15, B 8
recoger 11, A 4; 14, B 4; 14, C 1
recomendación 13, C 6
recomendar 11, B 2
reconocer 14, C 1
reconstruir 8, 4
recordar 10, A 1; 11, B 2
recorrer 11, C 7
recuerdo 14, B 3
redacción 16, 1
redistribuir 14, B 4
referirse a 7, A 7
reflexión 16, 1
regalar 15, A 1
regalo 6, C 5
región 14
regla 4, 4
regreso 11, C 5
regular 2, A 2; 8, 2
regularmente 8, 3
relación 7, A 1
relacionado/-a 7, C 5
relacionar 7, A 7
relaciones sociales 9, C 3
relajarse 9, A 1
relativo/-a 9, C; 9, C 4
religión 15, C 5
religioso/-a 15, B 4
rellenar 11, B 1
reloj 9
RENFE 3, B 1
renovar 14, A 4
repartir 16, 2
repetido/-a 16, 2
repetir 13, A 3
reportaje 1, B 7
reportero/-a 1, B 7
representante 2, B 1
representar 6, B 6; 7
República Checa 9, C 1
República Dominicana 1
requerir 2, B 1
reserva 11, B 2
reservar 11, A 2
resfriado/-a 13, B 3
residencia 14, A 4
resistencia 9, A 9
respirar hondo 13, B 2
respiro 15, C 5
respuesta 7, C 1
restaurado/-a 14, B 1
restaurante 2, B 5
resto 9, C 3
resultado 4, 2
resultar 16, 1
resumen 11, C 3
resumir 16, 1
retraso 16, 5
retrato 14, B 2
retroceder 16, 5
reumático/-a 13, B 6
reunión 7, C 5
reunirse 12, 7
revisión 16, 1
revista 7, C 1
revólver 14, C 1
revuelto 4; 5, B 1
rey/reina 1, B 5
Reyes Magos 15
rico/-a 3, A 1; 5, B 1
rincón (del corazón) 7, C 1
río 3
ritmo 9, C 3
ritos 15, B 8
rival 7, A 1
robar 15, A 4
rodeado/-a 14, B 1
rojo 6, A 1
románico 11, A 2
románico/-a 1, B 11
romántico/-a 1, A 1
romería 15
romper 13, A 3
romperse 15, A 4
ron 11, A 2
ropa 6, A 6
ropero (empotrado) 14, A 5
rosa 15, A 1
roscón de Reyes 15, B 5
rubio/-a 7, B 3
ruido 3, B 5
ruina 8, 3
ruso 2, C 2
ruta 11, C 5

S

sábado 9
saber 3, B 1; 10, C 1
sacar 14, B 1
sacar la basura 9, B 3
sal 5, B 5
salado/-a 5, B 5
salchicha 14, B 5
salida 4, 10; 11, C 5
salir 9; 9, A 4; 10, C 1; 13, C 2
salón 14, A 1
salsa 10, B 5
salud 6, C 1
saludar 14, A 2
salvaje 11, A 6
salvar 11, C 7
sangre 14, C 4
sangría 7, C 3
sano/-a 13, B 6
santo/-a 15, C 5
sardana 13, A 1
sardina 5
satírico/-a 12, 6
saxofón 10, A 2
se 5, C 3; 7, C 1; 15, A 2
seco/-a 5, B 1
secretario/-a 2, B 1
secreto 15, A 1
sed 12, 2
seda 6, A 5
seguir 3, B 1; 4, 6
seguir + *ger.* 16, 4
según 6, C 1
según sus deseos 11, B 2
segundo 5, B 1; 10, A 3
segundo/-a 5, C 5
seguramente 7, C 1
seguro/-a 11, A 2
seguro que 12, 1
seleccionar 11, A 6
semáforo 3, B 1
semana 5, A 5
sencillo/-a 14, B 1
sentar 15, A 1
sentar la cabeza 14, B 5
sentarse 13, B 2
sentido 12, 6
sentimiento 12, 6
sentir 10, B 6
sentirse 13, B 2
señor/a 1, A 1; 1, B 9
señoras y señores 11, B 2
señorita 2, A 3
separado/-a 7
septiembre 11, A 1
ser 2, A 1
serio/-a 6, A 1
servicio(s) 12, 2; 13, C 2
servicio a domicilio 5, A 6
servilleta 5, B 3
servir 5, B 3
sesión 13, B 6
si 5, B 1; 7, B 5
sí 2, A 1; 6, B 7
siempre 5, C 2
siglo 11, A 2
significado 6, C 1
significar 1, A 1
siguiente 10, B 9
sílaba 1, B 10
silla 14, A 1
sillón 14, A 1
simbólico/-a 14, C 4
simbolizar 15, C 1
símbolo 4, 1
simpático/-a 3, A 2
simple 14, C 4
simplemente 15, B 1
sin 2, A 10; 9, C 7
sin embargo 14, C 4
sincero/-a 6, A 1
sino 15, C 5
sinónimo 13, B 6
síntoma 13, B 5
sistema 6, C 5
sistemático/-a 8, 1
situación 4, 11
sobre 1, B 11
sobre todo 3, C 1
sobrevivir 11, A 6
sobrino/-a 7, A 2
social 12, 6
sofá 14, A 1
sol 11
solamente 11, B 1
soldado 13, A 4
soledad 15, C 6
solemne 15, B 6
solidaridad 6, C 5
sólo 2, C 1
solo/-a 7; 7, B 5
soltero/-a 7; 7, C 1
solución 10, C 1
solucionar 9, A 9
sombrerito 14, C 1
sombrero 6
soñar 14, B 5
sopa 5, B 1
sorbete 5, B 1
sorpresa 9, A 10; 15, B 5
sorteo 15, B 5
soso/-a 5, B 5
su 7, B 2
subir 13, A 3
subrayar 11, C 1
sucio/-a 14, B 5
Suecia 1
sueco/-a 9, C 1
suegro/-a 7, B 1
suerte 13, C 2
sufrir 13, C 5
Suiza 6, C 5
suizo/-a 9, C 1
superficie 3, C 7
supermercado 2, B 1
sur 11, A 1
sustituir 15, C 6
suyo/-a 14, A 3

T

tabaco 6, C 1
tabla 12, 3
tabú 12, 6
taco 8, 3
tailandés/-esa 13, B 2
talla 6, B 1
también 1, B 11
tampoco 6, B 7
tan... como 6, C 1
tanto 5, C 2; 15, C 3
tanto/-a (...como) 3, A1; 6, C 1
tapas 5, C 2
tarde pág. 6; 5, C 2; 7, C 1
tarea (doméstica) 9, B 3
tarjeta (de crédito) 6, B 1
tarta 9, B 2
taxista 2
taza 5, C 2
te 6
teatro 1, A 1
tebeo 16, 4
techo 14
tele 9, A 1
teléfono 1, B 7
teléfono móvil 11, A 6
televisión 1, A 1
televisor 3, C 7
tema 1, A 1
temperamento 12, 6
temperatura 11, B 4
temprano 9, A 10
tenedor 5, B 3
tener 2, B 3; 4, 6
tener... años 2, B 3
tener cuidado 10, C
tener frío 13, B 5
tener que 3, B 1
tenis 3, C 3
tensión 13, B 2
terapéutico/-a 13, B 6
Tercer Mundo 6, C 5
tercero 10, A 3
terminar 9, A 10
terraza 11, B 5
terrible 10, C 1
tertulia 16, 4
tesoro 13
testigo/-a 14, C 2
tiempo 2, C 1; 11, B
tiempo libre 9, A 1
tienda 5, C
tímido/-a 7, B 5
tintorería 9
tío/-a 7, A 1
típico/-a 8, 3
tipo 6, C 5; 8, 1; 14, B 5
tirar 16, 3
tirar el dado 16, 5
título 5, A 9; 6, C 5
toalla 15, A 3
tocar 10; 14, B 5; 14, C 1
todavía 2, B 3
todo 3, A
todo el mundo 4, 6
todo recto 3, B 5
todos/-as 5, C 2
todos los/todas las 8, 1
tomar 3, B 1; 5, B 1; 5, B 3
tomar (el) sol 11
tomar notas 10, C 4
tomar una copa 10
tomar una decisión 16, 3
tomate 5, A 1
tomo 13, A 3
torcer 3, B 1
torero/-a 13, A 4
toro 15, C 1
tortilla 5, B 1; 8, 3
tos 13, B 2
tostada 5, C 2
total 5, C 4
totalmente 7, C 1
trabajador/a 9, C 3
trabajar 2, B 3
trabajo 2, B 3
trabajo doméstico 9, C 3
tradición 3, B 5
tradicional 14, C 4
traducción 10, C 1
traducir 15, B 2
traer 5, B 1
tráfico 3, A 1
tragaperras 10, C 1
tragedia 10, C 1
traje 6
tranquilamente 9, A 1
tranquilidad 3, A 2
tranquilizar 13, C 2
tranquilo/-a 3, A 2
transcripción 7, B 2
transparente 11, A 2
transporte 6, C 1
tratar de 11, A 2; 16, 2
tratarse de 12, 1
tren 3, B 1
triste 7, C 1
triunfar 13, C 5
triunfo 12, 6
trozo 15, A 4
tu 7, B 2
tú pág. 6
tuna 11, C 7
turista 8, 3
turno 16, 5
turrón 15, B 5
tuyo/-a 14, A 3

U

u 16, 5
últimamente 7, C 1
último/-a 11, C 6
un/una 2, B 3
un abrazo 3, C 4
un poco (de) 2, C 1; 5, B 1
único/-a 7, A 1; 11, A 2
unidad 1
uniforme 6, C
Unión Europea 7
universidad 3
Universidad Popular 16, 4
unos/-as 2, B 3; 3, A 1
usar 4, 4
usted pág. 6; 6, B 3
ustedes 2, A 1; 6, B 3
útil 4, 1
uva 15, B 8

V

vaca 14, B 3
vacaciones 6, C 3
vacaciones escolares 11, A 1
vacuna 13, C 1
vale 10, B 5; 13, B 6
valenciano/-a 15, C 1
valer la pena 15, C 4
valle 11, A 2
valoración 16, 1
Vamos. 15, A 1
vamos a ver 9
vaqueros 6
variedad 6, A 1
varios/-as 3, A 1
vasco 4, 11
vasco/-a 4, 6
vaso 5, B 3
vecino/-a 13, C 2; 16, 5
vegetariano/-a 11, A 6
vela 11; 15, B 8
vendado/-a 15, B 8
vendedor/a 5, A 8
vender 6, C 5
venir 4, 6
venta 2, B 1
ventana 9, B 3
ver 11, B 3
ver la tele 9, A 1
verano 11, A 1
verbo 2, A 1
¿verdad? 2, A 1
verdadero/-a 7, C 1
verde 5, A 1
verdulería 5
verdura 5, B 1
verse 14, B 5
versión 14, C 1
vestido 6
vestirse 14, B 2, 4
veterinario/-a 9
vez 7, B 1
viajar 7, B 5
viaje 6, C 1
viaje de negocios 11, A 5
viajero/-a 12, 5
víctima 13, C 1
vida 3, C 1
vídeo 10, B 2
videojuego 10, C 1
videomanía 10, C 2
viejo/-a 6, A 2
viento 11, B 3
viernes 9
villancico 15, B 5
vino 5, A 3
vino rosado 5, B 1
vino tinto 3, C 3
violencia 14, C 4
violento/-a 14, C 4
violeta 6, A 1
virgen 15, B 5
visión 15, B 8
visita 11, B 2; 11, C 5
visitar 10, C 1; 11, A 1
vista(s) 14, A 4
vitalidad 6, A 1
vitamina 6, C 3
viudo/-a 7
vivienda 6, C 1
vivir 2, C
vivo/-a 15, C 1
vocabulario 8, 1
volar 16, 3
voluntad 15, B 8
volver 10, C 4
vomitar 13, B 2
vómito 13, C 2
vos 4, 11
vosotros/-as 2, B 3; 6, B 3
voz 14, C 1
vuelo 11, A 2
vuelo regular 11, C 5
vuelta 10, B 1; 11, C 5
vuestro/-a 7, B 2

Y

y pág. 6
ya 2, B 3
ya no 14, C 1
ya que 15, B 8
ya sólo 3, C 5
yo pág. 6
yogur 5, A 6

Z

zapatería 12, 2
zapato 6
zona 8, 3
zona verde 3, C 1
zumo 5, B 1